STUDIA ROMANICA
Band 222

Herausgegeben von
Marc Föcking
Robert Folger
Sybille Große
Edgar Radtke

La traduzione orizzontale nella Romània medievale

Aspetti pragmatici e testuali

Atti del congresso internazionale,
Klagenfurt, 18–19 gennaio 2018

A cura di
RAYMUND WILHELM

Universitätsverlag
WINTER
Heidelberg

Bibliografische Information der Deutschen Nationalbibliothek

Die Deutsche Nationalbibliothek verzeichnet diese Publikation in der Deutschen Nationalbibliografie; detaillierte bibliografische Daten sind im Internet über *http://dnb.d-nb.de* abrufbar.

Gedruckt mit Unterstützung
der Kulturwissenschaftlichen Fakultät
der Universität Klagenfurt

UMSCHLAGBILD
Den Haag, Museum Meermanno, Bible historiale de Jean de Vaudetar, MMW 10 B 23, f. 2r

ISBN 978-3-8253-4719-2

Dieses Werk einschließlich aller seiner Teile ist urheberrechtlich geschützt. Jede Verwertung außerhalb der engen Grenzen des Urheberrechtsgesetzes ist ohne Zustimmung des Verlages unzulässig und strafbar. Das gilt insbesondere für Vervielfältigungen, Übersetzungen, Mikroverfilmungen und die Einspeicherung und Verarbeitung in elektronischen Systemen.

© 2021 Universitätsverlag Winter GmbH Heidelberg
Imprimé en Allemagne · Printed in Germany
Druck: Memminger MedienCentrum, 87700 Memmingen

Gedruckt auf umweltfreundlichem, chlorfrei gebleichtem und alterungsbeständigem Papier.

Den Verlag erreichen Sie im Internet unter:
www.winter-verlag.de

Indice

Raymund Wilhelm
La traduzione orizzontale nella Romània medievale. Alcune linee
di riflessione   1

Elisa De Roberto
Dare uno piccolo nappuccio d'una grande acqua. I *Moralium dogma
philosophorum* di Guillaume de Conches tra latino, antico francese
e volgari italiani   15

Jörn Albrecht
Interpretatio, imitatio, aemulatio. Le roman courtois traduit en moyen haut
allemand et en italien   39

Fabio Romanini
Logodeissi e discorso riportato nella letteratura odeporica e cavalleresca
in traduzione   57

Raymund Wilhelm
Gli incisi di discorso diretto in francese e in italiano. Ipotesi diacronica
a partire da un corpus di narrazioni agiografiche   79

Irene Reginato
Tradizioni discorsive nella *Versione catalana* del *Devisement du monde*   105

Alina Zvonareva
La *Danse Macabré* dal francese al catalano e all'italiano. Traduzione
stricto sensu e traduzione transmediale   133

La traduzione orizzontale nella Romània medievale
Alcune linee di riflessione

RAYMUND WILHELM
Klagenfurt

1 Tradurre e copiare

Il fenomeno delle traduzioni medievali è molto presente negli studi filologici e storico-linguistici degli ultimi anni.[1] Ciò che accomuna tali ricerche è l'interesse prioritario, e spesso anche esclusivo, per le traduzioni dal latino. Inoltre sembra che anche la riflessione metodologica abbia interessato finora soprattutto le traduzioni "verticali", molto meno quelle "orizzontali": le traduzioni fra lingue vernacolari, anche se esistono numerosi studi di carattere filologico su singoli testi, occupano finora un posto piuttosto ridotto nella ricerca sul tradurre nel Medioevo.[2]

Sulla traduzione orizzontale, da una lingua vernacolare all'altra, pesa da sempre il pregiudizio, espresso maliziosamente nel capitolo 62 della seconda parte del *Don Quijote*, che si tratti di un tradurre "facile", più o meno meccanico. Ricordiamo che durante il suo soggiorno a Barcellona don Quijote visita una tipografia, dove incontra un traduttore che ha volto un libro dal toscano al castigliano. Di fronte a questo autore, che con la sua fatica procaccia un interesse in primo luogo pecuniario, don Quijote si esprime in termini sprezzanti sul tradurre da una ad un'altra lingua romanza:

> el traducir de lenguas fáciles, ni arguye ingenio ni elocución, como no le arguye el que traslada ni el que copia un papel de otro papel. (Cervantes, *Don Quijote*, ed. de Riquer 1995, 1027)

Non senza ironia don Quijote concede che si tratta pur sempre di un esercizio lodevole, tanto è vero che «en otras cosas peores se podría ocupar el hombre»

---

[1] A titolo di esempio si possono ricordare i volumi miscellanei di Ducos/Goyens (edd. 2015), Aschenberg/Dessì Schmid (edd. 2017), Guadagnini/Vaccaro (edd. 2017), Leonardi/Cerullo (edd. 2017), Colombo/Pellegrini/Pregnolato (edd. 2019), Bischetti/Lodone/Lorenzi/Montefusco (edd. 2021).

[2] Per l'individuazione di due tipi del tradurre medievale è d'obbligo il rimando a una pagina famosa di Folena (1994, 12-13), che distingue «un tradurre "verticale", dove la lingua di partenza, di massima il latino, ha un prestigio e un valore trascendente rispetto a quella d'arrivo (si tratti di *scriptura sacra* o di *auctores*), è un modello ideale o addirittura uno stampo nel quale si versa per ricevere forma il materiale di fusione, e un tradurre "orizzontale" o infralinguistico, che fra lingue di struttura simile e di forte affinità culturale come le romanze assume spesso il carattere, più che di traduzione, di trasposizione verbale con altissima percentuale di significanti, lessemi e morfemi, comuni, e identità nelle strutture sintattiche, di trasmissione e metamorfosi continua, con interferenza massima e contrasti minimi».

(ib.). Notiamo la stretta relazione instaurata fra le due prassi discorsive del tradurre e del copiare. Nell'opinione di don Quijote il *traducir de lenguas fáciles* non è molto diverso dal *trasladar* – che vuol dire 'copiare' –,³ la traduzione orizzontale si confonde con la trascrizione di un testo.⁴

A questo proposito possiamo ricordare un saggio giustamente famoso in cui Benvenuto Terracini, partendo dalle *lingue facili* del *Quijote* per parlare del medioevo romanzo, si pone «la domanda se fosse possibile tradurre in quel mondo senza frontiere stabili, né temporali né spaziali»: considerando le parlate sorelle e le loro varietà dialettali, Terracini rileva «la prontezza con cui un testo da una si diffondeva all'altra», e riconosce nell'«ibridismo» linguistico che caratterizza buona parte della produzione in lingua romanza la marca di «condizioni culturali sfavorevoli all'arte del tradurre» (Terracini 1996 [1957], 46). Il problema indicato è situato in primo luogo a livello di quella specifica coscienza linguistica, che, sempre secondo Terracini, nasce dalla constatazione di ignorare una lingua straniera e porta solo in un complesso processo di razionalizzazione alla capacità di «distinzione tra due lingue» e al «sentimento differenziale di due parlate» (ib., 48).⁵

È interessante notare come Paul Zumthor, nel capitolo conclusivo di *La lettre et la voix*, ponga un problema molto simile a quello indicato da Terracini, considerandolo però nella prospettiva del suo superamento. Zumthor scorge una svolta decisiva proprio nelle prime traduzioni del *Decameron*:

> Le premier texte en langue romane à être traduit (au sens où nous entendons ce mot, et non adapté, refait) en d'autres langues romanes fut le *Décaméron* de Boccace: nouvel indice de «canonisation», en même temps que de clôture de ces langues jusqu'alors mutuellement ouvertes les unes aux autres. (Zumthor 1987, 317)

Zumthor indica qui un processo che porta da ciò che potremmo chiamare la "permeabilità" delle lingue romanze sorelle alla *clôture* – alla percezione sempre più netta di «frontiere stabili» come diceva Terracini – fra l'una e l'altra lingua. Tale processo di "chiusura" di lingue finora mutualmente aperte e permeabili è strettamente legato, nella concezione di Zumthor, all'opera dei traduttori.

Sarebbe da indagare meglio quanto peso abbiano avuto realmente in questo processo, che possiamo concepire come una vera e propria presa di coscienza delle lingue romanze come lingue di cultura, le prime traduzioni del *Decameron*. Di indubbia rilevanza è anche il secondo aspetto indicato da Zumthor, oltre alla «clôture de ces langues jusqu'alors mutuellement ouvertes les unes aux autres»: il tradurre come noi lo intendiamo presuppone una particolare percezione del testo, e non solo del testo letterario. Il fatto che qui è dato come fondamentale è la

---

³ Si veda nel glossario dell'edizione de Riquer (1995, 1136): *trasladar* 'copiar'.
⁴ Per la tensione fra "trascrivere" e "tradurre" vedi anche i contributi in Wilhelm (ed. 2013).
⁵ Su questo passo cfr. anche Segre (2003, 4), che considera ancora «pienamente valide» le osservazioni di Terracini.

canonisation, vale a dire la costituzione di un «canon qui fasse autorité en langue vulgaire» (Zumthor 1987, 316).

Il tradurre orizzontale, quindi, presuppone – e nel contempo promuove – una particolare percezione delle lingue e dei testi in questione. Che si tratti di un processo lungo, che si protrae anche oltre il Medioevo, ce lo conferma un'osservazione nella traduzione del *Decameron* di Antoine Le Maçon, uscita nel 1545 e ristampata varie volte. In una breve prefazione anonima indirizzata *Aux Lecteurs*, che ricorda fra l'altro che «il a esté durant ce regne traduict & mis en nostre langue, plus grand nombre des histoires Grecques, & des liures Latins, que non pas des Italiens & Toscans», si afferma infatti:

> nostre cotidien langage se range plus facilement en traduction auec le Grec, qu'auec le Latin, tant pour la maniere du parler, comme pour la proximité de plusieurs motz, accentz, & pronunciations: il faut bien qu'il s'en ensuyue necessairement, que le Toscan filz aisné du Latin, n'est moins difficile à tourner en nostre commun parler, que le Latin mesmes, ou le Grec. (Le Maçon, *Le Decameron*, 1558, p. 7)

Il motivo tradizionale (e ovviamente tutto fantasioso) di una sua particolare vicinanza con il greco serve qui a illustrare la distanza del francese rispetto al toscano. E tale distanza fra le lingue sorelle fornisce l'argomento decisivo per mettere in luce la difficoltà incontrata dal traduttore e con ciò il merito della sua opera: rendere in francese il capolavoro boccacciano è un'impresa non «moins difficile» che qualsiasi traduzione dalle lingue classiche, anzi la lingua francese sembra piegarsi «plus facilement» alle traduzioni dal greco che a quelle dal latino (e di conseguenza, così sembra, a quelle dal toscano). L'opposizione "facile/difficile" usata qui per affermare in modo iperbolico l'impegno richiesto dalla traduzione della lingua di Boccaccio, indica precisamente quel «sentimento differenziale di due parlate» di cui parla Terracini. Tradurre il *Decameron* in francese a metà del XVI secolo non è (o non è più), così possiamo concludere dal passo citato, un «traducir de lenguas fáciles».

2 Dimensione discorsiva e dimensione linguistica

Un ulteriore fattore, a prima vista puramente pratico ma ricco di implicazioni anche teoriche, che in non pochi casi complica lo studio delle traduzioni orizzontali è il problema dell'*avatar*, dell'individuazione del modello da paragonare con la traduzione. Già per i volgarizzamenti dal latino il problema è tutt'altro che secondario.[6] Nel caso di una traduzione da un testo romanzo all'altro, poi, dobbiamo fare i conti con una duplice dinamica: quella del testo di partenza e quella del testo di arrivo.

A ben guardare, la questione dell'*avatar* rimanda a un fatto molto più generale: quello della variabilità dei testi romanzi del medioevo. Possiamo utilmente ricorrere ad alcuni studi recenti sulle *réécritures*, che invitano a riflettere sui vari modi

---

[6] Vedi fra l'altro Casapullo (2012) e De Roberto (2017, 240-245).

della trasformazione di un testo lungo la sua storia.[7] A proposito del dossier agiografico di santa Geneviève, Nolwenn Kerbastard afferma:

> Récrire, c'est donc remanier un texte antérieur en oscillant sans cesse entre les pôles du même et de l'autre, entre copie fidèle d'un modèle plus ancien et création d'un texte nouveau. (Kerbastard 2017, 102)

Ovviamente anche la traduzione, e in particolare la traduzione fra le lingue romanze del medioevo, si inserisce in una simile polarità fra fedeltà al modello e creazione di qualcosa di nuovo. Torniamo ancora all'equiparazione instaurata polemicamente da don Quijote fra il «traducir de lenguas faciles» e il «copi[ar] un papel de otro papel» (vd. § 1). Senza voler caricare troppo la battuta che Cervantes mette in bocca al suo eroe, non possiamo dimenticare che anche il "copiare" può comportare tutta una serie di interventi sul testo: spesso il copista è, nello stesso tempo, anche rimaneggiatore o traduttore.

Si rivela utile proiettare i possibili interventi dei copisti su due assi, che designano due modalità diverse di trasformazioni testuali: sull'asse verticale si possono collocare tutti i cambiamenti che rilevano della dimensione discorsiva, disposti secondo una gradazione che va dal puntuale intervento redazionale al rimaneggiamento e alla riscrittura; l'asse orizzontale, d'altra parte, rende conto degli interventi sulla lingua, dalla trasposizione da un dialetto all'altro e dalla versione fra registri diversi della stessa lingua (traduzione intralinguistica)[8] alla traduzione fra lingue diverse (traduzione interlinguistica).[9]

Ciò che preme sottolineare è il fatto che di questa inarrestabile rielaborazione dei testi la traduzione da una ad un'altra lingua costituisce solo un caso particolare, individuato *a posteriori* e scelto come prospettiva che fonda un interrogativo scientifico. Lo studio delle traduzioni orizzontali focalizza, in un ambito molto più vasto, l'aspetto linguistico della trasformazione dei testi, il loro passaggio da una ad un'altra lingua romanza, postulando, da un lato, l'identità testuale e indagando, dall'altro, la precisa posizione del singolo caso nel *continuum* fra trasposizione e traduzione vera e propria.

---

[7] Cfr. fra l'altro le stimolanti riflessioni sull'identità del testo medievale negli studi raccolti in Fleith/Gay-Canton/Veysseyre (edd. 2017).

[8] Ricordo che con il termine *commutazione* Alberto Varvaro si riferisce ad un processo molto simile a quello che qui è chiamato "trasposizione": Varvaro (1996, 533) pensa infatti a situazioni storico-linguistiche «in cui la traduzione dall'una lingua volgare all'altra si avvicina molto ad un fenomeno per noi diverso […]: quello in cui un testo non è tradotto in altra lingua ma superficialmente adattato ad altro dialetto».

[9] Faccio riferimento al modello proposto in Wilhelm (2015, 140: «Types et niveaux de l'intervention du copiste»), su cui si veda ora anche la discussione in Lebsanft (2021, 50-52). La distinzione fra la dimensione discorsiva e la dimensione linguistica, basata sulla teoria linguistica di Coseriu, ci porta al centro della teoria delle tradizioni discorsive, cfr. Wilhelm (2020)

La progressiva "chiusura" evocata da Zumthor (vedi § 1) implica che il passaggio di un testo da una ad un'altra lingua romanza, che in un primo tempo poteva essere percepito come una semplice trasposizione fra dialetti, si sposta sempre di più verso il polo della traduzione fra lingue sentite come differenti e autonome. Si tratta di un processo storico-linguistico di primario interesse che ci fa comprendere meglio l'accedere di alcune lingue romanze (non di tutte) allo *status* di lingue di cultura alla soglia dell'età moderna.

3 Dalla trasposizione alla traduzione

La tensione fra permeabilità e chiusura delle nascenti lingue vernacolari si riflette in numerosi studi su singole traduzioni da una ad un'altra lingua romanza. È istruttivo il caso di alcune raccolte di prediche in lingua vernacolare, come le *Homilies d'Organyà* o i *Sermoni subalpini*, compilate entrambe a cavallo fra il XII e il XIII secolo. Per le *Homilies d'Oragnyà* Sabine Philipp-Sattel sospetta «daß der Kopist das Okzitanische nicht als solches identifizieren konnte und die Übertragung nur nach Maßgabe seiner Sprachkenntnisse vornahm, die sich auf das Katalanische, wie es in seiner unmittelbaren Umgebung verwendet wurde, beschränkten» (Philipp-Sattel 1996, 36): secondo tale ipotesi il compilatore delle prediche di *Organyà* non era consapevole di tradurre da un'"altra lingua".

Ipotesi simili sono state formulate a proposito dei *Sermoni subalpini*, per cui Roncaglia (1987[2], 220) supponeva una «lingua [...] a base piemontese», alterata però nel processo di copia da uno scriba che «era certamente francese». È vero che in tempi più recenti si tende a considerare l'ibridismo dei *Sermoni subalpini*, almeno in parte, non un accidente della trasmissione ma un mistilinguismo intenzionale, che riveste precisi scopi espressivi.[10]

In altri testi, testi letterari o comunque testi d'autore, si delinea però già una fisionomia più precisa di quel «sentimento differenziale di due parlate» di cui parla Terracini (vedi § 1). In questo ambito disponiamo di moltissimi studi, così che posso ricordare solo alcuni esempi scelti più o meno a caso. Oltre alle già menzionate traduzioni del *Decameron*,[11] penso alle traduzioni del *Tresor* di Brunetto Latini, in toscano ma anche in catalano e in castigliano;[12] alla precoce traduzione catalana della *Commedia* di Dante per opera di Andreu Febrer;[13] alle traduzioni in catalano di un poeta come Guillaume de Machot,[14] ecc., tutte appartenenti al Tre e al Quattrocento.

---

[10] Cfr. la discussione più particolareggiata in Wilhelm (2009, 68-69)
[11] A titolo d'esempio cito gli studi recenti di David González Ramírez (2020 e in corso di stampa) sulla traduzione castigliana del Quattrocento.
[12] Cfr. Wittlin (1976-1989) e Sánchez González de Herrero (2008).
[13] Cfr. Parera (2010).
[14] Cfr. Marfany Simó (2010).

In queste traduzioni e in molte altre possiamo descrivere gradi diversi di ibridismo o di idiomaticità e possiamo discernere, quindi, gradi diversi di permeabilità o di chiusura delle lingue romanze sorelle. Ovviamente i singoli testi vanno situati all'interno delle rispettive coordinate storiche, culturali e sociali in cui sono stati prodotti, alfine di poter tratteggiare delle linee di sviluppo atte a illustrare la storia del tradurre in ambito romanzo. Lo scopo non sarà quello, beninteso, di valutare tali testi sulla base di una concezione moderna di ciò che deve essere una "buona traduzione". Inoltre, ed è un punto non meno importante, dovremmo evitare di misurare la lingua delle traduzioni antiche con gli attuali criteri di "sistematicità" o di "purezza" linguistica. Sono pienamente condivisibili le osservazioni di Raquel Parera a proposito della prima traduzione in terzine della *Commedia* per opera di Andreu Febrer (1429):

> Febrer traduïa d'una llengua literària a una altra llengua literària, i no del toscà al català parlat al segle xv. Per això, es podia sentir perfectament legitimat per introduir en la seva llengua literària d'arribada formes de la llengua poètica de tradició trobadoresca (i algun gal·licisme) i de la llengua poètica de Dante. (Parera 2020, 144)

Risultano poco adeguati, quindi, criteri come «correcció o naturalitat» della lingua, dato che «Febrer pretenia emular el Sommo Poeta, amb la novetat, la dificultat i també el prestigi que això comportava»: al centro della cura del traduttore sta, infatti, «el manteniment de la forma – el metre i la rima –, sense trair el sentit d'un text tan reverenciat» (ib.).

Tale analisi mette in rilievo due assunti di metodo, fondamentali e fra loro complementari, che in forma condensata si possono formulare come segue. Da un lato il testo medievale è più profondamente caratterizzato, anche nella sua forma linguistica, dalla tradizione discorsiva cui appartiene che dalla singola tradizione linguistica.[15] Di conseguenza va sempre tenuto in mente che non possiamo esigere dal testo medievale la stessa omogeneità linguistica che riscontriamo nella produzione testuale a partire dal XVI secolo, all'epoca del dominio indiscusso, almeno per l'ambito scritto e specialmente per il mondo tipografico, delle lingue standard.[16]

Per poter affrontare su basi empiriche più sicure una vera e propria storia delle traduzioni orizzontali fra le lingue romanze del Medioevo sarebbe auspicabile poter disporre di ricognizioni più complete e più sistematiche dei testi, differenziate

---

[15] A varie riprese Peter Koch ha insistito sul fatto che «[les] personnes mêmes qui ont écrit ou bien rédigé les premiers textes romans [...] concevaient leur texte en premier lieu comme l'exemplaire d'une tradition discursive donnée – le sermon, le testament, la poésie des troubadours etc. –, et ce n'est que par rapport à cette tradition discursive qu'elles choisissaient, en second lieu, leur idiome à caractère plus ou moins local ou même hybride» (Koch 1993, 41). Non sembra che si siano sempre tratte tutte le conseguenze implicite in tale affermazione.

[16] Vedi su questo punto il capitolo «Un sistema in movimento» in Wilhelm/De Roberto (2020, vol. 1, 273-284).

non solo a seconda delle lingue implicate ma anche per generi discorsivi. Sono preziosi in questo senso i rispettivi capitoli nel secondo volume della *Romanische Sprachgeschichte*[17] e soprattutto i recenti repertori come *Transmédie*, che registra le traduzioni al francese, classificate per le lingue fonte,[18] e *Translat*, dedicato alle traduzioni in catalano.[19]

4 Un'"orizzontalità" obliqua: i volgarizzamenti dal francese

All'interno delle traduzioni in italiano del medioevo si è soliti distinguere essenzialmente due rami: i volgarizzamenti dal latino e le versioni dal francese, che talvolta vengono comprese anch'esse nella categoria dei volgarizzamenti. Basta considerare la imponente seconda sezione della *Prosa del Duecento*, che riunisce «Traduzioni e imitazioni dal latino e dal francese» (Segre/Marti 1959, 185-735), sancendo in questo modo l'esistenza di due lingue (e culture) di riferimento, con cui doveva misurarsi l'attività dei volgarizzatori.[20] Almeno per tutto il Due e Trecento la "traduzione orizzontale" in Italia riguarda in primissimo luogo il volgarizzamento di testi scritti originariamente in francese (e in misura minore dall'occitano).

Va ricordato in questo contesto l'importante produzione di testi in lingua francese nell'Italia del medioevo, che interessa ambiti testuali così diversi come l'epica e il romanzo, le opere didattiche e scientifiche, la storiografia e la letteratura di viaggio, l'agiografia, ecc. L'uso del francese per opere originali ci fa capire che la lingua d'*oïl*, in molti casi, più che una lingua "straniera" è da considerarsi una lingua di cultura, che, paragonabile in questo al latino, è praticata da molti anche se certamente non da tutti. Si adeguano pienamente ad una siffatta situazione plurilingue le non poche "traduzioni di seconda mano", per cui un testo latino è tradotto in italiano a partire da un volgarizzamento francese.

Fra altri esempi possibili pensiamo alla *Historia rerum in partibus transmarinis gestarum* di Guglielmo di Tiro, volgarizzata in francese nella *Estoire d'Eracles*, che a sua volta dà luogo alla traduzione del ms. Laurenziano plut. LXI.45, che Paolo Rinoldi (2005, 80) riconduce ad una «mano toscana [...] dell'ultimo quarto del Trecento»; o ancora alla *Historia regum Britannie* di Geoffroy de Monmouth, rielaborata nel *Merlin* de Robert de Boron, a cui attingono vari testi italiani: mentre la *Storia di Merlino* di Paolino Pieri (primo terzo del XIV secolo) ne costituisce una «réécriture, tellement libre que l'on peut difficilement la considérer comme une traduction», di seguito il romanzo di Robert de Boron viene

---

[17] Vedi Albrecht (2006) per il francese e l'occitano, Pöckl (2006) per lo spagnolo, Pöckl/Pögl (2006) per l'italiano e il sardo, Wittlin (2006) per il catalano, ecc.
[18] Vedi specialmente sezioni *L'oc et l'oïl* e *Les langues romanes* in Galderisi (2011, vol. 2, tomo 2, 1129-1151 e 1153-1192).
[19] Vedi Cabré/Ferrer/Pujol (2017) e l'accesso al database: http://www.translatdb.narpan.net
[20] Similmente l'antologia di Segre (ed., 1980 [1953]) si presenta divisa in tre sezioni intitolate *Volgarizzamenti dal provenzale, Volgarizzamenti dal francese, Volgarizzamenti dal latino*.

tradotto due volte nell'Italia del Nord, come attestano due manoscritti e alcune stampe del XV e del XVI secolo (Montorsi 2018, 367).[21]

Sulla posizione del francese nella compagine culturale dell'Italia medievale è tornato di recente Fabio Zinelli, ipotizzando l'«esistenza di una "francofonia medievale"» e addirittura di «un *global French* medievale» (Zinelli 2021, 61). Una delle conseguenze del suo *status* d'eccezione risiede nel fatto, appena evocato, che «il francese ha avuto un ruolo importante nella trasmissione dei classici latini presso il pubblico laico» (ib., 67). È importante in questo contesto considerare che «anche il primo "classicismo" catalano si nutre delle traduzioni francesi dei classici» (ib., 67 n. 22): in questo modo Vegezio, Livio, Seneca e sant'Agostino sono tradotti in catalano a partire da volgarizzamenti francesi.

La pressione dei modelli francesi è rilevante sin dai testi italiani delle origini. Pensiamo ai *Proverbia que dicuntur super natura feminarum* contenuti nel codice Saibante, che stanno in uno stretto rapporto, come si sa, con un poemetto misogino in antico francese, il *Chastie-Musart*. La relazione fra i due testi si coglie nell'uso dello stesso metro (la quartina monorima di alessandrini) e nell'«argomento generale», inoltre il componimento in numerosi luoghi traduce «fedelmente» il testo francese (Premi 2018, 35). Secondo Tagliani, cui dobbiamo l'edizione più recente,[22] «almeno cinque quartine» e «vari versi e sintagmi» dei *Proverbia* «sono direttamente desunti, quando non pedissequamente tradotti, dall'opera francese»; ma la pressione dei modelli d'oltralpe si scopre anche nell'«alta densità gallicizzante» che pervade tutto il testo (Tagliani 2020, 388 e 393).

Da rilevare è anche la fortuna italiana dell'*Elucidarium* di Honorius Augustodunensis, tradotto tre volte dal latino e una volta dal francese. Va aggiunto però che la versione dal francese è quella che ha avuto di gran lunga il maggiore successo, essendo tramandata da non meno di 27 manoscritti completi, mentre per i volgarizzamenti dal latino conosciamo un solo manoscritto per ciascuno. Inoltre si conserva una versione che per la prima parte del testo, fino alla q. II 57, corrisponde al volgarizzamento dal latino del codice Ambrosiano T 67 sup., per attenersi di seguito, dalla q. II 77 in poi, alla traduzione dal francese: tale versione "mista" è attestata da cinque manoscritti e da una ventina di incunaboli.[23]

È particolarmente significativo in questo senso il manoscritto Ambrosiano T 67 sup. appena menzionato. Il codice, datato al XV secolo, contiene – oltre

---

[21] Aggiungo un caso parallelo per il castigliano: anche un testo enciclopedico come il *De proprietatibus rerum* di Bartholomaeus Anglicus passa in castigliano a partire da una versione francese (cfr. Eggert 2014).

[22] Vedi Meneghetti/Tagliani (edd. 2019, 124-129 e 368-425), per il testo, l'introduzione e le note.

[23] Desumo questi dati da Degli Innocenti (1984a, 3); vedi anche le panoramiche più aggiornate di Donadello (2003, XXIII-XXXIV) e di Robecchi (2017, 15-24), che esprimono qualche dubbio circa l'unicità della traduzione dal francese.

all'*Elucidario*, tradotto, come detto, dal latino – tre testi derivati da modelli francesi: il *Purgatorio di san Patrizio*, una *Confessione* e una *Messa*.[24] Sarebbe forse azzardato, come dichiara lo stesso Degli Innocenti (1984b, 97), «ipotizzare una cultura trilingue in un monastero a Milano o negli immediati dintorni, attivo nell'ultimo quarto del Duecento», anche perché non è affatto sicuro che i testi permettano una datazione così alta. Indubbiamente il manoscritto Ambrosiano T 67 sup. testimonia però una particolare situazione in cui il volgare milanese si trova a misurarsi con due lingue di cultura, il latino e il francese.

5 Oltre l'approccio filologico

Molti studi sulle traduzioni medievali, e forse in particolar modo quelli sulle traduzioni da una lingua vernacolare all'altra, sono incentrati sul singolo testo e sulla sua storia. In tale prospettiva, squisitamente filologica, la traduzione è un ulteriore testimone della diffusione, o della fortuna, di un testo. Di conseguenza non pochi studiosi hanno preferito rivolgersi alle *réécritures*, a scapito delle traduzioni "fedeli", che avrebbero permesso considerazioni più propriamente linguistiche.[25]

Alfine di circoscrivere meglio l'interesse linguistico nello studio delle traduzioni medievali si vogliono rilevare soprattutto tre punti. In primo luogo sembra promettente esplorare ulteriormente la strada aperta dalle fini osservazioni di Terracini, che focalizza il ruolo delle traduzioni orizzontali nell'elaborazione di una coscienza linguistica riferita alle lingue romanze in procinto di passare a lingue di cultura. Si tratta di un assunto di carattere generale che sottende l'analisi delle variegate tecniche di traduzione, distinte specialmente in ragione dei singoli generi discorsivi cui appartengono i testi presi in esame.

Più concretamente sarà utile focalizzare quesiti ben circoscritti e ben definiti dal punto di vista linguistico. Di fronte ad una diffusa prassi d'impianto sostanzialmente filologico proponiamo di rivolgere l'attenzione a singole strutture piuttosto che a singoli testi.[26] Per gli studi qui raccolti abbiamo scelto di prestare una

---

[24] Vedi Degli Innocenti (1984b, 97). Per il *Purgatorio di san Patrizio* vedi anche Bertolini (1985); per la *Confessione* vedi Degli Innocenti (1984c), per la *Messa* Degli Innocenti (1993, spec. 171-176); per un'altra versione dell'*Esposizione della messa* vedi anche Wilhelm/De Roberto (2020, vol. 2, 475-483).

[25] Un esempio fra tanti è lo studio di Montorsi (2018) già menzionato: Montorsi si dilunga molto meno, infatti, sulla traduzione, piuttosto letterale, contenuta nel manoscritto Vaticano Palatino 949, copiato nel 1452, che sulla versione rimaneggiata, trasmessa da un incunabolo del 1481 (*La Historia di Merlino*, stampata a Venezia da Luca Venetiano) e da un manoscritto (Parma, Palatino 93, del 1502), che suscita l'interesse dello studioso proprio in quanto incarna «Un nouveau projet littéraire» (ib., 383-394), presentando una versione più ortodossa, "cristianizzata", del romanzo di Robert de Boron.

[26] Vedi anche De Roberto (2017, 230) a proposito dei volgarizzamenti dal latino: «negli studi più recenti osserviamo [...] un approccio pressoché monotestuale: analisi sintattiche sono dunque di preferenza condotte su singoli volgarizzamenti oppure affidate allo strumento dello spoglio linguistico nelle edizioni di singoli testi. Piuttosto rare sono le analisi condotte

particolare attenzione agli aspetti pragmatici e testuali del tradurre. Finora la riflessione linguistica sulle traduzioni si è concentrata soprattutto sul lessico e in una certa misura anche sulla sintassi. L'ambito preso in esame qui è situato fra le singole lingue e le tradizioni discorsive. Possiamo pensare alla formularità,[27] a determinate strategie che spaziano dalla sintassi alla testualità, come gli *outils d'articulation textuelle*,[28] oppure ad alcune procedure narrative, già analizzate in traduzioni moderne, come l'organizzazione del discorso riportato.[29] Siamo convinti che si tratta di ambiti in cui diventano particolarmente significative sia la dinamica fra "permeabilità" e "chiusura" delle lingue, sia la distinzione fra quello che è "linguistico" e quello che è "discorsivo" in un determinato testo.

Infine si vuole accennare ad un terzo ordine di riflessioni. Indubbiamente possiamo considerare le traduzioni orizzontali come testimonianze particolarmente preziose dello sviluppo linguistico e discorsivo in ambito romanzo. Confrontare lo stesso testo redatto in due o più lingue apparentate si rivela infatti uno strumento euristico di grande valore: il testo di partenza e il testo di arrivo si illuminano – si interpretano – a vicenda, quasi fossero commenti metalinguistici. Non dimentichiamo la profonda "alterità" delle lingue (come dei testi) medievali.[30] In molti casi il poter paragonare soluzioni diverse proposte per esprimere lo stesso contenuto abilita lo studioso a comprendere meglio una data struttura. In questo senso lo studio delle traduzioni orizzontali è una delle vie che ci permette di dare un fondamento ermeneutico all'analisi delle lingue medievali.

Indicazioni bibliografiche

Albrecht, Jörn, *Übersetzen und Sprachgeschichte: Übersetzungen ins Französische und Okzitanische*, in: Gerhard Ernst/Martin-Dietrich Gleßgen/Christian Schmitt/Wolfgang Schweickard (edd.), *Romanische Sprachgeschichte. Ein internationales Handbuch zur Geschichte der romanischen Sprachen*, vol. 2, Berlin/New York, De Gruyter, 2006, 1386-1403.

Aschenberg, Heidi/Sarah Dessì Schmid (edd.), *Romanische Sprachgeschichte und Übersetzung*, Heidelberg, Winter, 2017.

Bertolini, Lucia, *Una redazione lombarda del «Purgatorio di San Patrizio»*, Studi e problemi di critica testuale 31 (1985), 8-49.

Cabré, Lluís/Ferrer, Montserrat/Pujol, Josep, *Il progetto TRANSLAT (e le duplici traduzioni nei volgarizzamenti catalani del Trecento e del Quattrocento*, in: Elisa Guadagnini/Giulio Vaccaro (edd.), *Rem tene, verba sequentur. Latinità e medioevo romanzo: testi e lingue in contatto. Atti del convegno conclusivo del progetto FIRB – Futuro in ricerca 2010*

---

a partire dall'esame di singole strutture». Un lavoro recente che va in questa direzione è quello di Mastrantonio (2021), che a partire da un vasto corpus di volgarizzamenti studia le strategie di coesione nell'italiano antico.

[27] Cfr. Wilhelm (2013); Giovanardi/De Roberto (2015).
[28] Cfr. De Roberto (2012).
[29] Cfr. la panoramica in Zuschlag (2016).
[30] Si allude ovviamente a Jauss (1976).

«DiVo – Dizionario dei Volgarizzamenti. Il lessico di traduzione dal latino nell'italiano delle Origini» (Firenze, Villa Medicea di Castello, 17-18 febbraio 2016), Alessandria, Edizioni dell'Orso, 2017, 35-47.

Casapullo, Rosa, *Il «Trattato di scienza universal» di Vivaldo Belcalzer: sintassi, testualità, ecdotica*, in: Sergio Lubello (ed.), *Volgarizzare, tradurre, interpretare nei secc. XIII-XVI. Atti del Convegno internazionale di studio «Studio, Archivio e Lessico dei volgarizzamenti italiani» (Salerno, 24-25 novembre 2010)*, Strasburgo, Eliphi, 2012, 19-28.

Cervantes, Miguel de, *Don Quijote de la Mancha*, ed. Martín de Riquer, Barcelona, Planeta, 1995.

Colombo, Michele/Pellegrini, Paolo/Pregnolato, Simone (edd.), *Storia sacra e profana nei volgarizzamenti medioevali. Rilievi di lingua e cultura*, Berlin/ Boston, 2019.

Degli Innocenti, Mario (ed.), *L'«Elucidario». Volgarizzamento in antico milanese dell'«Elucidarium» di Onorio Augustodunense*, Padova, Antenore, 1984. [= 1984a]

Degli Innocenti, Mario, *Redazioni italiane del «Purgatorio di s. Patrizio» (in appendice l'edizione di un volgarizzamento in antico milanese)*, Italia medioevale e umanistica 27 (1984), 81-120. [=1984b]

Degli Innocenti, Mario, *Una «Confessione» del XIII secolo. Dal «De confessione» di Roberto di Sorbona (1201-1274) al volgarizzamento in antico milanese*, Cristianesimo nella storia 5 (1984), 245-302. [= 1984c]

De Roberto, Elisa, *Stratégies traductives dans la* Santà del corpo *de Zucchero Bencivenni*, in: Stephen Dörr/Raymund Wilhelm (edd.), *Transfert des savoirs au Moyen Âge/Wissenstransfer im Mittelalter. Actes de l'Atelier franco-allemand, Heidelberg, 15-18 janvier 2008*, Heidelberg, Winter, 2008, 43-56.

De Roberto, Elisa, *Discours scientifique et traduction au Moyen Âge: à propos des outils d'articulation textuelle*, in: Joëlle Ducos (ed.), *Sciences et langues au Moyen Âge/Wissenschaften und Sprachen im Mittelalter. Actes de l'Atelier franco-allemand, Paris, 27-30 janvier 2009*, Heidelberg, Winter, 2012, 341-358.

De Roberto, Elisa, *Sintassi e volgarizzamenti*, in: Lino Leonardi/Speranza Cerullo (edd.), *Tradurre dal latino nel medioevo italiano*, Firenze, Edizioni del Galluzzo, 2017, 227-293.

Donadello, Aulo (ed.), *Lucidario. Volgarizzamento veronese del XIV secolo*, Roma/Padova, Antenore, 2003.

Ducos, Joëlle/Michèle Goyens (edd.), *Traduire au XIVe siècle. Evrart de Conty et la vie intellectuelle à la cour de Charles V*, Paris, Champion, 2015.

Eggert, Elmar, *Les traductions en espagnol du DPR de Bartholomaeus Anglicus*, in: Joëlle Ducos (ed.), *Encyclopédie médiévale et langues européennes. Réception et diffusion du* De proprietatibus rerum *de Barthélemy l'Anglais dans les langues vernaculaires*, Paris, Champion, 2014, 259-282.

Fleith, Barbara/Gay-Canton, Réjane/Veysseyre, Géraldine (edd.), *De l'(id)entité textuelle au cours du Moyen Age tardif: XIIIe-XVe siècle*, Paris, Classiques Garnier, 2017.

Folena, Gianfranco, *Volgarizzare e tradurre*, Torino, Einaudi, 1994.

Galderisi, Claudio, *Translations médiévales. Cinq siècles de traductions en français au Moyen Âge (XIe-XVe siècles). Étude et Répertoire*, 2 voll., Turnhout, Brepols, 2011.

Giovanardi, Claudio/De Roberto, Elisa, *Componente formulare e strategie traduttive in alcuni volgarizzamenti toscani dal francese*, in: Nella Bianchi Bensimon/Bernard Darbord/ Marie-Christine Gomez-Géraud (edd.), *Le Choix du vulgaire – Espagne, France, Italie (XIIIe-XVIe siècle)*, Paris, Classiques Garnier, 2015, 103-133.

González Ramírez, David, *La traducción perdida del Decameron en castellano: nuevas aportaciones crítico-textuales*, in: David González Ramírez/Eduardo Torres Corominas/

José Julio Martín Romero/M.ª Manuela Merino García/Juan Ramón Muñoz Sánchez (edd.), *Entre historia y ficción: formas de la narrativa áurea*, Madrid, Ediciones Polifemo, 2020, 237-270.

González Ramírez, David, *Transmisión, reelaboración y síntesis en las rúbricas del «Decameron» en castellano*, Medioevo Romanzo (in corso di stampa).

Guadagnini, Elisa/Vaccaro, Giulio (edd.), *Rem tene, verba sequentur. Latinità e medioevo romanzo: testi e lingue in contatto. Atti del convegno conclusivo del progetto FIRB – Futuro in ricerca 2010 «DiVo – Dizionario dei Volgarizzamenti. Il lessico di traduzione dal latino nell'italiano delle Origini» (Firenze, Villa Medicea di Castello, 17-18 febbraio 2016)*, Alessandria, Edizioni dell'Orso, 2017.

Jauss, Hans Robert, *Alterität und Modernität der mittelalterlichen Literatur*, in: id., *Alterität und Modernität der mittelalterlichen Literatur*, München, Wilhelm Fink, 1976, 9-47.

Kerbastard, Nolwenn, *Les réécritures hagiographiques en français au Moyen Âge. Le dossier de sainte Geneviève*, in : Barbara Fleith/Réjane Gay-Canton/Géraldine Veysseyre (edd.), *De l'(id)entité textuelle au cours du Moyen Age tardif: XIIIe-XVe siècle*, Paris, Classiques Garnier, 2017, 101-142.

Koch, Peter, *Pour une typologie conceptionnelle et médiale des plus anciens documents/ monuments des langues romanes*, in: Maria Selig/Barbara Frank/Jörg Hartmann (edd.), *Le passage à l'écrit des langues romanes*, Tübingen, Narr, 1993, 39-81.

Le Maçon, Antoine, *Le Decameron de M. Iean Bocace Florentin, traduict d'Italien en Françoys par maistre Antoine Le Maçon, Conseillier du Roy, & Tresorier de l'Extraordinaire de ses guerres*, Lyon, Guillaume Roville, 1558.

Lebsanft, Franz, *El hablar como hecho cultural e histórico*, in: Óscar Loureda/Angela Schrott (edd.), *Manual de lingüística del hablar*, Berlin/Boston, De Gruyter, 2021, 43-60.

Leonardi, Lino/Speranza Cerullo (edd.), *Tradurre dal latino nel Medioevo italiano. «Translatio studii» e procedure linguistiche*, Firenze, SISMEL, 2017.

Marfany Simó, Marta, *La traducció catalana medieval de «La belle dame sans merci» d'Alain Chartier*, in: Anna Alberni/Lola Badia/Lluís Cabré (edd.), *Translatar i transferir. La transmissió dels textos i el saber (1200-1500)*, Santa Coloma de Queralt, Obrador, 2010, 179-188.

Mastrantonio, Davide, *La coesione nell'italiano antico e i volgarizzamenti dal latino*, Alessandria, Edizioni dell'Orso, 2021.

Meneghetti, Maria Luisa/Tagliani, Roberto (edd.), *Il manoscritto Saibante-Hamilton 390. Edizione critica*, Roma, Salerno, 2019.

Montorsi, Francesco, *Les traductions italiennes du Merlin de Robert de Boron*, in: Hélène Tétrel/Géraldine Veysseyre (edd.), *L'Historia regum Britannie et les «Bruts» en Europe*, vol. 2 : *Production, circulation et réception (XIIe-XVIe siècle)*, Paris, Classiques Garnier, 2018, 365-394.

Parera, Raquel, *La versió d'Andreu Febrer de la «Commedia» de Dante: recursos del traductor*, in: Anna Alberni/Lola Badia/Lluís Cabré (edd.), *Translatar i transferir. La transmissió dels textos i el saber (1200-1500)*, Santa Coloma de Queralt, Obrador, 2010, 161-178.

Parera, Raquel, *Les estratègies de traducció d'Andreu Febrer en la seva versió de la* Commedia *de Dante*, Magnificat Cultura i Literatura Medievals 7 (2020), 141-164.

Philipp-Sattel, Sabine, *Parlar bellament en vulgar. Die Anfänge der katalanischen Schriftkultur im Mittelalter*, Tübingen, Narr, 1996.

Pla Colomer, Francisco Pedro/Vicente Llavata, Santiago, *La materia de Troya en la Edad Media hispánica. Historia textual y codificación fraseológica*, Frankfurt am Main, Vervuert/Madrid, Iberoamericana, 2020.
Pöckl, Wolfgang, *Übersetzen und Sprachgeschichte: Übersetzungen ins Spanische*, in: Gerhard Ernst/Martin-Dietrich Gleßgen/Christian Schmitt/Wolfgang Schweickard (edd.), *Romanische Sprachgeschichte. Ein internationales Handbuch zur Geschichte der romanischen Sprachen*, vol. 2, Berlin/New York, De Gruyter, 2006, 1402-1410.
Pöckl, Wolfgang/Pögl, Johann, *Übersetzen und Sprachgeschichte: Übersetzungen ins Italienische und Sardische*, in: Gerhard Ernst/Martin-Dietrich Gleßgen/Christian Schmitt/ Wolfgang Schweickard (edd.), *Romanische Sprachgeschichte. Ein internationales Handbuch zur Geschichte der romanischen Sprachen*, vol. 2, Berlin/New York, De Gruyter, 2006, 1373-1386.
Premi, Nicolò, *Filigrane ovidiane nei «Proverbia que dicuntur super natura feminarum»*, Medioevi 4 (2018), 27-53.
Rinoldi, Paolo, *La tradizione dell'Estoire d'Eracles in Italia: note su un volgarizzamento fiorentino*, in: Paolo Rinoldi/Gabriella Ronchi (edd.), *Studi su volgarizzamenti italiani due-trecenteschi*, Roma, Viella, 2005, 65-97.
Robecchi, Marco (ed.), *Il «Lucidario» bergamasco (Biblioteca Civica Angelo Mai, ms. MA 188). Edizione critica*, Milano, LedizioniLediPublishing, 2017.
Roncaglia, Aurelio, *Le origini*, in: Emilio Cecchi/Natalino Sapegno (edd.), *Storia della letteratura italiana. Le origini e il Duecento*, Milano, Garzanti, 1987^2, 3-289.
Sánchez González de Herrero, María Nieves (ed.), *El Libro del Tesoro de Brunetto Latini en los manuscritos medievales conservados en la Biblioteca de la Universidad de Salamanca*, Vigo, Ed. Academia del Hispanismo, 2008.
Segre, Cesare (ed.), *Volgarizzamenti del Due e Trecento*, Torino, UTET, [1953], ristampa 1980.
Segre, Cesare/Marti, Mario (edd.), *La prosa del Duecento*, Milano/Napoli, Ricciardi, 1959.
Segre, Cesare, *La traduzione come fenomeno culturale. Primi secoli*, in: Arturo Calzona/ Francesco Paolo Fiore/Alberto Tenenti/Cesare Vasoli (edd.), *Il volgare come lingua di cultura dal Trecento al Cinquecento*. Atti del Convegno internazionale Mantova, 18-20 ottobre 2001, Firenze, Olschki, 2003, 1-8.
Tagliani, Roberto, *Stratificazioni di lingua, d'edizione e di commento nella storia critica dei «Proverbia que dicuntur super natura feminarum»*, in: Stefano Resconi/Davide Battagliola/Silvia De Santis (edd.), *Innovazione linguistica e storia della tradizione. Casi di studi romanzi medievali*, Milano/Udine, Mimesis, 2020, 387-407.
Terracini, Benvenuto, *Conflitti di lingue e di cultura* [1957]. Introduzione di Maria Corti, Torino, Einaudi, 1996.
Varvaro, Alberto, *Gemeinromanische Tendenzen XII. Literatursprachenbildung/ Tendenze comuni alle lingue romanze XII. La formazione delle lingue letterarie*, in: Günter Holtus/ Michael Metzeltin/Christian Schmitt (edd.), *Lexikon der romanistischen Linguistik (LRL)*, vol. II, 1: *Latein und Romanisch. Historisch-vergleichende Grammatik der romanischen Sprachen*, Tübingen, Niemeyer, 1996, 528-537.
Wilhelm, Raymund, *Die frühen Übersetzungen des Decameron zwischen Sprachgeschichte und Textgeschichte. Zur Kanonisierung eines sprachlich-literarischen Modells*, Romanistisches Jahrbuch 48 (1997), 157-182.
Wilhelm, Raymund, *«Licet autem ydioma illorum non novissem...». Il plurilinguismo nella predicazione del Medioevo*, in: Claudio Micaelli/Gianluca Frenguelli (edd.), *Le forme e i*

luoghi della predicazione. Atti del Seminario internazionale di studi – Macerata, 21-23 novembre 2006, Macerata, eum edizioni, 2009, 63-81.

Wilhelm, Raymund, *Le formule come tradizioni discorsive. La dinamica degli elementi formulari nella* Vita di santa Maria egiziaca *(XII–XIV secolo)*, in: Claudio Giovanardi/Elisa De Roberto (edd.), *Il linguaggio formulare in italiano tra sintassi, testualità e discorso*, Napoli, Loffredo, 2013, 213-268.

Wilhelm, Raymund (ed.), *Transcrire et/ou traduire. Variation et changement linguistique dans la tradition manuscrite des textes médiévaux*, Heidelberg, Winter, 2013.

Wilhelm, Raymund, *L'édition de texte – entreprise à la fois linguistique et littéraire*, in: David Trotter (ed.), *La philologie de l'édition*, Berlin/Boston, De Gruyter, 2015, 131-151.

Wilhelm, Raymund, *Le tradizioni discorsive – un nuovo oggetto per la linguistica storica?*, in: Gabriella Alfieri/Giovanna Alfonzetti/Daria Motta/Rosaria Sardo (edd.), *Pragmatica storica dell'italiano. Modelli e usi comunicativi del passato. Atti del XIII Convegno ASLI (Catalia, 29-31 ottobre 2018)*, Firenze, Cesati, 2020, 505-516.

Wilhelm, Raymund/De Roberto, Elisa, *La scrittura privata a Milano alla fine del Quattrocento. Testi del manoscritto miscellaneo di Giovanni de' Davi (Triv 92)*, Heidelberg, Winter, 2020, vol 1: *Studi*; vol. 2: *Testi*.

Wittlin, Curt J. (ed.), *Brunetto Latini, Llibre del tresor, versió catalana de Guillem de Copons*, 4 voll., Barcelona, Barcino, 1976-1989.

Wittlin, Curt, *Übersetzen und Sprachgeschichte: Übersetzungen ins Katalanische*, in: Gerhard Ernst/Martin-Dietrich Gleßgen/Christian Schmitt/Wolfgang Schweickard (edd.), *Romanische Sprachgeschichte. Ein internationales Handbuch zur Geschichte der romanischen Sprachen*, vol. 2, Berlin/New York, De Gruyter, 2006, 1410-1416.

Zinelli, Fabio, *Francese d'Italia e francese di Toscana. Tradizioni manoscritte e processi di vernacolarizzazione*, in: Sara Bischetti/Michele Lodone/Cristiano Lorenzi/Antonio Montefusco (edd.), *Toscana bilingue (1260 ca. – 1430 ca.). Per una storia sociale del tradurre medievale*, Berlin/Boston, De Gruyter, 2021, 59-104.

Zumthor, Paul, *La lettre et la voix. De la «littérature» médiévale*, Paris, Seuil, 1987.

Zuschlag, Katrin, *L'analyse structurale du récit: «narratologie» et traduction*, in: Jörn Albrecht/René Métrich (edd.), *Manuel de traductologie*, Berlin/Boston, De Gruyter, 2016, 550-572.

Dare uno piccolo nappuccio d'una grande acqua
I *Moralium dogma philosophorum* di Guillaume de Conches tra latino, antico francese e volgari italiani

ELISA DE ROBERTO
Roma Tre

1 Il *Libro di costumanza* fra traduzione orizzontale e traduzione di seconda mano

Rispetto alla distinzione concepita da Folena (1961/1994) fra traduzioni verticali e traduzioni orizzontali,[1] la tradizione italiana dei *Moralium dogma philosophorum* (d'ora in poi *MD*) si colloca in uno spazio intermedio e "ibrido", consentendo di osservare la trasformazione di un testo sottoposto a due diversi processi traduttivi. Il florilegio di sentenze latine, concepito ed elaborato da Guillaume de Conches (1080-1150),[2] fu oggetto di numerosi volgarizzamenti nelle varie lingue

---

[1] Nel panorama italiano la maggior parte delle traduzioni orizzontali sono volgarizzamenti di testi in francese antico, di tipo narrativo – il *Tristano*, la *Tavola ritonda*, l'*Inchiesta del san Gradale*, *Storia del san Gradale*, ecc. – di tipo scientifico o enciclopedico – come la *Santà del corpo* di Zucchero Bencivenni e il *Tresor* di Brunetto Latini – di tipo morale o religioso – come il volgarizzamento della *Somme le roi*, sempre tradotto dal Bencivenni. Decisamente meno rappresentati i volgarizzamenti dal catalano e dal castigliano. Secondo Folena il tradurre "orizzontale", fra lingue di strutture simili e di forte affinità culturale come le lingue romanze, assumerebbe il carattere più che di traduzione, di trasposizione verbale con altissima percentuale di significanti, lessemi e morfemi comuni e identità nelle strutture sintattiche, di trasmissione e metamorfosi continua, «con interferenza massima e contrasti minimi» (Folena 1961/1994, 12–13), tali da connotare quelle orizzontali come traduzioni "pigre". Per una discussione di tale assunto cfr. De Roberto (2008) e Zinelli (2021, 78–88).

[2] La cornice narrativa entro cui sono collocate le sentenze è costruita sul motivo del *somnium*, durante il quale una processione di filosofi persuade l'autore dell'opportunità di redigere un *compendium*. L'originale latino assume la fisionomia di un manuale scolastico fortemente strutturato, che «opera continuamente divisioni, suddivisioni e distinzioni, riassumendo sistematicamente i testi che cita. Concepito sul modello del *De Officiis* di Cicerone, il *MD* è una raccolta di estratti dai principali moralisti antichi, tanto prosatori che poeti (Cicerone, Seneca, Sallustio, Boezio, Isidoro, Gregorio, Orazio, Terenzio, Giovenale, Virgilio, Persio e Lucano)» (Delhaye 1970, 1030). I prelievi dalle Sacre Scritture (Proverbi, Ecclesiaste, Sapienza, Epistole Paoline) sono invece assai rari. Il contributo originale di Guillaume de Conches si esprime nella selezione e nella cucitura delle citazioni, come anche nelle formule introduttive e di transizione. Sulla paternità dell'opera si vedano, almeno, le discussioni in Williams (1931) e Gregory (1955, 22–30). Tra i vari argomenti che collegano l'opera proprio a Guillaume di Conches è l'identificazione del dedicatario del florilegio in Enrico II d'Inghilterra, di cui il filosofo sarebbe stato l'antico precettore.

europee.³ Finalizzata a incoraggiare lo studio della morale, l'opera tratta del rapporto tra l'onesto e l'utile, approfondendo cinque argomenti: i) De honesto,⁴ ii) De comparatione honestorum; iii) De utili; iv) De comparatione utilium; v) De conflictu honesti et utilis. La tesi sostenuta nel corso del trattato è che solo il bene onesto sia veramente utile.

In Italia la fortuna e la circolazione dell'opera furono dovute non all'originale latino, ma al volgarizzamento francese che ne mediò la ricezione nei diversi volgari italoromanzi, sancendone così la notevole fortuna: l'opera si inscrive infatti nell'ampia tradizione della precettistica profana medievale (cfr. Schulze-Busacker 2012). In tal senso il volgarizzamento italiano si colloca nell'ampia fenomenologia della traduzione di seconda mano, anche se probabilmente non consapevole. Vedremo infatti che il processo di migrazione del testo da un ambiente culturale all'altro e da un secolo all'altro comporta un processo di "obliterazione" della sua origine latina.

La traduzione italiana dell'opera reca diversi titoli: *Libro di costumanza*, ma anche *Capitoli d'insegnamento e di costumanza*, o *Trattato di virtù morali*. Non vi è dubbio che sia stata realizzata sulla base di un precedente volgarizzamento francese (*Romans de moralitez* o *Livre de moralitez*). L'unica edizione del volgarizzamento italiano è quella di De Visiani (1865), condotta su un testimone fino a poco tempo fa dato per disperso e oggi identificato da Bertelli/Giola (2007) nel ms. BNCF, Landau-Finaly 38. Sui rapporti tra il testo francese e la versione italiana D'Agostino ha potuto affermare che «in realtà del testo francese esistono ben cinque volgarizzamenti toscani diversi, due dei quali sicuramente collocabili nel secolo XIII [...]. La traduzione non spicca per qualità letterarie, ma segue in forma abbastanza corretta e piatta, e con abbondanti gallicismi, il testo francese, avvivandosi raramente per qualche breve *exemplum*» (D'Agostino 1995, 580-581). Il *Libro di Costumanza* appartiene in effetti a quel nutrito corpus di testi francesi copiati in Toscana, e in particolare lungo la direttrice Genova-Pisa.⁵ Come si vedrà, nella tradizione del volgarizzamento italiano è possibile isolare testimoni vicini all'ambiente pisano (come il Magl. IV. 63 della Biblioteca Nazionale di Firenze, cfr. più avanti).

La *recensio* di Cristina Bernardini (autrice di una tesi di laurea sul volgarizzamento) individuava cinque redazioni, tràdite complessivamente da 13 manoscritti. A questi vanno aggiunti altri 11 segnalati dagli studi di Leonardi (2007), Divizia (2007), Zaggia (2014, 31), Vaccaro (2011). Più recentemente nel suo lavoro di

---

³ L'opera costituì anche la fonte e uno dei principali mezzi di trasmissione di citazioni e sentenze morali, poi riutilizzate in altri generi testuali, cfr. ad esempio il caso del *Libro del Caballero Zifar* (Wagner 1953).
⁴ Il bene onesto è descritto come quel che natura e dignità spingono l'uomo a desiderare; esso è attinto da quattro fonti: prudenza, giustizia, fortezza e temperanza (a loro volta ripartite in ulteriori virtù).
⁵ Sulla geografia della copia di testi francesi in Italia si veda Zinelli (2021).

dottorato Battagliola (2018)[6] individua invece 8 redazioni del volgarizzamento, tràdite da 26 testimoni.

Le redazioni sarebbero:

- α: 13 mss. Fi BNC II IV 111 (A, il cosiddetto codice Fantino, duecentesco), Fi BNC II VIII 49 (D, codice Barbi), Magl. IX 61 (F), Pal. 585 (E), Fi BR 1317 (G), 2221 (I), 2280 (L = descriptus di A), Vat Chig. LVII 249 (K); altri due mss (fino a poco tempo fa dispersi e solo recentemente ritrovati): il Landau-Finaly 38 impiegato da De Visiani (Vis) e Gim (irreperibile per molto tempo, ma identificato attualmente in un manoscritto della raccolta privata Castellani);[7]

- β: Fi BNC II II 72 (B) ;

- γ: Fi BNC II IV 127 (C), Fi BNC Pal. 387 (P), Fi BNC Pal. 501 (Q), Na BNC XII E 33 (N), Rm Lincei 44 D 11 (R);

- δ: Fi BR 1475 (H), Br Fondazione Ugo da Como 144 (U);[8]

- ε: Fi BNC Magl. IV 63 (M), Fi BR 1737 (S);

- ζ: Mi Braid. AF XIV 18 (T);

- η: Alba Iulia, Biblioteca Batthyaneum, II 160 (V).

Per il presente studio, oltre che dell'edizione Visiani, si è tenuto conto di D (il codice Barbi),[9] di L (descriptus di A)[10] e di H.[11] Sono stati dunque selezionati due testimoni della redazione α e un testimone della redazione δ (H), che presenta una

---

[6] Al momento della redazione del presente contributo non è stato possibile attingere allo studio, che nel secondo capitolo ricostruisce lo *stemma codicum* della tradizione italiana del testo francese.

[7] Cfr. Luti (2017). Del ms. Castellani si servì per l'edizione del Trattato di Albertano da Brescia. Sulla redazione α si veda la scheda di Battagliola (2016).

[8] Un'edizione critica del testo è presente in Battagliola (2018).

[9] Si riporta in nota una sintetica descrizione del contenuto dei singoli manoscritti. D = Firenze, Biblioteca Nazionale Centrale, II.VIII.49 (codice Barbi), cc. 212, fine XIII sec. Contiene il *Libro dell'amore e della dilezione di Dio e del prossimo* di Albertano da Brescia (cc. 1a-94a); *Libro delle quattro virtù morali*, attribuito a Seneca e a Martino Bracarense (cc. 94b-100b); *Libro di Cato* (124b-131b); *Lucidario* (cc.133a-192b); *Quindici segni del Giudizio* (cc.192b-197a); *Cinque chiavi della Sapienza* (cc. 197a-208b); *Piato di Dio con l'inimico* (cc. 209a-212b). Il nostro volgarizzamento è alle cc. 101a-123b, ed è vergato dalla mano b, primi anni del XIV secolo. Il testo che qui ci interessa è chiamato *Libro di Costumanza*.

[10] L = Firenze, Biblioteca Riccardiana, 2280, cc. 109, XV sec. Contiene il *Libro dell'amore e della dilezione di Dio e del prossimo* di Albertano da Brescia (cc. 1r-71v), *Le quattro forze di virtudi di Seneca* (71v-76r), gli *Articoli della dottrina cristiana* (76r-77v) e i *Fiori e vita di filosofi e d'altri savi e imperadori* (cc. 96v-109v). Il nostro volgarizzamento è alle cc. 77v-96v e reca il titolo *Chapitoli d'insegnamento di chostumanza*.

[11] H = Firenze, Biblioteca Riccardiana, 1475, cc. 166, XIV sec., mutilo. Contiene il *Libro di Sidrac* (cc. 1-109a), la *Lettera del presto Giovanni* (cc. 146b-164a), e due capitoli del *Libro della natura degli animali* (cc. 164b-166b). Il nostro volgarizzamento è alle cc. 111a-146b. Titolo: *Cominciamento di moralità* (c. 111r).

sua specifica fisionomia. Queste due redazioni sono certamente indipendenti. Si è anche considerato il testimone segnalato da Papahagi (2010) e (2012), di area settentrionale (V).[12] All'area settentrionale rimandano anche i già citati ms. XII E 33 della Biblioteca Nazionale Vittorio Emanuele III di Napoli (padano-orientale secondo Battagliola 2017, 117) e AF XIV 18 della Biblioteca Braidense di Milano (che riporta alcuni estratti del *Trattato di virtù morali* ai ff. 2r-9v).

Come si diceva, il volgarizzamento italiano non è una diretta traduzione dell'originale latino, ma è la traduzione del volgarizzamento francese, che possiamo leggere nell'edizione di Holmberg (1929) – d'ora in poi VF –, il quale fornisce anche l'edizione del testo in basso fràncone. In antico francese conosciamo anche un volgarizzamento in versi attribuito a Alard de Cambray. Del resto, l'opera di Guillaume de Conches doveva essere particolarmente apprezzata nel Medioevo, tanto che persino Brunetto Latini si ispira ai *Moralium Dogma* nel II libro del *Tresor*. Il suo volgarizzamento italiano va ancora oltre: nel ramo delta della tradizione il *Libro di Costumanza* sostituisce il libro II.50-132 del *Tesoro* (cfr. Giola/Guerini 2017). Probabilmente a un certo punto della tradizione qualche copista deve essersi accorto della fonte brunettiana, decidendo di colmare una lacuna del suo antigrafo con il testo completo del *Livres de moralites*. Va detto inoltre che i due testi spesso viaggiano insieme nelle miscellanee insieme ad altri trattati morali (è il caso del ms. Palatino 585). Un altro compagno di viaggio del nostro testo è la *Formula honestae vitae* (o *De quattuor virtutibus*) attribuita a Seneca, ma il cui vero autore è Martino di Braga. Anche questo testo è integrato da Brunetto nel II libro del *Tresor*.[13]

Il *Libro di Costumanza* non è l'unico caso di traduzione orizzontale di seconda mano. La stessa modalità traduttiva caratterizza il *Libro del defenditore di pace*, traduzione toscana di un volgarizzamento francese del *Defensor pacis* di Marsilio da Padova. Anche il *Livro del governamento dei re e dei principi*, tràdito da 9 manoscritti (il più affidabile dei quali è il BNCF II.IV.129, datato al 1288 e di area senese), non traduce direttamente dal testo latino, ma si rifà a un volgarizzamento francese immediatamente successivo all'originale di Egidio, redatto da Henri de Gauchi nel 1282 col titolo *Livre du gouvernement des rois et des princes*.[14]

---

[12] V = Alba Iulia (Romania), Batthyaneum Library, MS II.106, XV2 sec., cc. 23. Contiene oltre al *Libro di moralites* anche un volgarizzamento della *Summa de vitiis et virtutibus* di Guido Faba. Titolo e rubrica: «Questo sì è lo libro de moralites. E devi savere lo che se trova moralites chialloga in scritto che l'è a dir la siencia de plusor savij clerisi e philosophi, la qual in questo libro sì ven anomenadi parlando de molte preciosissime e nobelissime cosse, ch'è salvamento de anima e de corpo a cascaduno che le vorà recordare e metere in ovra et in efecto» (V, c.1r)

[13] Cfr. Divizia (2007).

[14] Cfr. Fiammetta Papi (2016–2018).

2 Tendenze traduttive generali

Prima di affrontare il quesito centrale del presente lavoro, cioè in che modo il doppio processo di traduzione verticale e orizzontale si rifletta a livello enunciativo e discorsivo, sembra opportuno dedicare qualche cenno alla fisionomia generale delle redazioni italiane qui considerate. Il grado di elaborazione dei singoli testi è diverso, da una parte perché tendono a mantenersi molto aderenti al volgarizzamento francese, dall'altra perché in alcuni punti procedono a innovazioni lessicali o sintattiche. Si considerino i passi seguenti (su cui si tornerà più avanti):

> Ipsius preterea operis fructus cel(lu)la memoriali diligenter reponendus (nullatenus) diffusius se tractari permitteret. Nulla enim uite pars, neque publicis neque priuatis, neque forensibus neque domesticis (in) rebus, morali philosophia uacare potest. In hac excolenda sita est uite honestas et in negligenda turpitudo. De ea igitur accipe conpendiosam particulam, ac si de magno flumine ciatum tibi sorbillandum quis propinet. (MD, VIII)

> *Biax chiers amis, sachiez que* por vostre amour et por vostre preu ai ie fait cest livre et si le vous doing, car ie wil que vous i regardez pour vous estruire et enseignier coment vous devez vivre. Et ne pour quant e ne vous ai pas donné toute la science de moralité mais une petite partie, tout autretant com se ie vous donnoie a boiure plein *i. petit hanepel d'une grant eue* (VF, p. 92)

> *Bello, caro amico, e voi sapete* che per vostro amore e per vostro prode abbo fatto questo libro; ch'io voglio che voi ci poniate mente per voi amaestrare come voi debbiate vivere in questo mondo. E non pertanto io non vi abbo data tutta la scienza di costumanza, ma una piccola parte, simigliantemente come io vi desse *uno piccolo nappuccio d'una grande acqua* (Vis, p. 22)[15]

> *Bel caro amigo, io ve faço asaver* che per vostro amor e per lo vostro pro' sì egio fato questo libro e sì ve 'l dono perch'io voio che vuy l'empare per amaistrarve e per ensegnarve cum vuy devì vivere, ma non perçò che io ve abia dà tuta la sciencia de moralitas, ma sì ve n'ò dato .i. piçola partia, cossì cum se io ve desse .i. muçol picolo che fosse plino d'una grande aqua (V, c. 1v)

Va osservata la maggiore vicinanza del volgarizzamento settentrionale (V) all'originale francese: si noti il mantenimento della dittologia *amaistrarve e ensegnarve* e dell'espressione *sciencia di moralitas*. Non mancano tuttavia le innovazioni: interessante la forma *muçol*, che mostra la propensione di V a rendere la similitudine con una parola più locale,[16] mentre la redazione toscana impiega una forma più vicina al francese (*nappuccio* da *nappo*, dal lat. med. *nappus*, o dal fr. *enap* o germ. *hnap*: TLIO: s.v.).

---

[15] caro amico] D caro mio amico; amore] D honore; piccolo nappuccio] D nappuccio picciuolo, L nappuccio picciolo [picciolo aggiunto a margine dalla stessa mano].

[16] La forma *muçol* consente anche di restringere la localizzazione del testo: la parola rimanda a un tipo di bicchiere, che i documenti latini medievali dell'area triveneta, dalla fine del XIII al XV, designano con un termine ricco di moltissime varianti, da *mozollus* a *muious*, e i documenti in volgare, da *muzolo* a *miolo* (quest'ultima voce, di origine lombarda, individua un bicchiere tronco-conico). Si tratta dei prosecutori del latino MODIOLUS (diminutivo di MODIUS).

Esaminiamo ancora il capitolo sulla misericordia, in cui risulta ben visibile il processo di amplificazione condotto dal volgarizzamento francese. Il trattato latino procede per definizioni brevi e giustapposte; il volgarizzamento francese tende a sciogliere gli elementi nominali in proposizioni relative, ad inserire connettivi consecutivi e dittologie sinonimiche:

> Misericordia est uirtus per quam animus super calamitate *afflictorum* mouetur. Hec uirtus nichil humani a se alienum putat: aliorum commoda uel dampna sua existimat. Qui autem in calamitoso *misericors* est sui meminit. Est tamen difficilis cura rerum alienarum (MD, X).

> Misericorde est une vertuz qui fait le cuer tendre et pitex *vers celx qui sont apressé de mesaise*. Et ne pourquant a peines prent l'an cure sor soi d'estranges choses; mais misericorde ne tient nule humaine chose a estrange: les autrui proufiz et les autrui domaiges tient a siens. Et qui est *pitex et plains de misericorde* vers le mesaisié, il li membre de soi (VF, p. 130)

> Misericordia è una virtù che fae lo core tenero e pietoso *verso quelli che sono sopresi da disagio*. Ma con tutto ciò appena prende a l'omo cura de le 'straine cose. Ma Misericordia non è neuna cosa umana per istraniare, [si] li altrui prodi e li altrui danni tenere per suoi: e chi è *pietoso di misericordia* de li'disagiati, li ricorda di sé (Vis, p. 61)

> Misericordia è .i. virtude che fa lo core tendero e piatoso inver *coloro ch'è besognosi*. E non per tanto che prende la cura sovra sì de le cose stranie, per che ella misericordia no ten cossa alguna ad estranie. L'altruy prò e l'altruy dalmaçi sì ten per soy. E *chi è piatoso e plino de misericordia* in ver li besognosi soven de sì medesmo (V, c. 9r)

> Misericordia ène una vertù ke fae il quore tenero e pietoso verso *coloro ke sono apressati di disagio*. Ma non per quanto a grande pena prende sopra sé il quore delle istrane cose. Ma misericordia non tiene neuna umana cosa ad istrana, li altri profitti e li altri danni per suoi. E Tulio dice ke quelli k'ène *pietoso e pieno di misericordia* verso li disagiati, di sé medesimo li ricorda (H, cc. 133r-133v)

Anche in questo caso V appare più vicino al volgarizzamento francese dato che rende la dittologia *piatoso e plino de misericordia*, che invece appare semplificata in Vis. Molto vicino al testo fonte è anche H, che sembra limitarsi ad adattare le espressioni del francese alle strutture fonomorfologiche del toscano (*apressé > apressati, ne pourquant > non per quanto*). Il testimone H introduce però il riferimento a Cicerone.

Un tratto comune alle versioni italiane è la tendenza a sveltire il dettato in alcuni punti:

> Car l'an doute mainte foiz de ⟨une⟩ euure quex ele est, ou honeste ou deshoneste, et se doute l'an de deus choses honestes la quele est plus honeste (VF, p. 94).

> e dotta l'uomo, delle due oneste cose quale è più onesta (Vis, p. 23)

> çoe quanto tu demandi d'una ovra se la è honesta o desonesta (V, c. 2r)

> Se sìe dimanda l'uomo altressie di due cose honeste la qual ène più onesta (H, c. 112r)

Da segnalare in V anche il passaggio al tu discorsivo, di contro all'impersonale impiegato negli altri testi.

Anche in altri casi H e V presentano una lezione più aderente al volgarizzamento francese, come nel passo seguente dove il testo edito da Visiani (e anche D e L) non solo oppone al francese *nons* la parola *modi*, ma equivoca anche *toute une chose* leggendo *onesta cosa* (probabilmente per aplografia, dal momento che prima compare la stessa espressione):

> Virtus igitur et honestum nomina diuersa (sunt), res autem subiecta prorsum eadem (MD, XI)

> Vertus et honeste chose ont diuers nons mais ce est *tout vne chose* (VF, p. 94)

> Virtude et onesta cosa àno diversi modi, ma ciò *è onesta cosa* (Vis, p. 25)

> Virtude e honesta cosa ano diversi modi ma ciò *è honesta cosa* (D e L)

> Vertù è honesta cossa sì a diversi nome, ma *sì è tuta .i. cossa* (V, c. 2r)

> Vertù e honesta cosa anno diversi nomi, ma *ciò ène tutto una cosa* (H, c. 113r)

Nel passo seguente il mancato riferimento agli occhi in Vis e D è omesso in un solo ramo della redazione α, ma è presente in L (la spiegazione della massima salomonica è inserita direttamente nella citazione, mediante una glossa riformulativa):

> Et Salomon: Palpebre (tue) gressus tuos precedant. Id autem est quod consilia actus tuos preueniant (MD, I)

> Et Salemons si dist: 'Ti oil doiuent aler ⟨deuant⟩ tes pas', ce est a dire: ti conseil doiuent aler deuant tes hueures (VF, p. 96)

> Salamone dice: "Li tuoi passi, *ciò è lo tuo consiglio*, dee andare dinanzi a le tue opere" (Vis, p. 26)[17]

> Salamone dicie: "Li tuoi occhi vadano dinanzi alli tuoi passi, cioè a dire lo tuo chonsiglio dee andare dinanzi alle tue opere" (L, c. 79r)

> E Salamone dise: "Li toi ogli sì dè andar denanti li toi passi". Ed è a dire ch'el to conseio sì dè andar denançi da le toe ovre (V, c. 2v)

> Salamone dice: "Li tuoi occhi vadano dinançi alli tuoi passi", ciò ène a diciare ke il tuo consiglio dì andare dinançi alle tue opere (H, c. 113v)

Di fatto i casi appena discussi sono compatibili con le normali dinamiche del processo di copia: non è detto quindi che H e V costituiscano volgarizzamenti autonomi. Le famiglie α, ε ed η potrebbero far capo allo stesso volgarizzamento, rielaborato linguisticamente e discorsivamente nel corso della tradizione. Ma ovviamente soltanto un'attenta analisi dei diversi testimoni potrà chiarire questo punto.

Un altro aspetto che risulta enfatizzato rispetto all'originale latino è certamente il ricorso alle strutture correlative, che del resto costituiscono una caratteristica sintattica tipica delle sentenze, un tipo di frase che in genere presenta una struttura bimembre, in cui il primo membro, realizzato mediante intonazione sospesa richiama l'altro. La correlazione, molto sfruttata anche nei proverbi, ha un

---

[17] D aggiunge: «lo tuo consillio vada innasi alle tuoi opere» (c. 102v).

fine mnemonico. Nei nostri volgarizzamenti il tipo di frase più ricorrente nelle sequenze sentenziose è costituito dalla struttura "principale + relativa" (*quello è X + che Y*), in cui la relativa è però separata dal suo antecedente (costituito in genere da un pronome dimostrativo) secondo un processo di estrazione:[18]

> Ideo magnus est qui sic utitur auro ut fictilibus, nec minor ille qui sic fictilibus ut auro (MD, III, c, 1)
>
> Ma quelli è ricco, che si chiama contento di ciò ch'elli àe [...] Quelli è ricco che àe meno amore e cupidezza (Vis, p. 90)
>
> Ma quellu sì è richo che tene apagato de çò che 'l à lo so core [...] (V, c. 14v)

La struttura consegue importanti effetti informativi: nella prima parte infatti si esplicita la questione o il "problema", la cui soluzione è presentata attraverso la predicazione della relativa. A ben vedere la reggente tematizza il contenuto di un'ipotetica e implicita domanda (*chi è ricco? è ricco colui che...*). Nella particolare disposizione dell'antecedente della relativa, posto all'inizio, si determina un effetto di enfasi: porre in principio di frase una variabile vuota (il dimostrativo) non fa altro che invitare a istanziarla attraverso il proseguimento nella lettura della relativa:

> est illud philosophi satis eleganter dictum: 'Nichil,' inquit, 'est tam angusti animi tamque parui quam amare diuitias.' Ideo magnus est qui sic utitur auro ut fictilibus, nec minor ille qui sic fictilibus ut auro (MD, III, c, 1)[19]
>
> Chè dice Orazio, che *quelli ave perduto tutto lo bene, e lassate le vertudi, che pur intende e si travaglia per raunare avere*. Però dico io, *che quelli è di grande cuore, che tanto pregia l'oro quanto lo piombo, e lo piombo quante l'oro* (Vis, p. 89)
>
> Et Oratio sì dise che *quello à perduto tuto bene et à lassato tute virtute che tuto 'l dì tende a travaiar lo so corpo per amassare avere*. Per çò digo e' che *quello sì è de grande core che apresia tanto oro cum plonbo et plonbo cum oro* (V, c. 15v)

Rinforzato appare anche un altro modulo tipico della trattatistica didattico-espositivo, vale a dire la correlazione comparativa, che si avvale di dittici proposizionali con doppia marca:[20]

> Ma per aventura alcuno omo dirà: "Messere, se io muio di fame farabbo io male se io tollo a un altro omo sua vidanda, che non à mistiere di nulla cosa?". Frate dico che sì: che tu diei *meglio* amare la virtude del tuo cuore, *che* vivere cattivamente. *Altressì come* lo male del cuore è più grave che quello del corpo, *altressì* vale meglio lo buono uso del cuore che quello del corpo (Vis, p. 98)
>
> Mo per aventura alguno dirà: "Bel meser, io moio de fame, doncha farav'io malle se io li tollese la soa vianda ad .i. hom che non ha nessun mestero né nesuna cosa a fare?". Da dir sìe che nui dovemo *plu* amar le vertù del nostro core per aquistar homor *che* usar malvasia né cativa vita che *cussì cun* li vicij del core è plu grande de quilli del corpo *perçò* lo devi plu guardare (V, 15v-16r)

---

[18] Cfr. De Roberto (2010, 289–305).
[19] La massima è in realtà ciceroniana.
[20] Cfr. De Roberto (2020) sulla presenza della comparazione nella prosa didattica.

Notevoli differenze tra le varie famiglie di testimoni si riscontrano nella conclusione dell'opera. Il volgarizzamento francese invita a mettere in opera quanto appreso non soltanto a livello nozionistico, ma anche morale:

> Por ce vous di ie: ne correz pas a retenir toz les moz que vous orrez mais as comandemenz de moralité et si pensez a acomplir ce que il diront et per bouche et per euure. Car vous ne verrez ia bon mire, tant saiche bien enseignier de fisique, s'i ne la wet acoustumer a ourer, que ia grant los n'en conquiere. Autresi sont ⟨doné⟩ li comandement que on ne les doit pas auoir por oïr seulement, ne por escouter, ançois doit l'an metre vs et poine a faire ce que il comandent (VF, p. 182)

La famiglia α del volgarizzamento segue molto da vicino il testo francese:

> Non correte tosto a riprendere tutti li detti che voi udirete; ma solo a li comandamenti di Costumanza. Sì pensate di compiere ciò ch'elli diceranno per bocca e per opera. Chè voi non vedete neuno omo che sia sì buono medico, che sappia sì bene insegnare di fisica, s'elli no lo vuole accostumare e aoperare, che già grande lode n'abbia. Altresì [non] sono dunque li comandamenti di Costumanza da sapere e d'averli, per udire solamente e per ascoltargli, anzi vi de' omo mettere pena et usanza di fare ciò ch'elli comandano (Vis, pp. 104-105)

Alcuni suoi testimoni però, come L, aggiungono altre massime e sentenze, giustapponendole attraverso una modalità schematicamente additiva:

> In prima temi Domenedio e serva li chomandamenti suoi. Meglio è senno che forza e l'uomo savio vincie l'uomo forte. La scienza passa tutte le ricchezze. Il tesoro disiderato sì riposa nella boccha del savio, l'uomo matto lo tranghiottisce (L, c. 95r)

Anche H conclude aggiungendo un'altra massima, attribuita a Boezio (si osserva anche la didascalia *dice Tulio*):

> Et imperciò non corrite a ritenere ogni detto ke voi udirete ma alli comandamenti di moralità e di compire ciò k'elli comandano e mettere in bocca, in quore e in opera. Che voi non vedrete già medico – ciò dice Tulio – ke tanto sappia bene insegnare di fisica s'elli no lla usa k'elli n'acquisti grande lodo. Et così è delli comandamenti ke l'uomo no lli dia avere né per udire né per ascoltare solamente. Ançi vi doviamo mettere uso e pena in fare quanto comandano. Et Boetio dice: "Schifate li vitij e amate le vertudi e mettete il vostro intendimento in dritta speranca". La vostra preghiera dritta arditamente fate a Dominedio che s'ella sarae invano e sanca utilitade grande mistiero di sapere se voi vi infignerete o noe che ogni pensiero sono dinançi al giudice sovrano il quale conosce tutte cose (H, c. 146r)

Tali sequenze additive dipendono dalla fluidità delle soglie del testo medievale, ma sono anche tipiche di questo particolare genere testuale: il florilegio di sentenze tende infatti naturalmente a poter essere espanso o ridotto a piacimento. L ad esempio riporta in appendice un'ulteriore lista di sentenze, semplicemente elencate. Se invece consideriamo il corpo principale del testo dobbiamo piuttosto osservare la relativa stabilità del *Libro di costumanza*: al di là di omissioni di brevi passi (talvolta anche dovute a *saut du même au même*), nei testimoni considerati tutti i capitoli sono conservati.

3 Interventi pragmatici e discorsivi

3.1 Le istanze autoriali nella traduzione di seconda mano

Al di là delle questioni strettamente filologiche, dell'identità del testo fonte francese da cui i volgarizzamenti italiani traducono[21] e dello status da assegnare alle diverse redazioni (se di volgarizzamenti autonomi o di copie rielaborate), preme in questa occasione soffermarsi su alcuni aspetti legati dal fenomeno della "traduzione di seconda mano".[22] Nello studio di questo particolare tipo traduttivo, un primo quesito riguarda il grado di consapevolezza del volgarizzatore: talvolta le traduzioni di seconda mano sono traduzioni che scelgono deliberatamente di affidarsi a un intermediario (magari per problemi di accessibilità linguistica), in altri casi invece non è detto che il traduttore sia a conoscenza dell'esistenza di un originale diverso da quello cui fa riferimento né che attribuisca una particolare autorevolezza al testo originale. I *Moralium dogma* presentano un'ulteriore complicazione, perché a loro volta sono ripresa e adattamento di spezzoni di autori classici e medievali. Ciò vuol dire che le istanze autoriali si moltiplicano, come mostrato dallo schema seguente:

a1			
a2	A (collettore/autore)	V1	V2
a3	Guillaume de Conches	volgarizzatore francese	volgarizzatori italiani

Nei volgarizzamenti italiani non sembra rimanere traccia dell'origine latina dell'opera, come anche nel volgarizzamento francese. Né a livello testuale ed enunciativo, né a livello linguistico si riscontrano spie o indizi che rivelino la presenza di un originale latino. Del resto nei manoscritti del volgarizzamento italiano non compare mai il nome di Guillaume de Conches, semmai, come abbiamo visto, è probabile che in Italia l'autore dell'opera fosse identificato con Brunetto Latini. Già il volgarizzamento francese, del resto, non accenna – a livello testuale o pragmatico – alle due distinte voci (dell'autore e del traduttore), a differenza di quanto avviene in altre traduzioni.[23] Ora, nelle traduzioni moderne è normale che il traduttore odierno si eclissi e che non riveli la sua presenza nel testo (ad eccezione

---

[21] Battagliola (2017, 116) riscontra diverse affinità tra il *Libro di Costumanza* e il testo francese contenuto nel codice Pluteo 41 42 della Biblioteca Medicea Laurenziana di Firenze, uno dei tre testimoni del *Livre de Moralitez* copiati da mano italiana (cfr. anche Battagliola/Martire 2020).

[22] Su tale tipologia traduttiva (anche denominata traduzione intermedia o indiretta) cfr. gli studi in Assis Rosa/Pieta/Bueno Maia (2019). Negli studi sulle attuali pratiche di traduzione indiretta si pone l'accento soprattutto sul suo essere manifestazione dei rapporti di potere e di dinamiche centro-periferia, sul suo rapporto con la globalizzazione e sulle questioni di accettabilità normativa.

[23] Si pensi alla *Rettorica* di Brunetto Latini, in cui le due voci dell'autore (Cicerone) e dello "sponitore" strutturano il testo alternandosi lungo tutta l'opera.

di spazi determinati come le note, o il paratesto in generale). Nei volgarizzamenti medievali, tuttavia, le cose vanno diversamente: il volgarizzatore interviene spesso in prima persona per risolvere alcuni punti critici, come se stesse dialogando con l'originale che traduce. Per chiarire la natura di tali inverventi basterà citare qualche esempio tratto da volgarizzamenti dal latino.

Nel primo esempio vediamo come il volgarizzatore (Bartolomeo da San Concordio) abbia introdotto una relativa con funzione di glossa per spiegare che cosa sia il ponte Milvio. Il deittico *oggi* mostra la sovrapposizione nel testo di un campo deittico la cui *origo* non è l'autore (Sallustio) o i personaggi del testo (Cicerone ecc.) ma il volgarizzatore stesso:

> his rebus ita actis, constituta nocte qua proficiscerentur Cicero per legatos cuncta edoctus L. Valerio Flacco et C. Pomptino praetoribus imperat, ut *in ponte Mulvio* per insidias Allobrogum comitatus deprehendant (Sallustio, *De coniuratione Catilinae*, 45, 1)

> Fatte queste cose nel modo che detto è, e ordinata la notte che doveano andare, sapendo Cicerone tutto il fatto dagli ambasciadori, comandò a L. Valerio Flacco e a C. Pontino, pretori, che pongano aguati al ponte Milvio, *che oggi si chiama ponte Molle*, e che debbano pigliare tutta la compagnia de' Franceschi (Bartolomeo da San Concordio, *Catilinario*, 32, p. 80)

Nei volgarizzamenti medievali si colgono tutta una serie di formule volte a esplicitare la mediazione del volgarizzatore "espositore" (De Roberto 2017, 246–252): la traduzione non esaurisce il suo ruolo nella trasposizione verbale del testo, ma intende guidare il lettore nell'argomentazione. Si spiega in questo modo l'uso di formule strutturanti e di indicizzazione della materia (*dice x, in questa parte mostra x, pone l'autore*) e di formule di progressione (*qui continua x*), anche conclusiva (*onde dice x, dice dunque x, però dice x*). A livello enunciativo tale fenomeno determina un'esplicita distinzione tra l'istanza dell'*auctor* e quella del *translator*. Ad esempio nel volgarizzamento del secondo libro dei *Facta et dicta memorabilium* di Valerio Massimo il volgarizzatore introduce nel testo la figura dell'*auctor* latino cui sono riferiti una serie di predicati (per lo più *verba exponendi: mostrare, raccontare*, ecc.):

> In questa parte *mostra Valerio* la fede la quale dee essere e che fu anticamente tra le mogli e' mariti (*Valerio Massimo volg.*, 5, p. 4);

> In questa parte *raconta l'autore* che 'l triunfo non si concedeva a nullo uomo (*Valerio Massimo volg.*, 120, p. 70);

> Onde *dice Valerio*: le femine sedendo spesse volte cenavano con gl'uomini, i quali giacendo cenavano (*Valerio Massimo volg.*, 3, p. 3).

Non troviamo nulla di simile nei nostri volgarizzamenti. Il volgarizzatore francese e poi a sua volta quello italiano assumono la prospettiva autoriale e anzi il primo si appropria dell'opera e la adatta al proprio pubblico, nonché alle proprie esigenze comunicative. La tradizione romanza nasconde / dimentica l'intermediario mediolatino.

3.2 La resa della cornice onirica: il prologo

Già nell'esordio dell'opera nel passaggio dal testo latino a quello francese e poi italiano osserviamo l'assunzione della cornice narrativa a livello macrotestuale: Guillaume racconta il sogno nel corso del quale alcuni filosofi – Cicerone, Seneca e altri che non nomina – lo convincono a raccogliere in un libretto le moralità degli antichi. Soffermiamoci in particolare sul prologo:

> Moralium dogma philosophorum per multa dispersum uolumina tuo quidem instinctu, uir optime et liberalis, (Henrice R.), contrahere meditabar. Dumque primo conticinii silentio super hac re scrutabundus memoriam consulerem, repente sompnus obrepsit (MD, Proemio)

> Talant m'estoit pris que je recontasse l'enseignement de philosophes de cele clergie qui est apelee moralitez, la quele est espandue per pluseurs volume, si que je puisse une partie de lor bons diz metre en .i. livret brievement. Endementiers que je pensoie en ceste chose, en icele hore que l'an apele le premier some, il avint que je m'endormi (VF, p. 84)

> Talento mi è preso di ricontare l'insegnamenti de li filosofi di quella dottrina ch'è chiamata *Costumanza*, la quale è ispanduta per alquanti libri, sì ch'io potesse mettere una parte degli loro buoni detti in uno piccolo libretto brevemente. Et in tanto ch'io pensava, in quella ora, che l' omo chiama primo sonno, avenne, che io addormentai (Vis, p. 28)[24]

> 'Lo sì m'è vegnudo voluntate de voller cuntare lo amaistramento de li phyllosophi de quella cleresia la qual fi apellada *moralites* che sì è spanta in multi libri, aço che io possa una partia de le soe bone parole meter brevemente in uno libro. D'infin'a tanto ch'io pensava a questa cossa en la ora del primo sono, in quella fiata io sì me adormentai (V, c. 1r)

> Talento m'è preso ch'io ricordasse l'insegnamenti di philophia di quella chericia ch'è chiamata *moralità*, la quale sparta per plusuri volumi, sì ch'io potesse una parte del mio buono detto mettere in iscritto brevemente. Et intanto come pensava a questa cosa, in quello ch'è chiamata primo sonno, avenne cosa ch'io m'adormentai (H, c. 111r)

Nella traduzione francese viene a cadere il riferimento al dedicatario (che però tornerà più avanti), ma si mantiene la focalizzazione interna, che consente l'uso della prima persona. La redazione α segue da vicino l'originale francese persino nell'ordine delle parole e nella sintassi (l'unica differenza di rilievo è l'uso dell'infinitiva in dipendenza da *mi è preso*, che però è già nella tradizione del *Livre de moralitez*). Diverso invece è l'approccio di V, più vicino all'originale dal punto di vista lessicale, ma più autonomo dal punto di vista sintattico.

Nella redazione α pare significativo l'uso di *costumanza* al posto di *moralités* 'moralità'. Secondo Artifoni (2015, 114), questa scelta terminologica rivelerebbe l'intento del traduttore di ricondurre la moralità a un preciso stile di comportamento sociale: «[l]a dottrina di moralità acquista nella traduzione, senza affatto smarrire il suo cuore etico, anche una più esplicita dimensione di costume sociale; entra dentro una generale attitudine, che abbiamo visto presente negli intellettuali

---

[24] ispanduta] L isparta; piccolo libretto] D librecto, manca in L; pensava] D pensava a questa cosa.

urbani, a integrare con pratiche didattiche e secondo le varie occasioni "quello che la natura non insegna"». Il termine *costumanza* è impiegato anche nella *Rettorica* da Brunetto Latini, che riunisce le costumanze e le virtù nell'àmbito dell'etica, a sua volta branca della filosofia pratica, insiema alla politica e all'economia (Wilhelm 2012, 300).

L'opera latina prosegue con la descrizione del sogno:

> Et ecce uir sobrio decore laudabilis quasdam personas non minus matura grauitate reuerendas antecedebat. Statimque, ut fit, solo animi augurio primum illum esse latine eloquentie auctorem Tullium mihi innotuit; post quem ille moralitatis eruditor elegantissimus Seneca cum quibusdam aliis, quos tibi eorum uerba *deinceps* significabunt, se agebat (MD, Proemio)

> A tant *e vous* que .i. hons de mout grant biauté vint *devant moi* et se le sivoit une grant compaignie de clers qui sembloient estre mout hautes persones de cors et de aage. *Tantost me fu avis en mon coraige* que cil estoit Tulles qui premiers establi latine eloquence; aprés celui aloit Seneques, li saiges enseignerres des moralitées, et aprés lui aloient autre clerc don li nons seront esclairié *en cest livre* (VF, p. 84)

> Intanto ecco che uno omo di molto grande bellezza venne *dinanzi a- me*, e lui seguitavano una grande compagnia di chierici, che pareano molte alte persone di corpora. E tosto *mi parve nel mio coraggio*, che quelli era Tullio che prima istabilìo latino. Appresso di lui andava Seneca, lo savio dottore di costumanza. Appresso di loro andavano altri buoni chierici, onde li nomi saranno schiarati *in questo libro* (Vis, p. 20)[25]

> Et *ecuti* vegnando .i. homo molto bello *dinançi da mi*, lo qual vignia seguido da una conpagnia de clerisi, li qual parea che fosse persone da honor e da alteça sì dij corpi soi e sì del tempo. Et incontenente *lo cor me inmaginà* che quello sì era Tulles, per chi enprimamente fo afermato lo latin parlar et ordenato. Aprovo de quelu sì andava Seneca, lo savio amaistrator de moralites. Et apreso lui sì andava .i. altro clergo lo nome del qual ve serà dito *in questo libro* (V, c. 1r)

> Et uno homo pieno di molta grande beltade venne *dinançi da me* ed era seguitato da una grande compagnia di cherici, li quali parevano molto alte persone di corpo et di età. Et tantosto *mi fue aviso nel mio quore* che quello homo era Tulio ke di prima ordenò latina loquenza. Apresso di lui andava Senaco, il savio insegnatore di moralità. E puoi venivan dietro altri cherici, dond'è il nome loro schiarato *in questo libro* (H, c.111r)

Come si vede il volgarizzamento francese non traduce alla lettera l'originale latino: in diversi luoghi procede infatti a riformulazioni che, pur non discostandosi troppo nella sostanza, danno luogo a una diversa fisionomia periodale, raggiungendo un tono più didattico-moraleggiante. Infatti se l'originale latino si serve di strutture impersonali, nei volgarizzamenti romanzi l'espressione dell'ego enunciativo appare più insistito. Si osservi anche come il deittico testuale *deinceps* sia sostituito nei volgarizzamenti con il diretto richiamo al libro (*en cest livre* / *in questo libro*). Il volgarizzamento italiano segue alla lettera quello francese.

---

[25] ecco che] D advenne che; L ecco venire; di corpora] D e di tempi; L e de tenpi; latino] L latino parlare; dottore] L maestro; onde li nomi] D li nomi de li quali; L donde li nomi loro; schiarati] D chiamati; L chiarite.

Veniamo al passo del proemio in cui viene dichiarata l'intenzione di raccogliere le sentenze dei filosofi:

> Vna igitur conferentes arbitrabar descriptionibus distributionibusque moralem (philo)sophiam quasi in artem nos colligere; michique ipsi fas erat, que uel ab his uel ab aliis audieram eorum prouerbiis interponere. Expergefactus autem stili officio audita designans, breuitati insistendum decreui. Primum ideo quia fragilis est memoria et rerum turbe non sufficit; necesse est (enim) quantum recipit emittat et antiqua recentibus obruat. Ideo egregie scriptorem formare uidetur qui dicit: "*Quicquid precipies*, esto breuis, ut cito dicta / percipiant animi dociles teneantque fideles; / omne superuacuum pleno de pectore manat" (MD, Proemio)

> En icele meesme hore m'estoit il avis que nous concuillions la science de moralité et metions ensemble en .i. escrit et que ie metoie avec lor proverbes quanque ie avoie apris de moralité que d'eus que d'autrui. Et quant ie sui esvoilliez, ie recordai ce quei e avoie oi et le mis en escrit briement, pour ce que memoire est une chose escolorganz et tost est alee et ne soffit pas a remembrer grant planté de choses, que le noveles choses tolent la remembrance des viez. A ceste chose s'acorde Oraces qui dit: "*Quant que tu comanderas*, garde que tu dies briement, quel es cuers des genz retienent miex les courtes paroles quel es longues" (VF, 88-90)

> Et in quella medesima ora mi fu aviso, che noi assembravamo la scienza di costumanza, e mettavamo in uno scritto, e che mettea con esso li proverbii, e quanto io avea aparato di costumanza tra di loro e d'altrui. Memoria / Quando mi fui svegliato io ricordai ciò ch'io avea udito, e misilo in uno scritto brevemente. Però che memoria è una cosa discoloriante, e tosto è andata via, e non soffera unqua grande abbondanza di novelle cose, che tolleno la rimembranza de le vecchie. E di ciò disse Orazio: "*Quando che tu comandrai*, guarda che tu dichi brevemente,- ché 'l cuore de le genti ritiene meglio le corte paraule che le lunghe" (Vis, p. 22)[26]

> Et in quella imeresima ora me parea che nuy asumasemo la sciencia de moralites e sì la metevemo in scritto, metandoli aprovo li proverbij soi ch'io imparato avea de moralites sì da .i. sì d'altruy. E quando io me sveiè eo sì me recorday ço ch'io avea aldito e sì lo missi in escrito brevemente perço che memoria si è .i. cossa che tosto se desparte day coraçi da la çente. E mi non se pò recordare grande multitudene de le cosse perché le nove cosse sì fa desmentegar le vieie. Et a çò sì s'acorda Oracio lo bon clergo dise: "*Quando che tu comanceray* guarda da dire brevemente perché li coraçi de la gente si reten meio le curte parolle cha le longe" (V, c. 1r)

H salta una proposizione, il che rende meno perspicuo il testo:

> Et in quella ora medesima m'era aviso che noi colcavamo insieme la sciença di moralità e mettavamo in iscritto e ch'i' mettesse con esso i loro proverbi e quanto ch'i' n'aveva apreso di moralità e da lloro e d'altrui. Et quando io fui desto e io mi ricordai di ciò ch'io aveva veduto brevemente, imperciò che memoria ène una cosa che tosto trasvae e non si ricorda di grande quantitade di cose imperciò che lle novelle cose ci tolgono la rimembranza delle antiche et acciò s'accorda Oratio il buono cherico, che dice: "*Quando tue cominciarai* guarda che dichi brevemente, imperciò ch'el quore della gente ritengono mellio corte parole che lunghe" (H, cc. 111r-111v)

---

[26] aparato] D impreso; Memoria] D manca; discolorante] D discorrente, L mutabile; abbondanza di novelle cose] D abbondansa de le cose che le novelle cose; anche L.

Il confronto tra le varie versioni ci dà modo di avanzare alcune ipotesi. Il volgarizzamento francese traduce l'indefinito generalizzante della sentenza oraziana *Quicquis precipies, esto brevis* con *quant que*, letteralmente 'quanto che'; i volgarizzamenti italiani equivocano la sequenza interpretandola come una congiunzione temporale con doppio subordinatore *quando che* (Vis, V), che poi in H passa al solo *quando*. Questo dettaglio dimostra ulteriormente che la tradizione italiana dipende dal volgarizzamento francese. La presenza di un errore traduttivo comune alle diverse redazioni del volgarizzamento (o almeno a quelle qui considerate) potrebbe far pensare che le varie redazioni discendano da un volgarizzamento unico, più e più volte copiato. Si potrebbe anche ipotizzare che i diversi volgarizzatori abbiano compiuto lo stesso errore o che avessero di fronte un originale francese già corrotto in questo punto (dove cioè compariva il solo *quant* al posto di *quant ke*). In effetti la variante *comanderai / comencerai* è già presente nella tradizione dell'originale francese (*comenceras* è presente nei testimoni AEFGH).[27] Va osservata anche la diffrazione che interessa la parola *escolorganz*, resa con *mutabile, discolorante, discorrente, trasvae*.

Nei due volgarizzamenti romanzi la seconda allocuzione al dedicatario dell'opera è assente:

> Preter hec tua diligens instancia me tam sepe pollici(ti) consummpmationem posscebat, quod illud certum expertus sum, quia animo desideranti nichil satis festinatur quodque desiderio mora est etiam celeritas. (MD, Proemio)

Nei capitoli successivi il volgarizzamento francese si fa più libero: rilevante è il modo in cui gli appelli al dedicatario sono enfatizzati secondo stilemi che sembrano tipicamente "cortesi" (*Biax chiers amis / bel caro amico*) e formule tipiche dei trattati espositivi romanzi (*sachiez que / e voi sapete*):

> Ipsius preterea operis fructus cel(lu)la memoriali diligenter reponendus (nullatenus) diffusius se tractari permitteret. Nulla enim uite pars, neque publicis neque priuatis, neque forensibus neque domesticis (in) rebus, morali philosophia uacare potest. In hac excolenda sita est uite honestas et in negligenda turpitudo. De ea igitur accipe conpendiosam particulam, ac si de magno flumine ciatum tibi sorbillandum quis propinet. (MD, VIII)

> *Biax chiers amis, sachiez que* por vostre amour et por vostre preu ai ie fait cest livre et si le vous doing, car ie wil que vous i regardez pour vous estruire et enseignier coment vous devez vivre (VF, p. 92)

> *Bello, caro amico, e voi sapete* che per vostro amore e per vostro prode abbo fatto questo libro; ch'io voglio che voi ci poniate mente per voi amaestrare come voi debbiate vivere in questo mondo (Vis, p. 22)[28]

> *Bel caro amigo, io ve faço asaver* che per vostro amor e per lo vostro pro' sì egio fato questo libro e sì ve 'l dono perch'io voio che vuy l'empare per amaistrarve e per ensegnarve cum vuy devi vivere (V, c. 1v)

---

[27] Su tali questioni si rimanda alla tesi di Battagliola di prossima pubblicazione.
[28] caro amico] D caro mio amico; amore] D honore; piccolo nappuccio] D nappuccio picciuolo, L nappuccio picciolo [picciolo aggiunto a margine dalla stessa mano].

> Et imperciò *amico mio carissimo, sappiate che* per lo vostro amore e per lo vostro pro i'o fatto quello libro e sìe ve lo dono k'io voglio ke voi ci studiate e sìe aprendiate come voi dovete vivare (H, c. 11v-111r)

Questi inserti formulari, tipici dei trattati didattici medievali in volgare, concorrono a enfatizzare la dimensione dialogica e allocutiva del testo,[29] che nell'originale latino conserva invece un tono più neutro. Il volgarizzamento francese e poi quello italiano operano una trasposizione discorsiva del testo, che va oltre il processo di traslazione linguistica, coinvolgendo soprattutto le dinamiche enunciative.

3.3 Ricadute sintattico-testuali

Nel viaggio che il testo mediolatino compie si osservano interessanti cambiamenti e adattamenti a livello enunciativo che non mancano di riflettersi sulla sintassi. Come si è visto, il volgarizzamento francese opta per una personalizzazione dei raccordi fra i capitoli, laddove il testo latino propende invece per costruzioni impersonali. Ad esempio la perifrastica passiva con valore deontico o futurale che nel testo latino apre e chiude i paragrafi sulle singole virtù è resa nel volgarizzamento mediante il verbo pronominale *convenir*, con pronome di prima persona:

> De his igitur in ordine prefatis dicendum est (MD, *De consilii capiendi deliberatione*)

> Or me convient donc ces .v. menieres affener et deviser, chascune, per soi en ordre, et honeste chose premierement (VF, p. 94)

Il volgarizzatore francese sembra dunque protrarre la struttura dialogica della cornice del testo anche nella parte espositiva: il trattato scorre così sotto la guida di una voce che seleziona il materiale, ammonisce e richiama l'attenzione del lettore sui punti più salienti dell'esposizione.

I deittici personali marcano la presenza di un enunciatore che si esprime in prima persona e il cui compito è quello di condurre il discorso. Non a caso il pronome *io* si accompagna per lo più a verbi del dire: tali formule costituiscono una sorta di segnaletica testuale, che serve anche a dare coesione al discorso e a esplicitarne la *ratio* (mentre l'originale latino si serve di una strategia più implicita):

> Restat secundam questionem, eam scilicet que est de comparatione honestorum, pertractare (MD, II)

> *Je vous ai deuisé* ça arrieres que est honeste chose et toutes les parties qui de honeste chose vienent. *Mais encor n'ai ie pas deuisé* quele ⟨chose⟩ est plus honeste l'une de l'autre; or couient que *ie le die*. *Je vous ai dit* que cointise…(VF, p. 150)

> *Io v'ho divisato* qua dietro che è onesta cosa. *Ma anco non v'abbo divisato* quale cosa è più onesta l'una dell'altra, ma ora conviene che *io la dica*. *Io v'abbo detto* che Contezza… (Vis, p. 78)

---

[29] Sulle diverse declinazioni dei testi didattici e pedagogici medievali si vedano i contributi raccolti in Fresu/Murgia/Serra (2020).

Io sì v'ò dito e devisado ça indrò que cossa è honestà e tute le partie che vene da honestate. *Ma anchora no ve ò devisado* que cossa è plu honesta l'una de l'altra. Ora convene ch'io lo diga. *Io sì v'ò dito…* (V, c. 12v)

Si vedano ancora le seguenti occorrenze da Vis: «e sì vi dirò la ragione perché» (p. 78), «e sì dissi ragione perché» (p. 79), «Però vi dico, che chi vorrae profittabile cosa e onesta, lassi la profittabile e attegnasi all'onesta» (p. 101), «Ma chi volesse sapere lo modo de la buona ricchezza io lo dirò» (p. 92). Si tratta di formule ampiamente attestate nei testi espositivi medievali. Esse realizzano una sorta di *embrayage*: collegano cioè il testo a un *hic et nunc*, che probabilmente doveva essere quello della fruizione (della lettura o dell'ascolto, eventualmente anche in un contesto omiletico), ma richiamano anche suggestioni evangeliche. Nel caso che stiamo esaminando la voce che si rappresenta alla prima persona ordina e struttura il testo, mediante formule che possono presentare anche la prima persona plurale: «Or io v'ò detto e divisato li cinque modi del consiglio; sì diceremo de l'insegnamento» (Vis, p. 101).

Una funzione analoga hanno le frequenti allocuzioni al destinatario, espresso con il *tu* o con il *voi*. Dal volgarizzamento francese si irradiano le solite formule:[30]

Or deuez vous donc sauoir (VF): Or dovete dunque sapere ch'è virtude (Vis, p. 24), Or doncha sì devi saver eque è vertù (R, c. 2r), Or dovete sapere che è Religione (Vis, p. 53), Or dive savè que è religion (R, c. 7v), Or diremo di religione (H, c. 136r), Or dovete sapere di queste tre che rimangono (Vis, p. 88), Ora dovete saper di queste due virtù che rimangono (H, c. 142v)

Or auez oï de X, or oez de Y / or vous dirai (VF): Voi avete udito d'Amistade e de l'altre tre dinanzi. Or uderete d'Onorabilità (Vis, p. 59), Vuy avì oldito de religione, de inocençia e de amistade. Or ve dirò de l'honorabiltade (R, c. 9r), Or diremo d'orrevolezza (H, c. 133v), Voi avete udito de le bointadi del cuore e del corpo: ora vi dirò quali sono li doni de la ventura (VI, p. 83), Vui avete aldido de le bontadi del core e del corpo; or ve dirò quale è li doni de ventura (R, c. 13v), Voi avete udito delle bontadi del quore e del corpo. Ora vi diroe appresso quale e chente sono li doni di fortuna (H, c. 144r), Voi avete udito lo modo di Religione: sì vi diceròe di Pietade (Vis, p. 55), Vuy avì oldudo la maynera de religion; ora ve dirò que è pietade (R, c. 8r)

Non stupisce neanche che queste formule possano essere facilmente omesse (soprattutto in M). Vediamo comunque che l'istanza enunciativa pseudoautoriale e il riferimento al pubblico dei lettori (che a un certo punto si affianca al "bel caro amico" dell'inizio) serve a cucire insieme le varie parti del testo. Si determina dunque un intenso uso di formule di prostesi, riassunto e transizione, simili a quelle che troviamo nell'epica e nel romanzo (le cosiddette formule di *entrelacement*).

Il richiamo all'io che espone e spiega le massime serve anche a introdurre gli *exempla* o i piccoli aneddoti narrativi che costellano il testo. Nel testo latino la

---

[30] Sull'uso della formula *sapete che / dovete sapere* nei volgarizzamenti dal latino cfr. Mastrantonio (2021, 186–190).

formula preposta a tale funzione è *exemplum sit istud* o (*et/ut*) *ecce*, ma nei volgarizzamenti romanzi è ancora l'atto del dire a marcare l'avvio dell'aneddoto narrativo, con modalità testuali che ricordano molto da vicino quelle della predicazione in volgare:

> Exemplum adulantium blande fallentium et ueri consiliatoris sit istud (MD, I, A, 1)
>
> e sì vi ne dicerò uno esempio de li falsi lusinghieri (Vis, p. 30)
>
> Et sìe ve ne diroe uno essemplo de' falsi lusingatori e disleali consiglatori (H, c. 115r)

> Altera uero consuetudine benefaciendi paraciores et exercitaciores facit. Dum macedonum fauorem peccunie largicione captaret Alexander, scripsit ad eum pater hec uerba (MD, I, B, b)
>
> e s' ve ne dirò uno esempio. Alessandro donòe più largamente che nessuno omo (Vis, p. 49)
>
> Sì ven dirò .i. exemplo. Alessandro donà plu largamente che nesun (V, c. 7r)
>
> Et sìe ve ne diroe uno asemplo. Alixandro donoe più largamente ke niuno (H, c. 122v)

> Vt ecce: Dammonem et Phinthiam ferunt (MD, V)
>
> sì ve ne dirò uno esempio. Elli funo già due compagnoni ne la pregione d'uno tiranno, che avea nome Dionisio (Vis, p. 100)
>
> Ed io sì ve ne diròe uno essemplo. Elli furono due grandi compagni nella pregione di Donigi il tiranno (H, c. 143v)

In modo analogo, anche i riferimenti al destinatario si caricano di un valore testuale-argomentativo. Spesso si fa riferimento a eventi ipotetici di cui è protagonista il destinatario del testo: ciò consente di esemplificare un contenuto richiamando un'esperienza condivisa, quotidiana, capitata a tutti:

> E sì vi diceroe come. Se voi vederete uno savio uomo, a cui voi dovete ben fare per lo suo senno, e uno altro vi manda, che voi averete lo suo odio se voi lo tenete appresso, lo savio uomo, [e] voi non l'oserete più tenere, allora vi tolle la Paura di mantenere Dirittura. Ancora se io sappo uno uomo [...] (Vis, p. 26)
>
> E sì ve dirò comente. Se vui vedì .i. savio homo a chi vuy dibie servire per lo so savere, et. i. rico homo ve manda a dir che vuy sì averì la soa desgracia se vui tegnirí quello savio homo aprovo vuy, vuy no lo ferí plu tegnire. A pro' ço se io so .i. hom inver [...] (V, c.2v)
>
> E sì vvi diroe come. Se voi sapete alcuno savio al quale voi dobbiate far bene per lo suo sapere, et uno ricco homo vi manda a dire ke voi averete il suo hodio se voi il savio homo terrete apresso di voi e voi no llo usarete più tenere, sie vi tolle paura a mantenere drittura. Apresso s'i'so uno homo [...] (H, c. 113v)

L'altra istanza enunciativa è quella delle *auctoritates* richiamate nel testo (i buoni clerici del sogno proemiale). Varie le strategie con cui sono riportate le massime. In vari casi i volgarizzamenti impiegano una didascalia con *verba dicendi* seguita dal discorso diretto o dal discorso indiretto:

> (E) X dice + DD: [Car ce dit Oraces // Car Orace dist] Et Orazio dice: "Chi si lassa cader in uno peccato elli cade molto tosto in uno altro, s' elli non se ne guarda" (Vis, p. 31);

Et Orazio dice: "Ki lassa uno peccato molto tosto cade nell'altro se non se ne guarda" (H, c. 115v)

(E) X dice che + DI: E Seneca dice che virtude è sì graziosa, che per lei consceno li malvagi omini le buone cose (Vis, p. 25); Senaca dice ke vertù ène tanto gratiosa ke mali homini conoscono per lei le buone cose (H, c. 113r);

Un'altra configurazione molto frequente vede l'inserzione di un pronome endoforico oggetto con funzione di deittico testuale:[31]

Pronome endoforico + *dice X*:

Car *ce* dit Salustes: "Ançois que tu comences a ourer te conseille, et quant tu seras conseilliez se pues ouurer seürement" (VF, p. 96)

(E) *ciò* dice Sallustio: "Anzi che tu cominci ad operare, si ti consiglia: e quando tu sarai consigliato, sì puo'ti adoperare sicuramente" (Vis, IV, p. 25)

Chelo dise Salustio: "Avanti che tu comenci a far cossa alguna sì te conseia: e quando tu seray conseiato sì porè far plu seguramente" (V, c. 5)

Il pronome endoforico, che rimanda alla citazione e al discorso diretto che segue il *verbum dicendi*, è rappresentato generalmente da un dimostrativo (V impiega la forma settentrionale *chelo*, con riduzione del nesso labiovelare a occlusiva velare). Va rilevata tuttavia la tendenza di H a sopprimere il pronome e a generalizzare nello stesso contesto il *che* con valore esplicativo (probabilmente per influsso del *car* del modello):

Che Sallusto dice "Prima che ttue cominci a lavorare ti consigla et quando tu sara' consiglato sì potrai sicuramente lavorare" (H, c. 113v)

Che Oratio dice ke colui ke ssi tace ne porta più dal buon signore ke non fa colui ke dimanda (H, c. 145v-146r)

Che Oratio dice ke il lupo ave paura di tutte le fosse, ked elli vede perciò ke teme sempre di cadere ne'lacci (H, c. 141v)

La formula *ciò dice X* può comparire anche in posizione incidentale

Crudelezza, ciò dice Tullio (Vis, p. 37) / Crudeltade, ciò dice Tullio (H, c. 124r)

Franchezza è una virtute larga di ben fare, e questa virtude, ciò dice Seneca, è tutta in donare (Vis, p. 38), Franchigia ène una vertude larga di ben fare. Questa vertude, ciò dice Senaca, ène tucta in donare (H, c. 124v)

Sofferenza, dice lo buono chierico (Vis, p. 69) Sofferença, ciò dice Oratio (H, c. 138r)

4 Rilievi conclusivi

Il *Libro di costumanza* e le sue redazioni permettono di comparare due distinte fasi traduttive: quella del volgarizzamento francese rispetto all'originale latino e quella del volgarizzamento italiano rispetto alle sue fonti (traduzione verticale e

---

[31] Sulla nozione di deittico testuale si rimanda a Conte (1981/1999) e a Lenz (2007) e (2015). Sui procedimenti coesivi in un variegato corpus di volgarizzamenti dal latino si veda Mastrantonio (2021).

traduzione orizzontale). Nel discutere i due diversi approcci alla traduzione si è deciso di considerare soprattutto gli aspetti enunciativi, che evidenziano la scomparsa dell'originale mediolatino dall'orizzonte del testo e l'accoglimento di formule coesive tipicamente volgari (cfr. il § 3). La voce di Guillaume de Conches è assunta *in toto* dal volgarizzatore francese, senza che si verifichino scarti enunciativi: una tale operazione assume in qualche modo i contorni del travestimento. Se possiamo pensare che il volgarizzatore italiano non conoscesse l'autore dell'originale latino, diverso è il caso del volgarizzatore francese, che sembra deliberatamente aver assunto il ruolo di mediatore della classicità latina, sostituendosi a Guillaume de Conches. Il senso della traduzione verticale 'latino > francese' consiste nell'adattare il trattatello di Guillaume de Conches a un genere testuale più dialogico ed espositivo, diremo più didattico, ricorrendo alle strutture tipiche dei testi moraleggianti.[32] Il fruitore del testo è costantemente accompagnato da una voce che lo guida e che gli dispiega il testo sotto gli occhi. I frequenti richiami e le ripetute allocuzioni all'uditorio sembrano alludere a una dimensione collettiva: da opera conceputa per la lettura individuale, i *Moralium dogma* si caricano di una valenza comunitaria e collettiva. Il senso di una tale operazione diventa più evidente se si esamina la raccomandazione finale di Guillaume (che riprende, non citandolo apertamente, Seneca):

> Distrait librorum multitudo. Itaque cum legere non possis quantum habeas, satis est habere quantum legas (MD, *Conclusio operis*)

Quello di Guillaume de Conches suona come un ammonimento: non è importante tanto esaurire la lettura di quel che si possiede ma possedere e dominare quel che si legge. Il timore di un accesso autonomo e incontrollato al sapere e alla conoscenza racchiusi nei libri trova maggiore spazio nei volgarizzamenti:

> E sapete che elli ne guadagna [dal mangiare molti cibi come fanno i golosi]? Elle [le vivande] non si vanno se non travoglendo, e travolleno tanto ch'elle non vi rimagnono. Non correte tosto a riprendere tutti i detti che voi udirete; ma solo a li comandamenti di Costumanza (Vis, pp. 104-105)

Scompare dall'orizzonte dei volgarizzamenti il cenno alla ricca biblioteca personale dell'uomo colto (incarnato dal dedicatario dei *Moralium dogma*), mentre si affaccia il riferimento a una cultura "spicciola", che si nutre di sentenze e detti altrui, ma non per forza seguita da un reale approfondimento sui libri e sugli autori. Ai fruitori di questa cultura "di seconda mano" i volgarizzatori raccomandano di non rivolgersi a qualsiasi florilegio o raccolta di detti, ma di imparare e seguire soltanto i precetti contenuti nella Costumanza. Questa raccomandazione, insieme al potenziamento di alcuni dispositivi discorsivi tipici del discorso didattico volgare, costituisce a ben vedere il segnale più evidente di una diversità di pubblico e di scopi rispetto all'originale latino.

---

[32] Non si tratta di un'operazione isolata nel panorama dei volgarizzamenti italiani: si vedano le considerazioni di Albesano (2006, 55–173) a proposito del volgarizzamento della *Consolatio Philosophiae* condotto da Grazia di Meo.

Il processo di traduzione orizzontale non produce mutamenti radicali nel tono e negli scopi del testo, tuttavia alcuni microinnovazioni rivelano il bisogno di adeguare il testo al pubblico locale, ma anche – come è il caso della redazione α – di collegare i temi morali affrontati alla condotta sociale e dunque a una dimensione collettiva.

Indicazioni bibliografiche

1 Testi

Holmberg, John (ed.), *Das Moralium dogma philosophorum des Guillaume de Conches. Lateinisch, altfranzösisch und mittelniederfränkisch*, Uppsala, Almqvist & Wiksells, 1929.

Lippi Bigazzi, Vanna (ed.), *Un Volgarizzamento inedito di Valerio Massimo*, Firenze, Accademia della Crusca, 1996, 1–70.

Puoti, Basilio (ed.), *Il Catilinario ed il Giugurtino libri due di C. Crispo Sallustio volgarizzati per frate Bartolommeo da San Concordio*, Napoli, Tip. All'insegna del Diogene, 1843.

Visiani, Roberto de (ed.), *Trattato di virtù morali*, Bologna, Romagnoli, 1865 («Scelta di curiosità letterarie o rare dal secolo XIII al XIX», 61).

2 Studi

Albesano, Silvia, *'Consolatio Philosophiae' volgare. Volgarizzamenti e tradizioni discorsive nel Trecento italiano*, Heidelberg, Winter, 2006.

Artifoni, Enrico, *Didattiche della costumanza nel mondo comunale*, in: Giancarlo Andenna (ed.), *Responsabilità e creatività: alla ricerca di un uomo nuovo (secoli XI - XIII). Atti del convegno internazionale (Brescia, 12 - 14 settembre 2013)*, Milano, Vita&Pensiero, 2015, 109-125.

Assis Rosa, Alexandra/Pieta, Hanna/Bueno Maia, Rita (edd.), *Indirect Translation: Theoretical, Methodological and Terminological Issues*, New York, Routledge, 2019.

Battagliola, Davide, *Libro di costumanza (redaz. Alfa)*, in *TLIon DB: banca dati della tradizione della letteratura italiana online*, dir. da Claudio Ciociola, 2016, http://tlion.sns.it/index.php?type=opera&op=fetch&id=7005&lang=it.

Battagliola, Davide, *Un nuovo testimone padano-orientale del 'Libro di Costumanza' (redazione γ)*, Filologia e critica, 42/1 (2017), 112–124.

Battagliola, Davide, *Tradizione e traduzioni del* Livre de Moralitez *in Italia. Con un'edizione critica del* Libro di Costumanza *(redazione delta)*, tesi di dottorato, tutor Maria Luisa Meneghetti, Siena, 2018.

Battagliola, Davide/Martire, Giulio, *Miniature e filigrane in due codici bolognesi di fine Duecento (Firenze, BML, Pluteo 76.79 e Oxford, BL, Douce 269)*, in: *Letteratura e arti visive. Atti delle Rencontres de l'Archet Morgex, 10-15 settembre 2018*, Torino, Lexis, 2020, 55–79.

Bertelli, Sandro/Giola, Marco, *Il "Tesoro" appartenuto a Roberto de Visiani: Firenze, Biblioteca Nazionale Centrale, Landau Finaly 38*, Studi di filologia italiana, 45 (2007), 5–47.

Conte, Maria-Elizabeth, *Deissi testuale e anafora*, in: ead., *Condizioni di coerenza. Ricerche di linguistica testuale*, Alessandria, dell'Orso, 1999 (I ed. 1981), 7–19.

D'Agostino, Alfonso, *Itinerari e forme della prosa*, in: *Storia della letteratura italiana*, diretta da Enrico Malato, *Dalle origini a Dante*, Roma, Salerno, 527–630.

Delhaye, Philippe, *Moralium Dogma Philosophorum*, in: *Enciclopedia Dantesca*, vol. III, Roma, Istituto dell'Enciclopedia Italiana, 1970, 1030–1031.

De Roberto, Elisa, *Stratégies traductives dans la Santà del corpo di Zucchero Bencivenni*, in: *Transfert des savoirs au Moyen Âge / Wissenstransfer im Mittelalter. Actes de l'Atelier franco-allemand, Heidelberg, 15-18 janvier 2008*, a cura di Stephen Dörr, Raymund Wilhelm, Heidelberg, Winter, 2008, 43–57.

De Roberto, Elisa, *Le relative con antecedente in italiano antico*, Roma, Aracne, 2010.

De Roberto, Elisa, *Sintassi e volgarizzamenti*, in: *Tradurre dal latino nel medioevo romanzo. "Translatio studii" e procedure linguistiche. Atti del Convegno di Studi Firenze, 16-17 dicembre 2014*, a cura di Lino Leonardi, Speranza Cerullo, Firenze, Sismel - Edizioni del Galluzzo/Fondazione Ezio Franceschini, 2017, 227–293.

De Roberto, Elisa, *«In prima sì te voglio comandare». La trasmissione del sapere e della prassi religiosa nelle miscellanee lombarde del XV secolo*, in: *Trasmettere il sapere, orientare il comportamento. Tipologia linguistica, generi testuali, modelli culturali della prosa educativa*, a cura di Rita Fresu, Giulia Murgia e Patrizia Serra, Firenze, Cesati, 2020, 171–186.

Divizia, Paolo, *La "Formula vitae honestae", il "Tresor" e i rispettivi volgarizzamenti falsamente attribuiti a Bono Giamboni*, La parola del testo, XI/1 (2007), 27–44.

Folena, Gianfranco, *Volgarizzare e tradurre*, Torino, Einaudi, 1961/1994.

Fresu, Rita/Murgia, Giulia/Serra, Patrizia (edd.), *Trasmettere il sapere, orientare il comportamento. Tipologia linguistica, generi testuali, modelli culturali della prosa educativa*, Firenze, Cesati, 2020.

Gauthier, René Antoine, *Un prologue inédit au* Moralium dogma philosophorum, Revue du Moyen Âge latin, 11 (1955), 51–58.

Giola, Marco/Guerini, Francesca, *Tra* Libro di Costumanza *e* Tesoro toscano: *appunti su un incontro di tradizioni diverse*, in: *Il viaggio del testo. Atti del convegno internazionale di Filologia italiana e romanza (Brno, 19-21 giugno 2014)*, a cura di Paolo Divizia, Lisa Pericoli, Alessandria, Edizioni dell'Orso, 2017, 89–105.

Gregory, Tullio, *Anima mundi: la filosofia di Guglielmo di Conches e la scuola di Chartres*, Firenze, Sansoni, 1955.

Leonardi, Lino, *Un nuovo manoscritto del «Fiore di rettorica» di Bono Giamboni*, in: *Miscellanea di studi in onore di Pier Vincenzo Mengaldo per i suoi settant'anni, a cura degli allievi padovani*, vol. 1, Firenze, Sismel – Edizioni del Galluzzo, 2007, 175–194.

Lenz, Friederich, *Reflexivity and Temporality in Discourse Deixis*, in: *Anaphors in Texts. Cognitive, Formal and Applied Approaches to Anaphoric Reference*, a cura di Manfred Consten, Mareile Knees, Monika Schwarz- Friedel, Amsterdam & New York, Benjamins, 2007, 69–80.

Lenz, Friederich, *Discourse Deixis*, in: *Manual of Deixis in Romance Languages*, a cura di Konstanze Jungbluth, Federica Da Milano, Berlin/Boston, De Gruyter, 2015, 729–739.

Lombardo, Luca, *La prosa dottrinale a Firenze al tempo di Brunetto Latini (e di Dante): il caso del «Libro di costumanza»*, in: *«Darne in volgare alcuna dottrina». Dante e la cultura fiorentina tra Bono Giamboni e Brunetto Latini*, a cura di Luca Lombardo, Zygmunt G. Barański e Theodore J. Cachey Jr., Roma, Salerno editrice, 2019, 26–40.

Luti, Matteo, *Un testimone poco noto del volgarizzamento di Albertano da Brescia secondo Andrea da Grosseto (Bibliothèque de Genève, Comites Latentes 112)*, «Medioevi», 3 (2017), 35–94

Papahagi, Adrian, *Un manuscris italian inédital Bibliotecii Batthyaneum (ms.II.106)*, Apulum, XLVII (2010), 265–282.

Papahagi, Adrian, *'Libro de Moralités': volgarizzamenti inediti in un manoscritto del secolo XV (Alba Iulia, Biblioteca Batthyaneum, ms. II.106)*, Aevum, LXXXVI (2012), 783-98.

Papi, Fiammetta, *Il* Livro del governamento dei re e dei principi *secondo il codice BNCF II.IV.129*, 2 voll., Pisa, Edizioni ETS, 2016–2018.

Schulze-Busacker, Elisabeth, *La didactique profane au Moyen Âge*, Paris, Classiques Garnier, 2012.

Vaccaro, Giulio, *L'arte del dire e del tacere. Un censimento dei manoscritti del* De doctrina loquendi et tacendi *nei volgari italiani*, Medioevo Letterario d'Italia, VIII (2011), 9–56.

Valmaggi, Luigi, *Sulla fonte francese del 'Trattato di virtù morali'*, Giornale storico della letteratura italiana, 10 (1887), 292–296.

Wagner, Charles P., *The "Caballero Zifar" and the "Moralium Dogma Philosophorum"*, Romance Philology, 6/4 (1953), 309–312.

Wilhelm, Raymund, *Rhétorique et discours scientifiques. Les traductions du De inventione de Cicéron par Brunet Latin et Jean d'Antioche*, in: Joëlle Ducos (ed.), *Sciences et langues au Moyen Age / Wissenschaft und Sprachen im Mittelalter*, Heidelberg, Winter, 2012, 297–314.

Williams, John R., *The Quest for the Author of the Moralium Dogma Philosophorum*, Speculum, 32/44 (1931), 736–747.

Zaggia, Massimo, *Ovidio. Heroides. Volgarizzamento fiorentino trecentesco di Filippo Ceffi*, II, *I testimoni oltre l'autografo*, Firenze, Sismel-Edizioni del Galluzzo, 2014.

Zinelli, Fabio, *Francese d'Italia e francese di Toscana. Tradizioni manoscritte e processi di vernacolarizzazione*, in: Sara Bischetti/Michele Lodone/Cristiano Lorenzi/Antonio Montefusco (edd.), *Toscana Bilingue. Storia sociale della traduzione medievale*, Berlino, de Guyter, 2021, 59–104.

Interpretatio, imitatio, aemulatio

Le roman courtois traduit en moyen haut allemand et en italien

JÖRN ALBRECHT
Heidelberg

1 Introduction

1.1 Traduction 'verticale' et 'horizontale'

Au Moyen Age et à la Renaissance on distinguait deux types de traduction que les traductologues modernes appellent « verticale » et « horizontale ». La traduction verticale, une transposition textuelle entre deux langues de niveau culturel différent, jouissait d'un grand prestige parmi les clercs. A l'intérieur de ce type de traduction on distinguait deux directions : la traduction « de haut en bas » (*descensus*), connue surtout sous le terme technique italien de *volgarizzamento*. Une version de ce type, c'est-à-dire une traduction à partir du latin vers un des vernaculaires romans ou germaniques, était toujours accompagnée d'une sorte d' « explication de texte ».[1] Les traductions « de bas en haut » (*ascensus*) étaient moins nombreuses, mais assez courantes dans les milieux érudits.[2] Elles servaient assez souvent de « pont » pour la traduction entre deux langues vernaculaires, c'est-à-dire pour une traduction horizontale. Ainsi le bestseller *Das Narrenschiff* du strasbourgeois Sébastien Brant fut d'abord traduit en latin (*Stultifera navis*) et à partir de cette version en français (*La nef des fous*).

La traduction horizontale entre deux idiomes vernaculaires pas encore « fixés », comme par exemple le toscan et le castillan était probablement couramment pratiquée, mais elle ne suscitait que peu d'intérêt. Du mépris qu'on avait à l'époque pour cette sorte d'activité témoigne l'épisode célèbre du *Don Quichotte*, où le protagoniste se moque d'un traducteur qui traduit à partir du toscan vers le castillan. Comment peut-on perdre son temps avec une telle niaiserie ? Don Quichotte, qui à cet endroit est sans doute le porte-parole de son inventeur, est catégorique sur ce point : « […] el traducir de lenguas fáciles, ni arguye ingenio ni elocución » (Cervantes 2004 [1615], 842). Le volume présent documente que la traduction horizontale entre deux idiomes vernaculaires (traduction qui s'approche souvent de l'imitation ou de l'adaptation), jouait, quoi qu'en dise Cervantes, déjà au Moyen Age et à la Renaissance, un rôle important dans la vie

---

[1] Comme exemple prototypique on peut citer le *volgarizzamento* du *pater noster* chez Dante dans la *Divine Comédie* (*Purgatorio*, chant XI).
[2] Le volume édité par Françoise Fery-Hue (2013) réunit des exemples particulièrement intéressants.

littéraire de l'époque. Le genre du « roman courtois », dont il sera question maintenant, était au centre de l'intérêt des traducteurs et des adaptateurs.

1.2 Le genre littéraire « roman courtois »

La *littérature courtoise*, qui succède chronologiquement aux *chansons de gestes*, est un genre bien documenté et bien décrit. Il suffit de rappeler ici quelques faits essentiels. Le terme *courtois* (l'expression italienne *cortese* en est l'équivalent étymologique exact) semble avoir tellement impressionné les voisins d'outre-Rhin qu'il a laissé pas moins de trois mots correspondants dans le lexique allemand : *höfisch* « courtois au sens précis » ; *höflich*, courtois dans un sens plus large, « poli », et enfin *hübsch*, qui ne reflète qu'une vague idée populaire de la vie à la cour, « joli ». Ici il ne sera question que du terme technique *höfisch*, assez souvent confondu avec *höflich* en allemand courant.

La littérature courtoise n'est qu'indirectement une création française : la littérature courtoise se manifeste d'abord dans l'Angleterre normande à une époque où en Europe continentale

> la langue officielle de la littérature de cour restera encore longtemps le latin [...] Le premier grand foyer de la littérature en langue vulgaire ne se constitua ni à la cour impériale d'Allemagne, ni à la cour royale de France, mais à celle de la plus grande maison féodale d'Europe, la dynastie normano-angevine en Angleterre. (Bezzola 1967, 212)

Dans cette contribution, les lointaines origines celtiques et anglo-normandes ne nous intéresseront que dans la mesure où elles ont un rapport avec la formation du genre textuel qui nous occupera ici : le *roman courtois français*. Au Moyen Âge on entendait par *roman* un récit en vers français (*romanz* désignant la langue vernaculaire par opposition à la langue latine) adapté de légendes latines, puis celtiques (le roi Artus/Arthur et les chevaliers de la table ronde). A partir du XIIe siècle, le genre est caractérisé par la narration d'aventures merveilleuses, d'exploits chevaleresques et de l'amour de héros imaginaires ou idéalisés. On distingue deux sous-genres importants : les *romans antiques* et la *matière de Bretagne*.

En Allemagne, le *Nibelungenlied* représente un genre hybride entre chanson de geste et roman courtois. Michel Huby, dont il sera question au chapitre suivant, le caractérise comme fortement influencé par les nouvelles tendances littéraires venues de France :

> Même l'épopée dite nationale, le « Nibelungenlied » laisse apparaître de nombreuses traces de l'influence française. La présence d'éléments courtois dans le récit suffit à démontrer que l'auteur était au courant des techniques, des idées venues de France bien qu'il les employât au service d'une légende germanique. Il y avait donc une parenté fondamentale entre l'auteur du « Nibelungenlied » et les auteurs courtois [...]. (Huby 1968, 8)

Il y a une caractéristique stylistique de la littérature courtoise qu'on retrouve dans le *Nibelungenlied* et qui a attiré très tôt l'attention des historiens de la littérature allemande : les « Schneiderstrophen », c'est à dire les vers où la vie matérielle contemporaine (bijoux, vêtements à la dernière mode etc.) est décrite dans tous les détails.

2 L'adaptation courtoise d'après Michel Huby

Pratiquement toutes les histoires de la littérature allemande reconnaissent sans réserve l'influence française sur la naissance du roman courtois allemand (*höfischer Roman*). Selon l'opinion commune les romans de Hartmann von Aue, Gottfried von Straßburg, Wolfram von Eschenbach et d'autres auteurs sont des imitations d'œuvres françaises, surtout des romans de Chrétien de Troyes. Il suffit de citer un exemple, pris dans une œuvre de référence :

> Hartmanns Erek ist eine freie Nachschöpfung von Chrestiens entsprechendem Roman. Die stofflichen Abweichungen sind ziemlich beträchtlich und manche von ihnen teilt Hartmann mit anderen Behandlungen des Erekstoffes. Doch zwingt dies nicht dazu, für Hartmanns Erek noch andere Quellen anzunehmen […] Jedenfalls verdankt Hartmann die gesamte Komposition und zahllose Einzelheiten dem großen Franzosen. (De Boor/Newald II 1960, 69)

Jean Fourquet, le maître de Michel Huby, a forgé le terme *adaptation courtoise*, jusqu'à un certain degré dans le but de minimiser l'originalité des romanciers allemands. Michel Huby a essayé de démontrer que le rapport entre les auteurs français et leurs imitateurs allemands est plus complexe. On trouverait des formes de reproduction qu'on peut résumer sous les termes classiques de la rhétorique ancienne : *interpretatio* (traduction stricto sensu) ; *imitatio* (traduction libre, adaptation) et *aemulatio* (dépassement, surpassement de l'original, re-création). René Pérennec (1984) parle également d'acclimatation, « transfert dans un autre milieu ».

Les germanistes français ont tendance à abandonner le concept traditionnel d' « influence », cher à la littérature comparée traditionnelle, en faveur d'une dépendance plus étroite, qui se rapproche de la traduction, plus précisément de la traduction horizontale. Un détail montre qu'ils n'ont pas tout à fait tort : tandis qu'un auteur « influencé » par un autre ne dit généralement pas d'où viennent les idées reprises d'autrui, n'en est souvent même pas conscient, les romanciers allemands nomment très souvent leurs sources françaises. Ainsi Hartmann ne cache pas qu'en rédigeant son premier roman *Erec* (*Erek*) il s'est inspiré de Chrétien de Troyes :

> Dar in der künec Artus / von Tintajôl sînem hûs / was geriten durch jaget / als uns Crestiens saget / mit schoener massenie („avec sa belle cour") (v. 4629s.)

Dans le prologue à son roman inachevé *Tristan*, texte historiquement important auquel nous reviendrons au prochain chapitre, Gottfried von Straßburg nomme Thomas de Bretagne (parfois cité sous le nom Thomas d'Angleterre) comme seule source authentique et fiable :

> Sîne sprâchen in der rihte niht / als Thomas von Britânje giht / der aventiure meister was / und an britûnschen buochen las / aller der lanthërren leben [...] (v. 148.)

Des citations de ce genre, qu'on pourrait multiplier, montrent que les auteurs en question ne veulent pas uniquement exprimer ce qu'ils doivent à leurs sources françaises ; ils cherchent surtout à maintenir la fiction d'authenticité. Cela vaut également pour les auteurs français. Rudolf Baehr a montré que beaucoup de poètes français, à commencer par Marie de France, ont indiqué des sources étrangères en détaillant souvent le chemin des traductions pour prouver qu'ils n'ont rien inventé :

> Esope apele um cest livre / Kil translata e fist escrivre / De griu en latin lo turna. Li reis Alvrez [King Alfred] ki mult l'ama, / Le translata puis en engleis / E jeo l'ai rimé en franceis, / Si com jol truvai, proprement.[3]

Quoi qu'on puisse dire d'un point de vue historique contre les hypothèses de Jean Fourquet et de Michel Huby (v. plus bas), il vaut la peine d'examiner de plus près ce qu'ils entendent par « adaptation courtoise », car au moins le second, dans sa thèse d'habilitation, s'est appuyé, dans une mesure beaucoup plus grande que ses prédécesseurs et ses successeurs critiques, sur une comparaison rigoureuse des textes disponibles. Dans sa thèse, Huby distingue toute une série de procédés de l'adaptation courtoise (Huby 1968, 147-358) :

a) Plus souvent qu'on ne pense généralement on rencontre des *traductions littérales*. Il est bien connu qu'un texte médiéval ne nous est que rarement transmis sous forme d'un seul manuscrit « canonique » :

> Nous ne connaissons les récits médiévaux qu'à travers une série de variantes [...] chaque copiste ayant apporté sa part des transformations, soit par inadvertance, soit intentionnellement, des transformations allant de menus changements stylistiques ou lexicaux jusqu'à des interpolations ou des suppressions considérables. (Halász 1992, 5)

A en croire Michel Huby, Hartmann von Aue traduit parfois si exactement, qu'on peut déduire de son texte quel manuscrit il doit avoir eu sous les yeux. Un seul exemple : dans le roman de Chrétien, *Ivain ou le chevalier au lion,* il y a un passage où le protagoniste cherche dans la forêt un sentier dont il a entendu parler. Deux manuscrits importants en donnent des versions légèrement différentes :

> Manuscrit G, champenois, v. 768 : ***tant qu'il vint au santier tot droit***
>
> Manuscrit P, picard, v. 766 : ***tant qu'il vit le santier estroit***

Chez Hartmann on trouve :

> Hartmann von Aue : ***unz er den engen stîc vant*** (Iwein 971)

Le romancier allemand doit donc avoir eu connaissance d'un antécédent du manuscrit P (cf. Huby 1968, 103). Dans l'annexe, Huby indique des centaines de passages (généralement très brefs) où Hartmann donne des traductions « mot à mot » (ibid., 465-467).

---

[3] Esope, épilogue V., 13-19, cité d'après Baehr (1981, 332).

b) Outre des traductions « mot à mot » on trouverait, selon Huby, surtout dans les romans de Hartmann, d' « innombrables façons de reprendre la source sans pour cela la transformer » (Huby 1968, 167), des « traductions libres » qui s'éloignent du texte original pour éviter des difficultés de traduction d'ordre purement linguistique. L'exemple suivant est particulièrement instructif à ce propos :

> Et si je puis, jusqu'à tierz jor / Me serai je mis el retor (*Erec et Enide* 265s.)
>
> Sô kum ich über den dritten tac / ob ich vor siechtuome mac (*Erec*, 143s.)

L'explication un peu sophistiquée, qu'Huby donne pour cet écart, illustre parfaitement sa façon d'argumenter :

> Hartmann reprend la structure même du vers de Chrétien, renversant simplement l'ordre de succession des propositions ; mais il ajoute à l'intérieur du second vers le mot « vor siechtuome ». L'allemand n'a pas de forme qui puisse rendre directement le futur antérieur « me serai mis ». Il emploie évidemment le présent avec valeur du futur, mais il manque plusieurs syllabes pour remplir le vers. Alors il développe tout ce qui est sous-entendu dans « se je puis » et écrit « vor siechtuome » (Huby 1968, 171).

c) En ce qui concerne les développements et les résumés qu'on rencontre dans les romans courtois allemands inspirés de modèles français, Huby a trouvé une explication originale et convaincante : les adaptateurs ont tendance à développer les passages peu élaborés de l'original pour montrer ce qu'ils sont capables de faire et de donner de simples résumés des passages brillants dont ils ne se sentent pas à la même hauteur. Huby parle d'une « règle de la compétition » : « Il s'agit de faire mieux que la source, de la surpasser. Lorsque cela semble impossible, l'adaptateur se dérobe ». (Huby 1968, 205)

d) Les additions et les omissions par rapport à l'original qu'on rencontre dans une œuvre « adaptée » se trouvent au centre de l'intérêt des représentants de la littérature comparée traditionnelle. Quant aux additions, il se pose, pour toute œuvre médiévale, le problème de l' « authenticité » auquel nous reviendrons au prochain chapitre. En ce qui concerne les omissions dans les traductions et adaptations il y a, plus souvent qu'on ne croit, une explication tellement simple, qu'un chercheur comme Huby n'ose même pas l'avancer : l'histoire de la traduction nous enseigne que beaucoup de traducteurs (ou adaptateurs) ont tendance à omettre des passages qu'ils n'ont pas compris ou qu'ils jugent trop difficiles à rendre (cf. Huby 1968, 223-280).

e) Les modifications et les déplacements des descriptions, le changement du nombre des personnages qui participent aux épisodes racontés ou de la chronologie de ceux-ci – tout cela caractérise une véritable « adaptation » et la distingue d'une simple « traduction libre ». Huby (1968, 281-330) donne une multitude d'exemples qui illustrent ce procédé.

f) Les dialogues et les descriptions énoncées soit par l'auteur du récit, soit par un des protagonistes, constituent un sujet très important pour toute étude comparative. Ce ne sont pas seulement les adaptateurs, mais fréquemment aussi les traducteurs, même ceux qui prétendent donner une version « fidèle », qui changent, souvent sans le vouloir, la perspective narrative d'une œuvre, plus précisément le rapport entre le récit et les différentes formes du discours rapporté (v. Zuschlag 2002 ; 2016). Huby s'intéresse avant tout aux passages « dans lesquels l'auteur allemand a conservé l'élément de discours direct, mais l'a rendu par un récit personnel et ceux dans lesquels au contraire il a remplacé le récit au style indirect du romancier français par un dialogue ou monologue […] » (Huby 1968, 332).

2.1 La critique du concept d'*adaptation courtoise*

Il va sans dire que les thèses de Jean Fourquet et Michel Huby ont rencontré un accueil assez réservé, voire hostile parmi les germanistes allemands. Henning Krauss (1970) et Alois Wolf (1999 [1977]) ont critiqué la séparation selon eux illégitime entre fond et manière ; la sous-estimation des « écarts » soit « de fond », soit « de forme » chez les auteurs médiévaux allemands et le recours d'Huby aux clichés traditionnels : « S'il y a intervention du poète allemand, c'est toujours pour rétablir l'ordre, la hiérarchie et la loi générale » affirme celui-ci dans une note en bas de page dans un article apparu avant sa thèse d'habilitation (Huby 1967, 21, n. 1). Alois Wolf se demande à ce propos « Hört man schon im 12. Jahrhundert *claquer les talons* ? » (Wolf 1999 [1977], 113, n. 6). En outre, notre auteur n'aurait pas pris en compte les romans médiévaux sans source française comme par ex. *Der arme Heinrich* par Hartmann von Aue. Quoi qu'il en soit, Huby était probablement un des premiers à argumenter sur la base d'une comparaison méticuleuse de textes, appuyée par des statistiques précises (pas exemptes, il est vrai, d'erreurs de calcul). Aujourd'hui, à l'époque de la linguistique de corpus, il est amusant de constater combien les beaux esprits des années 1970 étaient choqués par le recours aux méthodes quantitatives ; Wolf (ibid., 112) parle même de « buchhalterisches Verhalten » (attitude de comptable). Huby lui-même se sent obligé de s'en excuser :

> Qu'on veuille bien nous pardonner les innombrables tableaux et statistiques que comportera ce chapitre en pensant que c'est en fait le seul moyen d'éviter l'atomisme incurable de l'analyse de détail ou la généralisation abusive et dangereuse qu'entraîne l'étude de quelques cas isolés ou de quelques passages, caractéristiques certes, mais inadaptés à un examen complet de la tradition de l'adaptation courtoise. (Huby 1968, 227)

Qu'ils aient tort ou raison, Fourquet et Huby ont rapproché, en partie même assimilé, l'activité des romanciers allemands au Moyen Âge au sujet de notre congrès, à la « traduction horizontale ». Nous allons nous en éloigner un peu, en étudiant un cas spécifique, pour lequel le terme *réécriture* qu'emploie René Pérennec (2005) paraît plus adéquat que le terme *adaptation*.

Le terme *réécriture* correspond parfaitement à la terminologie actuellement « en vogue » en Allemagne. Pour les germanistes allemands, le terme de *Wiedererzählen* « raconter de nouveau » est une caractéristique de la poétique des romanciers médiévaux. Dans son article intitulé « Wiedererzählen und Übersetzen » (raconter de nouveau et traduire), Franz Josef Worstbrock souligne la différence entre ces deux formes de « réécriture » :

> Wiedererzählen ist nicht Übersetzen. Dieses ist ein anderer Akt der Wiederholung als jenes. [...] Bezugsgröße des Wiedererzählers ist nicht die besondere Textualität der Vorlage, ihm genügt der bloße Stoff. (Worstbrock 2004 [1999], 185 ; 189)

En 2005, les éditeurs de la revue *Zeitschrift für deutsche Philologie* ont consacré un numéro spécial à la *Retextualisierung* (synonyme « scientifique » du terme « populaire » Wiedererzählen), qui contient quatorze contributions. Dans la préface, les deux éditeurs fournissent une explication terminologique :

> In der Fachdiskussion werden diese Textualitätsphänomene entsprechend ihrer Heterogenität mit den unterschiedlichsten Begriffen markiert [...]: Rezeption, Übersetzung, Be- und Überarbeitung, (Neu-) Fassung, Umschreibung, aber auch Parodie, in bestimmten Textbereichen wie Wiedererzählen im Umkreis der Epik, *adaptation courtoise* im deutschen höfischen Roman... [...] Die Vielfalt der Terminologie zeigt allerdings zugleich, daß die mittelalterlichen Texte auf den verschiedensten Ebenen literarische Bearbeitungen von Vorgängigem sind, aus traditionalen Stoffen und Texten gemachte Texte und daß sie dieses Verfahren des ‚Wiedergebrauchs' immer wieder unterstreichen [...]. (Bumke/Peters 2005, 1)

Tout cela a déjà été exposé plus haut, peut-être de manière moins éloquente. Pourtant, deux remarques complémentaires s'imposent :

– Le terme de « Wiedererzählen » ne caractérise pas seulement l'activité des auteurs allemands, mais également celle des écrivains français au Moyen Âge. Le verbe *raconter* (*reconter*) signifie « conter de nouveau » en ancien français. La valeur itérative du verbe a disparu en français moderne.

– La « retextualisation » correspond exactement au conseil qu'Horace, dans son *Art poétique* (*Epistula ad Pisones*), a donné au jeune poète qui veut se faire un nom :

> Publica materies privati iuris erit, si / circa vilem patulumque moraberis orbem / nec verbo verbum curabis reddere fidus / interpres [...]. (Horace, *Epistula ad Pisones*, v. 132s.)

En raison d'un malentendu millénaire (v. Albrecht 2010), ces vers ont été interprétés comme invitation à la « traduction libre ». En réalité Horace ne s'adresse pas aux traducteurs mais aux poètes ; pour son début sur la scène littéraire, un jeune poète devrait d'abord « raconter de nouveau » une matière connue par tout le monde pour montrer ce qu'il est capable d'en faire.

3 *Perceval* ou le *Conte del Graal* de Chrétien de Troyes et *Parzival* de Wolfram von Eschenbach

Le romaniste suisse Reto Bezzola, un des meilleurs connaisseurs de la littérature courtoise, a fait à plusieurs reprises des comparaisons entre Chrétien de Troyes et Wolfram von Eschenbach. Toute l'œuvre de Chrétien de Troyes serait caractérisée par un symbolisme profond. Chez Wolfram von Eschenbach, qui serait moins profond mais plus intellectuel, le symbole se transformerait en allégorie (cf. Bezzola, 1961, 32). Les deux auteurs avaient sans doute une culture littéraire différente : Chrétien (à partir de *Cligès*, il ne se nomme plus d'après son lieu d'origine) s'était inspiré de la poésie des troubadours, Wolfram n'en avait, probablement, que de vagues souvenirs.

A notre avis, il y a un trait plus important, qui distingue Wolfram non seulement de Chrétien de Troyes, mais de tous les autres auteurs médiévaux : au seuil de la modernité, Wolfram fait un pas (encore timide) qui mène de la fiction de l'authenticité, caractéristique de la littérature narrative du Moyen Âge, vers la fiction pure et simple, dont tout auteur moderne se réclame. L'auteur médiéval ne veut raconter que des faits vrais. Toute sorte de créativité, loin d'être un mérite, est une faute. « Wenn er gelogen hat, dann lüge auch ich » (S'il a menti, je mens également) assure Konrad von Würzburg à propos de l'auteur de sa source française (cf. Grubmüller 2007, 1718) ; il suit fidèlement sa source qui lui sert comme garant de la vérité de son histoire. Wolfram, au contraire, veut raconter ses inventions, veut communiquer un monde imaginaire créé par lui-même ; mais il n'ose pas se libérer complètement des conventions de son temps. Il fait appel à des sources fictives. Le fait qu'on trouve chez Wolfram nombre d'épisodes et de personnages qu'on ne trouve nulle part ailleurs, a été durement critiqué par Gottfried von Straßburg dans le prologue à son roman inachevé *Tristan*, dont il a été question plus haut. Le prologue contient une digression sur la littérature allemande contemporaine où un romancier est mentionné et durement critiqué en tant que *vindaere wilder maere*, « inventeur d'histoires extravagantes » :

> Vindaere wilder maere, / der maere wildenaere / die mit ketenen liegent / und stumpfe sinne triegent / die golt von swachen sachen / den kindern kunnen machen (v. 4665s.)

> Inventeurs d'histoires extravagantes, braconniers à la chasse d'histoires, qui éblouissent avec des chaînes brillantes, qui trompent les esprits simples et sont capables de fabriquer à partir d'un matériau sans valeur de l'or pour les enfants.

L'auteur critiqué n'est pas nommé ; mais il s'agit très probablement de Wolfram von Eschenbach. Celui-ci, pleinement conscient du fait, que tout écart d'une histoire bien connue doit être justifié, invoque une source mystérieuse qui jusqu'ici n'a jamais été identifiée, très probablement une source fictive, qui permet à l'auteur d'inventer son histoire sans enfreindre la loi de l' « authenticité » :

> Kyôt ist ein Provenzâl, / Der diese âventiur von Parzivâl / Heidensch geschriben sach. / Swaz er en franzoys dâ von gesprach / bin ich niht der witze laz / daz sage ich tiuschen fürbaz. (*Parzival*, v. 416, 25s.)

Le provençal Kyôt aurait trouvé l'histoire de Perceval écrite dans une langue païenne, c'est-à-dire orientale. Wolfram assure qu'il est tout à fait capable de comprendre la version française que le mystérieux Kyôt en a faite et la raconte en allemand. Il s'agirait donc d'une traduction en deux étapes.

Un épisode de *Perceval*, peut-être une des scènes les plus impressionnantes de la littérature courtoise, mérite d'être étudié en détail chez les deux auteurs. Il s'agit d'un cas typique d'*aemulatio*, c'est-à-dire de la tentative d'un auteur de surpasser son modèle.

3.1 *trois gotes de sanc / drî bluotes zäher rôt* : les trois gouttes de sang dans la neige

L'« exposition » de la scène en question présente peu de différences importantes chez les deux auteurs ; Chrétien est plus précis en ce qui concerne la pure description de ce qui s'est passé, Wolfram est plus riche en commentaires : un jour de neige un faucon en poursuivant une volée d'oies sauvages en abattit une en la blessant au cou ; trois gouttes de sang s'épandirent dans la neige :

Mes einz qu il venist as tantes,	Artûs valke al mite streich ;
Voloit une rote de jantes,	Dâ wol tûsent gense lâgen.
Que la nois avoit esbloïes.	Dâ wart ein michel gâgen.
Veües les a et oïes ;	Mit hurte vlouger under sie,
Qu'eles s'an aloient bruiant	Der valke, und sluog ir eine hie,
Por un faucon qui vint traiant	Daz sim harte kûme enbrast
Aprés eles de grant randon	Under des gefallen ronen ast.
Tant qu'il an trova a bandon	An ir hôhem fluge wart ir wê.
Une fors de rote sevree,	Ûz ir wunden ûfen snê
Si l'a si ferue et hurtee	Vieln **drî bluotes zäher rot**,
Que contre terre l'abati.	Die Parzivâle fuogten nôt.
Mes trop fu main, si s'an parti,	Von sînen triwen daz geschach.
Qu'il ne s'i vost liier ne joindre.	Do er die bluotes zäher sach
Et Percevaus comance a poindre	Ûf dem snê (der was al wîz),
La ou il ot veü le vol.	do dâhter ‚wer hât sînen vlîz
La jante fu navree el col,	gewant an diese varwe clâr.
Si seigna **trois gotes de sanc**,	(*Parzival*, v. 282, 12s.)
qui espandirent sor le blanc,	
Si sanbla natural color.	
(*Perceval*, v. 4137s.)	

Quand on compare un extrait plus long du roman dans les deux versions, on constate que Wolfram rajoute beaucoup de détails qu'on ne retrouve pas chez Chrétien et intervient souvent en tant qu'auteur dans la narration des faits :

> La nuit an une praerie / Lez une forest sont logié. / Au matin ot mout bien negié ; / Que froide estoit moult la contree. (v. 4126-4129)

Chez Chrétien, le roi Arthur et sa cour s'installent dans un pré près d'une forêt pour passer la nuit. Au matin il avait beaucoup neigé, car la région était très froide. C'est tout. Aux quatre vers de Chrétien correspondent pas moins de treize chez Wolfram :

> Welt ir nu hœren war si komn / Parzival der Wâleis? / Von snêwe was ein niwe leis / Des nahtes vast ûf in gesnît. / Es enwas iedoch niht snêwes zît, / Istz als ichz vernomen hân. /Artûs der meienbaere man, / Swaz man je von dem gesprach, Zeinen pfinxten das geschach, / Odr in des meien bluomenzît. / Waz man im süezes luftes gît ! / Diz maere ist hie vast undersniten, / Es parriert sich mit snêwes siten. (v. VI, 281, 10-22)

Par une question rhétorique stéréotypée, l'auteur allemand s'adresse directement à son public pour s'assurer si ses auditeurs/lecteurs veulent connaître l'histoire qu'il va raconter. Mais il commente plus qu'il ne raconte. D'après ce qu'il a entendu, ce n'était pas la saison de la neige, la neige était tombée à la Pentecôte, au mois de mai, à la saison des fleurs. Selon lui, l'histoire prend une allure très variée à cet endroit, elle est entremêlée d'éléments neigeux.

Chrétien parle tout simplement d'un faucon qui poursuit des oies sauvages, Wolfram en sait beaucoup plus. Il s'agissait du meilleur faucon des chevaliers de la table ronde. Il s'est envolé et a passé la nuit dans la forêt, parce que les fauconniers lui avaient donné trop à manger (« von überkrüphe daz geschah »). L'auteur, tout en racontant son histoire, montre en passant qu'il s'y connaît en fauconnerie :

> Sîne valkenaer von Karidœl / Riten sâbents zem Plimizœl / Durch peizen, dâ si schaden kuren. / Ir besten valken si verluren: / Der gâhte von in balde / Und stuont die naht ze walde / Von überkrüphe daz geschah / Daz im was von dem luoder gâch. (ibid., 23-30)

Particulièrement significative est la façon dont les deux auteurs décrivent l'attitude du protagoniste à l'égard des trois tâches rouges qu'il aperçoit dans la neige :

Si s'apoia desor sa lance	do er die bluotes zäher sah
Por esgarder cele semblance ;	ûf dem snê (der was al wîz),
Que li sanz et la nois ensamble	dô dachter ‚wer hât sînen vlîz
La fresche color li resamble	gewant an diese varwe clâr?
Qui ert en la face s'amie,	Cundwier âmurs, sich mac fùr wâr
Si pense tant que il s'oblie,	disiu varwe dir gelîchen.
Qu'autresi estoit en son vis	mich wil got sælden rîchen,
Li vermels sor le blanc assis	Sît ich dir hie gelîchez vant. […]
Com ces trois goutes de sanc furent,	Cundwier âmûrs, hie lît dîn schîn.
Que le blance noif parurent.	S ît der snê dem bluote wîze bôt,
En l'esgarder que il faisoit,	und ez den snê sus machet rôt,
Li ert avis, tant li plaisoit,	Cundwîr âmûrs,
Qu'il veïst la color novele	dem glîchet sich dîn bêâ curs:
De la face s'amie bele. […]	des enbistu niht erlâzen. (282, 24s.)
(*Perceval*, 4197-4210)	

Chrétien donne une description du contraste formé par la couleur vermeille des gouttes de sang et la blancheur de la neige qui rappellent à son héros la face de sa belle amie. Chez Wolfram la description des faits est mêlée à des réflexions de son protagoniste. *Cundwîr âmûrs* – les nombreuses spéculations à propos de la signification de ce nom d'apparence française n'intéressent pas dans ce contexte – n'est pas « la belle amie » de Parzival, il s'agit bien de son épouse, qu'il a quittée à la recherche de nouvelles aventures. Le nom de l'épouse lointaine est mis en valeur par un artifice métrique qui a fait couler beaucoup d'encre parmi les spécialistes de la littérature courtoise : contrairement au vers des langues romanes, le vers germanique ancien (comme encore les vers blancs de Shakespeare) ne tient pas compte du nombre des syllabes mais du nombre des accents (syllabes accentuées, *Hebungen*). Le nombre des syllabes non accentuées (*Senkungen*) peut varier. Le vers 283,7 du roman ne comporte que le nom de la femme aimée : *Cundwîr âmûrs*, quatre syllabes accentuées, pas séparées par des syllabes sans accent. Chez Chrétien les trois gouttes de sang dans la neige évoquent « la belle face » de la bien aimée dans l'imagination du héros. Wolfram est moins pudique : dans un monologue intérieur son protagoniste affirme que les couleurs lui rappellent le *beâ curs* (beau corps) de la femme absente.

Wolfram admet à la fin de son roman qu'il connaît l'œuvre de Chrétien, mais il prend tout de suite ses distances :

> Ob von Troys meister Cristjân / diesem mære hât unrecht getân, / daz mac wol zürnen Kyot, / der uns diu rehten mære enbôt. (v. 827, 1-4)

Doit-on en conclure qu'il est complètement indépendant de l'œuvre de Chrétien ? Hypothèse insoutenable. Il y a trop de ressemblances entre les deux œuvres. Un épisode comme celui du faucon, des oies sauvages et les trois gouttes de sang dans la neige ne s'invente qu'une seule fois. Les différences dont il a été question montrent que le roman courtois français a rencontré un vif intérêt en Allemagne, qui assume toute la gamme de procédures à commencer par la « traduction horizontale » proprement dite en passant par l' « adaptation » jusqu'à la « réécriture ».

Il va sans dire que la scène des trois gouttes de sang, chez Chrétien et chez Wolfram, a éveillé tôt l'intérêt des chercheurs. La liste des travaux sur cet argument est longue et certains d'entre eux évoquent déjà par leurs titres la scène en question : *The Scene of the Blood Drops on the Snow* ; *Trois gouttes de sang sur la neige* ; *Die Blutstropfen im Schnee*. Le dernier titre est celui d'un livre de deux cents pages ; le sous-titre *Über Wahrnehmung und Erkenntnis im 'Parzival' Wolframs von Eschenbach* laisse à penser qu'il s'agit d'une étude dédiée exclusivement au romancier allemand. En réalité l'auteur, Joachim Bumke, est un excellent connaisseur du *Conte del Graal* de Chrétien ; il fait des comparaisons détaillées entre les deux œuvres. Dans le cadre d'une modeste contribution au problème de la traduction « horizontale » au Moyen Âge, nous devons négliger le sujet central, c'est-à-dire l'influence de l'épistémologie préscolastique sur les romanciers médiévaux et sur la manière dont leurs protagonistes perçoivent la réalité. Ce qui nous intéresse dans ce contexte, ce sont quelques remarques d'ordre narratologique. Selon Bumke, l'épisode des trois gouttes de sang sur la neige est sans importance, chez les deux auteurs, pour le déroulement de l'histoire (Bumke 2001, 6). Il s'agit d'une description qui « interrompt » la narration des faits, un segment du texte qui dépend de la « Erzählebene », non pas de la « Handlungsebene » (ibid., 11), dans la terminologie de Gérard Genette, du *récit* et non pas de l'*histoire* (cf. Genette 1983). L'épisode des trois gouttes de sang a une fonction de renvoi chez les deux auteurs ; renvoi intertextuel chez Chrétien, en ce sens que l'épisode renvoie le lecteur à d'autres romans du même auteur ; renvoi intratextuel chez Wolfram, dans la mesure où l'épisode renvoie le lecteur à d'autres chapitres du même roman (ibid., 7).

4 Le roman courtois en Italie

Il y a de nombreux témoignages qui prouvent que la connaissance de l'ancien français était assez répandue en Italie – il suffit de penser à Brunetto Latini ou Marco Polo. Francesco De Sanctis, un de premiers historiographes importants de la littérature italienne, parle avec une certaine réserve des multiples influences venues de l'extérieur et juge les traductions horizontales avec un certain mépris :

> Come i versi, così le prose aveano già tutto un repertorio venuto dal di fuori. I rimatori attingevano nel codice d'amore; i novellatori o favellatori attingevano ne' romanzi della Tavola rotonda o di Carlomagno. Il cavaliere errante era il tipo convenzionale degli uni e degli altri.
> Questa letteratura non produsse altro che traduzioni, come sono i *Conti di antichi cavalieri*, la *Tavola rotonda* e i *Reali di Francia*: Tristano, Isotta, Lancillotto [...] il profeta Merlino, Carlomagno, Orlando erano gli eroi dell'immaginazione popolare. (De Sanctis 1963 [1870], 68)

Pour Dante, la littérature courtoise appartient aux meilleurs exemples de la production littéraire en *langue d'oïl* de son temps :

> Allegat ergo pro se lingua *oïl*, quod propter sui faciliorem ac delectabiliorem vulgaritatem quicquid redactum sive inventum est ad vulgare prosaicum, suum est: videlicet Biblia come Troianorum Romanorumque gestibus compilata et Arturi regis ambages pulcerrime et quamplures alie ystorie ac doctrine (*De vulg. Eloq.* I, 10, 2)

Dans l'épisode célèbre de Francesca da Rimini e Paolo Malatesta, l'auteur de la *Divine Comédie* fait allusion à Lancelot, un des héros de Chrétien, sans donner la moindre explication ; il estime que les aventures du Chevalier de la Charrette sont bien connues de ses lecteurs :

> Noi leggiavamo un giorno per diletto
> Di Lancialotto come amor lo strinse
> Soli eravamo e sanza alcun sospetto (Inferno V, 127s.)

Plus tard, on trouve des allusions du même genre chez Boiardo, Arioste et le Tasse. Nous nous contenterons d'un seul exemple, quelques vers du *Detto del gatto lupesco* (florentin, fin du 13ᵉ siècle) :

> Allora uscio' fuor del cammino   De la corte de lo re Artù
> Ed entrai in uno sentieri   Ke mi dissero 'Ki sse' tu? »
> Ed incontrai duo cavalieri   (cité d'après Monaci ²1955, 502)

La littérature courtoise française est présente en Italie sous forme de traductions plus ou moins 'littérales' dans les *scriptae* de l'Italie du Nord :

> At the same time, an analogous process [i. e. comme avec les traductions à partir du latin] took place on a more popular level with translations from French into northern Italian dialects of entertainment literature such as the Arthurian legends ... Where as in the first instance [i. e. les traductions de textes classiques] the names of the translators were often recorded [...] the translators of the more popular kind of literature remain unknown. (Duranti 2001, 475)

Cela montre que le dédain qu'éprouvait Cervantes pour la traduction horizontale (cf. supra chap. 1.1) n'était pas un cas isolé. Tandis que les *volgarizzamenti* sont toujours mentionnés dans les *Histoires de la littérature italienne* courantes, on n'y trouve généralement que des informations très générales sur les traductions horizontales. Cela vaut également pour les études spécialisées – le binôme *volkssprachig-volkssprachig* dans la citation suivante constitue un synonyme original de « (traduction) horizontale » :

> Die europäischen höfischen Literaturen des hohen Mittelalters bestehen im Zuge kultureller Transferbewegungen [...] ganz überwiegend aus Übersetzungen vor allem aus dem Französischen, sind also Zeugnis und Resultat einer volkssprachig-volkssprachigen Kontaktsituation, die mindestens bilinguale (unter Einbeziehung des Lateinischen trilinguale) Kompetenz ihrer Autoren voraussetzt [...]. (Putzo 2011, 14s.)

Des versions italiennes des romans courtois français il n'est question que très rarement. Seules les adaptations assez libres sont dignes d'être mentionnées, comme par exemple *Il romanzo di Tristano*, qui, selon l'éditeur d'une anthologie prestigieuse, « differisce sensibilmente da quella francese, tanto da avere una fisonomia sua propria » (Monaci ²1955, 387).

Dans son livre *Prose di romanzi*, Felice Arese, un spécialiste de la littérature italienne médiévale, apporte des témoignages qui prouvent que le monde arthurien était familier aux Italiens bien avant l'apparition des premiers textes écrits qui en parlent. Une porte latérale de la cathédrale de Modena en donne une preuve importante :

> [...] sei cavalieri, tre per parte simmetricamente, muovono all'attacco di un munito castello: due guerrieri lo difendono, altre due persone dall'alto guardano la scena. Lo scultore ha avuto cura di inscrivere al di sopra delle figure [...] il nome. (Arese 1950, 9)

On retrouve donc les sculptures de quelques chevaliers de la table ronde accompagnés de leurs noms – le roi Arthur, Gauvain, Keu, Caradoc – comme décoration d'une célèbre cathédrale italienne. C'est une preuve de la popularité de la littérature courtoise dans l'Italie du nord, dont on ne trouve malheureusement que peu de traces dans les témoignages écrits. Le livre de Felice Arese, dont nous avons cité un passage de l'introduction, comporte quatre romans courtois italiens, tous des traductions plus ou moins libres de sources françaises, édités et commentés par l'auteur. Ces traductions-adaptations sont nées dans une époque qui ne permettait plus aux lecteurs un accès spontané au monde chevaleresque dont elles traitaient ; il y avait déjà une certaine distance historique entre les histoires racontées et le public contemporain. Malheureusement, l'éditeur ne fournit pas d'exemples textuels ni de comparaisons de traduction. Nous nous contenterons de citer un exemple pris dans un des quatre romans : *La Tavola Ritonda*, une sorte de traduction-adaptation d'un auteur inconnu. L'œuvre présente un certain intérêt par le fait qu'il est rédigé selon une tradition discursive caractéristique pour les compilations de l'époque, tradition qui correspond parfaitement au concept de « Wiedererzählen » mentionné ci-dessus :

> Manifesta la vera storia che, cavalcando messer Prezivalle tutto solo cercando le avventure del san Gradale, egli arrivò a un piccolo romitaggio, là dov'egli truova una sua sorella a fare penitenzia: cioe era la reina della Terra Guasta. Ed ella, vedendo Prezivalle, fagli grande onore e contagli sì come ella era quivi venuta per fare penitenza le die che sua madre passò di questa vita e "morie pella dolore di vostra partenza". E Prezzivalle priega Iddio che di sua madre avesse misericordia. (Arese 1950, 387)

On voit que l'auteur reste conforme à la tradition de l'authenticité. Il donne même un bref passage sous forme de discours direct. Les formules par lesquelles il garantit la vérité de l'histoire qu'il raconte sont nombreuses : *Ora sappiate signori, che nella storia si legge che…* ; *Ora dice lo conto e pone la pietosa storia…* ; *In questa parte dice lo conto che…* ; *Li maestri della storia pongono che…* etc. Il s'agit donc d'un témoignage tardif des innombrables textes médiévaux

> in denen die Autorfunktion nicht explizit markiert ist, so dass Rückschlüsse auf eine Autorfigur gar nicht oder nur relational aus der Zusammenschau mehrerer Handschriften und Texte möglich sind. (Friede/Schwarze 2015, 5s.)

Dans notre cas, les philologues ont réussi à identifier quelques sources françaises que le traducteur/compilateur ne mentionne jamais explicitement :

> La seconda parte del romanzo, che segue invece la prosa francese del *Roman de Tristan* (con tutta verosimiglianza la prima versione [detta V 1] molto diffusa in Italia, ci narra la follia di Tristano […] Ma i valori della cavalleria terrena sembrano non bastare più a Tristano il quale decide ora di cimentarsi nella ricerca del Graal. Per questa sezione, l'aut. sembra rifarsi direttamente alla *Queste del Saint Graal* […] Al compimento dell'inchiesta seguirà la morte di Tristano per mano di Marco, e la fine di Isotta […] Questa morte non solo susciterà reazioni di vendetta in tutto il mondo arturiano, ma segnerà, come nella versione francese della *Mort Artu* (cui l'aut. sembra rifarsi in questa parte finale), la decadenza della Tavola rotonda e la scomparsa di Artù […]. (Asor Rosa éd. 2000, 591)

Dans le cadre de cette brève communication, il n'est pas possible de fournir une image plus détaillée des traductions proprement dites du roman courtois en italien ; la littérature scientifique sur la question donne peu d'exemples textuels. Généralement, les chercheurs qui travaillent dans ce domaine sont des historiens de la langue et de la littérature qui s'intéressent peu aux questions traductologiques proprement dites. La littérature « franco-veneta », spécialement le « Tristano Veneto », représente un cas de « réécriture » qui dépasse les limites d'une traduction horizontale même très libre.

5 Conclusions

Dans la volumineuse *Storia della letteratura italiana* édité par Enrico Malato, Maria Luisa Meneghetti, dans un chapitre dédié à la *Nascita delle letterature romanze*, donne une description détaillée du développement de la littérature courtoise en toute l'Europe, mais elle ne semble pas voir dans les traductions italiennes mentionnées une partie de la littérature italienne (Meneghetti ²2005, 611-620). Contrairement aux traductions italiennes, les adaptations allemandes des romans courtois français sont considérées comme partie intégrante de la littérature allemande et figurent dans toutes les histoires de la littérature allemande. Les rapports entre les deux littératures font l'objet de beaucoup de recherches : un témoin particulièrement intéressant en est la série *Germania Litteraria Medievalis Francigena*, éditée par des germanistes réputés allemands et français (le roman courtois est traité dans le vol. V édité par René Perennec et Elisabeth Schmid, Berlin/New York 2010). De la vitalité de la « matière de Bretagne » en Allemagne témoignent également quelques pièces de théâtre de Tankred Dorst (*Merlin und das wüste Land*, 1981 ; *Parzival*, 1987).

En ce qui concerne les versions italiennes du roman courtois, surtout les traductions horizontales stricto sensu, il reste encore beaucoup à faire. Toute recherche sur l'histoire des traductions restera incomplète si elle ne tient pas compte des traductions « libres » – *interpretationes*, *imitationes* et *aemulationes* se situent sur une échelle mobile. En dehors même de la traduction en général, la transmission (ou le transfert) des traditions discursives d'une aire culturelle à l'autre présente ici un intérêt particulier.

Les historiens de la littérature se comportent un peu comme les juristes. Plus une traduction est « libre », plus elle est digne d'attention. Cette attitude ne rend pas justice au travail pénible du *fidus interpres*, du traducteur « fidèle ». Dans la plupart des cas il est plus difficile de réaliser une traduction « fidèle » et « lisible » à la fois que de rédiger une paraphrase « libre » et élégante.

Références bibliographiques

1 Textes

Cervantes, Miguel de, *Don Quijote de la Mancha*. Edición del IV Centenario. Madrid, s.a. [2015], Sial, Ediciones.
Chrétien de Troyes, *Erec et Enéide*, in: Chrétien de Troyes, *Romans*, Paris, Librairie Générale Française, 1994, 60-283.
Chrétien de Troyes, [*Yvain*] = *Le chevalier au Lion*, in: Chrétien de Troyes, *Romans*, Paris, Librairie Générale Française, 1994, 706-936.
Chrétien de Troyes, [*Perceval*] = *Le Conte du Graal*, in: Chrétien de Troyes, *Romans*, Paris, Librairie Générale Française, 1994, 938-1211.
Dante Alighieri, *De vulgari eloquentia*, in: id., *Tutte le Opere*, éd. Luigi Blasucci, Firenze, Sansoni, 1965, 203-245.
Dante Alighieri, *La Divina Commedia*, in: id., *Tutte le Opere*, éd. Luigi Blasucci, Firenze, Sansoni, 1965, 389-733.
Gottfried von Straßburg, *Tristan*, vol. 1–3, Mittelhochdeutsch/Neuhochdeutsch Übers., Hrsg., Nachw. und Komm. Rüdiger Krohn, Stuttgart, Reclam, 2017.
Hartmann von Aue, *Iwein* - Eine Erzählung (mit Anmerkungen von G.F. Benecke & K. Lachmann), Berlin, de Gruyter, 1962.
Horaz [Quintus Horatius Flaccus], *Epistula ad Pisones, De Arte Poetica*, in: Horaz, *Sämtliche Werke. Lateinisch und Deutsch*, München: Ernst Heimeran 1967, 230-259.

Wolfram von Eschenbach, *Parzival. Text – Nacherzählung – Worterklärungen*. Darmstadt, Wissenschaftliche Buchgesellschaft, 1967.

2 Études

Albrecht, Jörn, *Cicéron, Horace, Saint-Jérôme, Pierre-Daniel Huet et la traduction «libre». Histoire d'un malentendu millénaire*, in: Maria Iliescu/Heidi Siller-Runggaldier/Paul Danler (éds.), *XXVe CILPR Congrès International de Linguistique et de Philologie Romanes*, vol. 1, Section 3: *Traductologie romane et historique*, Berlin/New York, de Gruyter, 2010, 487-498.

Arese, Felice (éd.), *Prose di romanzi. Il romanzo cortese in Italia nei secoli XIII e XIV*, Torino, UTET, 1950.

Asor Rosa, Alberto (éd.), *Dizionario delle Opere della Letteratura Italiana*, Torino, Einaudi, 2000.

Baehr, Rudolf, *Rolle und Bild der Übersetzung im Spiegel literarischer Texte des 12. und 13. Jahrhunderts in Frankreich*, in: Wolfgang Pöckl (éd.), *Europäische Mehrsprachigkeit. Festschrift zum 70. Geburtstag von Mario Wandruszka*, Tübingen, Niemeyer, 1981, 329-348.

Bezzola, Reto, *Liebe und Abenteuer im höfischen Roman*, Reinbek bei Hamburg, Rowohlt, 1961.

Bezzola, Reto, *Les origines et la formation de la littérature courtoise en occident (500-1200). Troisième partie: La société courtoise. Littérature de Cour et littérature courtoise*, 2 vols., Paris, Librairie Honoré Champion éditeur, 1967.

Bumke, Joachim, *Die Blutstropfen im Schnee. Über Wahrnehmung und Erkenntnis im ‚Parzival' Wolframs von Eschenbach*, Tübingen, Niemeyer, 2001.

Bumke, Joachim/Ursula Peters (éds.), *Retextualisierung in der mittelalterlichen Literatur*, Berlin, Schmidt, 2005 (Zeitschrift für deutsche Philologie 124, Sonderheft).

De Boor, Helmut/Richard Newald, *Geschichte der deutschen Literatur. Band II: Die Höfische Literatur. Vorbereitung, Blüte, Ausklang. 1170-1250*, München, Beck, 1960.

De Sanctis, Francesco, *Storia della letteratura italiana* [1870], Firenze, Morano, 1963.

Duranti, Riccardo, *Italian Tradition*, in: Mona Baker (éd.), *Routledge Encyclopedia of Translation Studies*, Londres/New York, Routledge, 2001, 474-483.

Friede, Susanne/Schwarze, Michael, *Einführung*, in: id. (éds.), *Autorschaft und Autorität in den romanischen Literaturen des Mittelalters*, Berlin/Boston, de Gruyter, 2015, 1-12 (Beihefte zur Zeitschrift für romanische Philologie 390).

Genette, Gérard, *Nouveau discours du récit*, Paris, Editions du Seuil, 1983.

Grubmüller, Klaus, *Versdichtung und höfischer Roman: Übersetzerische Beziehungen und Rezeptionsformen supranationaler Stoffvorlagen in der deutschen Literatur des Mittelalters*, in: Harald Kittel et al. (éds.), *Übersetzung Translation Traduction. Ein internationales Handbuch zur Übersetzungsforschung*, vol. 2, Berlin/New York, de Gruyter, 2007, 1718-1722.

Halász, Katalin, *Images d'Auteur dans le roman médiéval (XIIe – XIIIe siècles)*, Debrecen, Kossuth Lajos Tudományegyetem, 1992.

Huby, Michel, *L'approfondissement psychologique dans Erec de Hartmann*, Études Germaniques 22 (1967), 13-26.

Huby, Michel, *L'adaptation des romans courtois en Allemagne*, Paris, Klincksieck, 1968.

Krauss, Henning, [c.r. de] *Actes du septième congrès Moyen Age et Littérature comparée*, Zeitschrift für Romanische Philologie 86 (1970), 583-585.

Meneghetti, Maria Luisa, *La nascita delle letterature romanze*, in: Enrico Malato (éd.): *Storia della letteratura italiana*, Roma, Salerno, ²2005, vol. 1, 175-229.

Monaci, Ernesto (éd.), *Crestomazia italiana dei primi secoli con prospetto grammaticale e glossario,* Roma/Napoli/Città del Castello, Società editrice D. Alighieri, ²1955.

Pérennec, René, *Recherches sur le roman arthurien en vers en Allemagne aux XIIe et XIIIe siècles*, Göppingen, Kümmerle, 1984.

Pérennec, René, *Wolfram von Eschenbach*, Paris, Belin, 2005.

Pérennec, René/Schmidt, Elisabeth (éds.), *Höfischer Roman in Vers und Prosa*, Berlin etc., de Gruyter, 2010 (Germania litteraria mediaevalis Francigena, vol. 5).

Putzo, Christine, *Mehrsprachigkeit im europäischen Kontext*, in: Michael Baldzuhn/ Christine Putzo (éds.): *Mehrsprachigkeit im Mittelalter*, Berlin/New York, de Gruyter, 2011, 3-34.

Wolf, Alois, *Die ‚adaptation courtoise'. Kritische Anmerkungen zu einem neuen Dogma*, Germanisch-romanische Monatsschrift [1977], vol. 27, 1, 257-283, Neudruck in: id.: *Erzählkunst des Mittelalters*, Tübingen, Niemeyer, 1999, 111-140.

Worstbrock, Franz Josef, *Ausgewählte Schriften*, Band 1: *Schriften zur Literatur des Mittelalters* [1999], Stuttgart, Hirzel, 2004.

Zuschlag, Katrin, *Narrativik und Literarisches Übersetzen*, Tübingen, Narr, 2002.

Zuschlag, Katrin, *L'analyse structurale du récit: 'narratologie' et traduction*, in: Jörn Albrecht/Réné Métrich (éds.), *Manuel de traductologie*, Berlin/Boston, de Gruyter, 2016, 550-572.

Logodeissi e discorso riportato nella letteratura odeporica e cavalleresca in traduzione

FABIO ROMANINI
Ferrara

1 La logodeissi

1.1 Definizioni

Come sappiamo dagli studi di Maria-Elisabeth Conte, la deissi testuale o logodeissi

> è quella forma di deissi con la quale un parlante fa, nel discorso, riferimento al discorso stesso, al discorso in atto, ossia a parti (a segmenti o momenti) dell'*ongoing discourse* (in particolare: o al pre-testo, o al post-testo, o, nel logicamente problematico caso dell'autoriferimento, a quella stessa enunciazione, nella quale l'espressione logodeittica ricorre). (Conte 1999, 17)

Per giungere a questa definizione, Conte ha dapprima operato una serie di critiche a Fillmore (1970; 1972; 1975), a Braunmüller (1977) e a Lyons (1977). In particolare, di Fillmore critica l'impostazione della logodeissi come deissi a sé stante: per Conte, infatti, essa include cronodeissi e topodeissi, attraverso le quali trova espressione. Inoltre, la logodeissi è metatestuale, e pertanto ha riferimenti diversi dagli altri tipi di deissi. Braunmüller, invece, usa il termine tecnico *Rededeixis*, calco di *discourse deixis*, non solo per la logodeissi, ma anche per le riprese anaforiche, finendo per sovrapporre elementi che svolgono funzioni distinte;[1] di questo stesso studioso a Conte appare poi troppo generica la qualifica della deissi testuale come riferimento a un segmento testuale (il segmento a cui si fa riferimento deve appartenere allo stesso testo). Infine, Conte (1999, 15-17) corregge l'interpretazione di Lyons riguardo a un particolare tipo di anaforico che non va incluso tra i logodeittici.

Come afferma sempre Conte nel medesimo, decisivo passo del suo saggio, la funzione della logodeissi è metatestuale: «la logodeissi verte sul testo stesso; essa orienta il destinatario nel percorso del testo, lo istruisce ad istituire collegamenti intratestuali» (Conte 1999, 17).

Le puntualizzazioni di Conte sono alla base della definizione di logodeissi data da Vanelli nella *Grande Grammatica Italiana di Consultazione*. Secondo Vanelli, infatti, per logodeissi

> si intende un uso particolare della deissi in cui: I) il contesto *linguistico* svolge il ruolo del contesto *situazionale*; II) invece di fornire informazioni sulla collocazione spazio-

---

[1] Come si vedrà dall'esemplificazione, se nella teoria tale distinzione è evidente, nella pratica testuale esistono casi in cui l'interpretazione è decisiva per dirimere tra le due categorie.

temporale del referente nel contesto extralinguistico, il parlante istruisce l'ascoltatore a cercare nel contesto del discorso, dove è collocato l'*antecedente* del referente indicato dall'elemento deittico. (Salvi/Vanelli 2004, 329; la definizione II è aggiornata rispetto a quella pubblicata in Vanelli/Renzi 2001[2])

La differenza rispetto alla deissi situazionale riguarda perciò il rinvio, che è diretto non al contesto in cui avviene la comunicazione, ma al co-testo: è «un atto di riferimento ad una parte del discorso in corso («ongoing discourse»), ad un segmento o momento del discorso in atto» (Conte 1999, 13). Chi utilizza un deittico testuale guida il destinatario verso un referente intratestuale, e non extratestuale, come avviene invece nella deissi situazionale.

Il fatto che i rinvii indirizzino verso il co-testo, e non verso il contesto, potrebbe suggerire che tali rinvii siano di tipo anaforico o cataforico; ma nell'anafora il rinvio al punto di attacco è preliminare a un ulteriore rinvio verso oggetti esterni al testo. Inoltre, i deittici testuali fanno riferimento a una parte del co-testo, a una entità intratestuale (il loro antecedente anaforico costituisce il loro stesso referente), mentre gli anaforici rinviano a un referente del co-testo che è necessariamente già stato evocato prima nel testo. Conte (1999, 16) precisa ancora che l'anafora rimanda a un elemento linguistico in quanto *type*, legato alla *langue*, mentre il logodeittico rimanda a un *token*, cioè a un atto di *parole*, a un testo specifico e concreto, autonomo rispetto al contesto.

In lingua italiana la logodeissi si può esprimere attraverso le stesse espressioni che servono a indicare la deissi spaziale e la deissi temporale (cfr. *qui*, *là*, *più avanti*, *prima*, *dopo*, *questo* e le forme *supra* e *infra*). Tipicamente, dunque, la logodeissi si serve di indicatori cronodeittici e topodeittici. Come evidenzia Palermo (2013, 132), più spesso si usano deittici temporali in un testo orale, valutato come flusso comunicativo che si svolge nel tempo, e deittici spaziali in un testo scritto, valutato nella sua estensione già delimitata dal supporto.

Nel capitolo di Vanelli dedicato alla deissi nella *Grammatica dell'italiano antico* (Vanelli/Renzi 2010, § XXXIV.1.1.6, 1259-1260) gli esempi allegati riguardano l'uso come logodeittico di *qui* nella *Rettorica* di Brunetto Latini, nei *Fiori di filosafi*, nella *Cronica fiorentina*, e il suo confronto con usi anaforici dello stesso avverbio. Conseguenza importante di tutte le premesse è dunque che non è possibile una ricerca automatica dei logodeittici all'interno di qualunque *corpus* di dati, poiché gli indicatori usati sono i medesimi che veicolano informazioni di luogo e di spazio, o che svolgono una funzione prettamente anaforica.

1.2 Alcuni esempi in testi delle Origini

La lingua italiana inizia con un testo tanto breve quanto ricco di spunti sintattici e testuali. Il placito capuano del 960 contiene un'indicazione che si può interpretare come logodeittica: «Sao ko kelle terre, per kelle fini que *ki* contene, trenta anni le possette parte Sancti Benedicti». *Ki* potrebbe rimandare all'abbreviatura stessa, e

Logodeissi e discorso riportato   59

sarebbe dunque un normale topodeittico; potrebbe indicare una parte del documento stesso, nella quale sono definiti in dettaglio i confini dei terreni soggetti all'usucapione da parte dei monasteri dipendenti dall'abbazia di Montecassino, e sarebbe allora logodeittico; si può inoltre ipotizzare che possa riferirsi a una indicazione con il dito compiuta dai testimoni di fronte al giudice su una carta che riproduceva i possedimenti. In questo terzo caso *ki* sarebbe al tempo stesso un deittico spaziale, che rimanda al contesto, ma anche un logodeittico, se rinviasse a una parte del documento esibita precedentemente durante il processo.[2]

Dopo questo, un caso piuttosto antico di uso di logodeittico compare nel *Breve di Montieri del 1219*:[3]

> (1) Doc. montier., 1219, pag. 47, r. 30: It. lo signore o co(n)suli ke p(er) te(m)p(or)ale sara(n)no debiano essar tenuti (e) siano tenuti di kiamare tre omini de la co(m)pa(n)gnia del co(m)mune, boni (e) leali ala lor conoscenzia, cui ellino facciano iurare di riveder lo co(n)stituto (e) d'amendarlo a bona fede senza frode ad honore (e) utilità de tutto -l comune; escettato ke no(n) possano menovare il t(er)mine de la co(m)pagnia del comune, né ordinare ke altra co(m)pagna debia essar facta a Mo(n)tieli né di fuor di Monteli ke debia essare i(n)contra la co(m)pagna del comune di Mo(n)teli, sì com'è *detto di sup(r)a*.

Il riferimento intratestuale è evidente, e vi partecipa anche il participio passato (*detto*), tanto che l'indicazione appare ridondante.

È produttiva anche la ricerca di logodeittici in testi tradotti dal latino. Se ne ritrova almeno un esempio già nella *Rettorica* di ser Brunetto:

> (2) Brunetto Latini, *Rettorica*, c. 1260-61 (fior.), pag. 134, r. 5: Et in ciò sia quel medesimo exemplo della ragione che noi aven *detta poco davanti* (lat.: nam sit ea nobis exposita ratio, quam *paulo ante* exposuimus).

L'espressione del deittico testuale tramite il logodeittico *davanti* merita una breve riflessione: il testo già scritto, secondo il traduttore, si trova «poco davanti», cioè 'poco prima' (cfr. TLIO, s.v. *davanti*, § 3). È comunque probabile che in (2) il deittico testuale latino abbia indotto tale traduzione (*davanti* < *ante*).

In base ai primi esempi reperiti nel Corpus TLIO sembrerebbe corretto ipotizzare che i testi formulari (giuridici, in particolare) richiedano collegamenti intratestuali, e che questi indicatori siano poi usati con successo anche nella prosa espositiva e argomentativa, in cui è necessario il riferimento ai dati già enunciati a sostegno della tesi; linearmente, dunque, i deittici testuali sono testimoniati dapprima in testi giuridici e poi anche in testi di carattere dottrinario e filosofico (o nei ricettari), nei quali hanno una funzione di riepilogo delle informazioni, e di

---

[2] È invece più discutibile che le due occorrenze di *kelle* possano essere ritenute anaforiche: si potrebbero piuttosto qualificare come determinanti generici, o articoloidi.

[3] Questa e le successive citazioni di testi antichi, compresa l'abbreviazione bibliografica, sono tratte dal Corpus TLIO dell'Italiano antico (http://tlioweb.ovi.cnr.it). I corsivi nelle citazioni sono tutti miei.

facilitazione del lettore (anche per risolvere possibili ambiguità testuali: un esplicito richiamo a parti testuali che precedono, o che seguono, consente al lettore di ricercarle, se opportuno).[4] Si ricorderà il celebre incipit del *Convivio*:

> (3) Dante, *Convivio*, 1304-7, I, cap. 1, pag. 1: Sì come dice lo Filosofo nel principio della Prima Filosofia, tutti li uomini naturalmente desiderano di sapere.

A questa affermazione fa riferimento il logodeittico che compare in un passo non molto distante, ma separato dall'inizio da molte altre affermazioni consequenziali:

> (4) Dante, *Convivio*, 1304-7, I, cap. 1, pag. 4: sempre liberalmente coloro che sanno porgono della loro buona ricchezza alli veri poveri, e sono quasi fonte vivo, della cui acqua si refrigera la naturale sete che *di sopra* è nominata.

Sarà appena il caso di notare che «di sopra» non è nominata una «sete», ma un "desiderio naturale": il logodeittico non fa riferimento a un antecedente preciso (impossibile, dunque, scambiarlo per un anaforico), ma vi si sovrappone per metafora, e richiede al lettore uno sforzo di inferenza che è attenuato dalla esplicitazione dell'indicatore.

Tali elementi sono tuttavia utili anche nei testi narrativi, in prosa o in versi, perché consentono di richiamare informazioni già espresse, o di riferirsi a quanto sarà enunciato di seguito.[5] Si trovano logodeittici nella *Vita nuova*:

> (5) Dante, *Vita nuova*, c. 1292-93, cap. 16 par. 11, pag. 66: Questo sonetto si divide in quattro parti, secondo che quattro cose sono in esso narrate; e però che sono *di sopra* ragionate, non m'intrametto se non di distinguere le parti per li loro cominciamenti...

Se questo esempio pertiene alla parte "espositiva" del testo, è interessante d'altra parte notare l'uso che di questo indicatore può essere notato anche all'interno di componimenti in versi, come in Monte Andrea:

> (6) Monte Andrea (ed. Minetti), XIII sm. (fior.), canz. 6.90, pag. 71: Qual più suo amic'on gli è, più gli rincresce, / sia, quanto vuole, e' suto di grande opra; / ciascun lo teme, comm'io dissi *di sopra*...

Nello stesso torno di anni si rintracciano occorrenze in testi di viaggio:

> (7) *Itinerario luoghi santi*, XIII u.q. (fior.>lucch.), pag. 165: Poi che l'uomo è intrato in nella sancta cittade di Gerusalem, sì come scritto he *di sopra*, sì de dimandare...

o in narrazioni letterarie in prosa, come nel *Tristano Riccardiano*:[6]

---

[4] Per es., *di sopra* è attestato diverse migliaia di volte nel Corpus TLIO (sia nella sua qualità di logodeittico, sia come topodeittico). Oltre a testi documentari e filosofico-dottrinari compare in epistole e in testi che comprendono parti espositive.

[5] La ricerca è ovviamente suscettibile di ampliamenti, relativamente a tutti i generi testuali – o piuttosto tradizioni discorsive: un esempio di studio relativo a testi agiografici è Wilhelm/De Monte/Wittum (2011) –; è a mio avviso rilevante che la presenza dei logodeittici sia attestata già nei testi italiani più antichi, in un momento che segna un passaggio verso "frontiere stabili" tra le lingue romanze, e tra le lingue romanze e il latino, nei testi scritti.

[6] Come è noto, il testo è un volgarizzamento da una varietà d'oïl.

(8) *Tristano Ricc.*, XIII ex. (tosc.), cap. 32, pag. 53: In questa parte dicie lo conto che dappoi che T. ebe aquistato lo torneamento, sì come detto ee *di sopra*, ed e' sì si partio incontanente...

Si noti anche che *questa parte* è un riferimento logicamente problematico, al confine tra logodeittico e anaforico: rimanda al testo, ma solo, appunto, a una sua porzione.

1.3 Spoglio a campione da testi odeporici e cavallereschi in traduzione (secc. XV-XVI)

Presento di seguito i primi risultati di una ricerca incentrata sulla resa dei logodeittici in tre testi oggetto di traduzione orizzontale. Le tre versioni sono state realizzate nella prima metà del Cinquecento; la lingua di arrivo è l'italiano, mentre i testi di partenza sono un romanzo cavalleresco catalano (il *Tirant lo Blanc* di Joanot Martorell)[7] e due narrazioni di navigazione, una in lingua spagnola (i *Naufragios* di Álvar Núñez Cabeza de Vaca)[8] e una in francese (il *Viaggio attorno al mondo* di Antonio Pigafetta, molto probabilmente a sua volta da una originaria relazione in una varietà italoromanza). Il lavoro è suscettibile di ampliamenti, relativamente a entrambi i generi letterari; questa prima campionatura permette la messa a punto degli strumenti di analisi e anche la creazione di una casistica (che potrà servire da modello) rispetto al trattamento dei deittici da parte dei volgarizzatori/traduttori in un'epoca storico-linguistica ormai affrancata dagli usi, anche testuali, dell'italiano medievale.

Commento anzitutto alcuni esempi relativi alla resa dei logodeittici da parte di Lelio Manfredi[9] nella versione della *novel·la cavalleresca* catalana *Tirant lo Blanc*, opera di Joanot Martorell. La prima edizione nota (forse non la *princeps*, poiché si dichiara «nuovamente post*a* in luce»), da cui provengono le citazioni, fu pubblicata da Pietro Nicolini da Sabbio nel 1538,[10] diversi anni dopo la morte

---

[7] I dati sulla logodeissi e sul discorso diretto nel *Tirante* mi sono stati cortesemente forniti da Jacopo Gesiot, che ha dedicato il suo lavoro di dottorato di ricerca alle traduzioni orizzontali di Lelio Manfredi (Gesiot 2016/17); il lavoro, rimeditato, è leggibile in Gesiot (2018).

[8] Un paio degli esempi che utilizzerò più avanti sono tratti dallo spoglio linguistico prodotto per la sua tesi di laurea triennale da Mara Nardelli (Nardelli 2017/18).

[9] Sulla biografia di Lelio Manfredi, mantovano di nascita e operante alla corte di Alfonso I d'Este, rimangono molti elementi non noti o incerti: si possono vedere le ricognizioni di Zilli (1983), Kolsky (1994) e il recente saggio di Terrusi (2014); da ultimo Gesiot (2018, 53-67).

[10] Frontespizio: «TIRANTE IL BIAN|CO VALOROSISSIMO CA|VALIERE: NEL QVALE CONTIEN|si del principio della caualeria: del stato, & vfficio suo: | dell'essamine, che debbe esser fatto al gentile, e ge|neroso huomo, che dell'ordine di caualeria de-|corar si vuole: e come dee esser fatto il vero | caualiere: della significatione dell'arme, | così offensiue, come difensiue: e quali at-|ti, e costumi apparte(n)gono al nobil Ca|ualiere: e dell'honore, del quale è | degno d'essere honorato: con | la morte di Abrain Re, e Si-|gnore della gra(n) Canaria, | e rotta delle sue ge(n)ti. Di | lingua Spagnola nel|lo idioma nostro | per Messer Le-|lio di Man-|fredi tra-|dotto. | Nuouamente posto in luce: e con ac-|curata diligentia castigato.» Colofone: «In Vinegia. Nelle case di Pietro di Nicolini da Sabbio: alle | spese pero del Nobile huomo

di Manfredi. In qualche punto la traduzione di Manfredi sembra aderente al testo, in altri casi più libera, ma non è ancora stato appurato di quale antigrafo egli si sia servito (se manoscritto, se a stampa, e in tal caso quale edizione fosse). Nei casi esaminati, come si vedrà, la trasposizione del deittico subisce sorti variabili. Raccolgo per primi alcuni casi in cui i logodeittici si corrispondono nel testo di partenza e in quello di arrivo:

(9) vené per quitar los *dits* cativs e féu-los recollir en les galeres...
venne per liberare gli *detti* cattivi et fegli raccorre nelle galee... (c. 58v)

(10) L'Emperador féu entrar allí los ambaixadors e dix-los que, per amor e contemplació del Gran Soldà e, per semblant, del Gran Turc, ell era content de fermar en les *dites* treves.
E disse loro che per amore e complacentia del Gran Soldano, e similmente del Gran Turco, egli era contento di confirmare le *dette* tregue. (c. 130v)

(11) E no dic jo les coses *dessús dites* perquè hages dat a mi senyal...
E non dico le cose *che sopra ho detto* perché mi abbi fatto segnale... (c. 134v)

(12) E fetes totes les coses *dessús dites*, ixqueren de l'església e cavalcaren ab les banderes esteses...
Et fatte tutte le *sopradette* cose cavalcorono con le bandiere spiegate... (c. 150v)

Detto e *sopradetto* sono i deittici più frequenti, e ciò non sorprende; mi pare interessante la forma perifrastica *che sopra ho detto* per rendere *dessús dites* di (11), contro la resa con un solo lessema testimoniata in (12): *sopradette*.[11]

Va però sottolineato che *detto* non può essere interpretato come logodeittico con salda certezza, e che talora è sostituibile con un determinante (dimostrativo o indefinito), dunque con un anaforico. Si sono raccolti di seguito alcuni contesti in cui al logodeittico del testo di partenza corrisponde appunto un anaforico nel testo di arrivo, con il caso particolare dell'uso di *simile* o *tale* in qualità di anaforico (incapsulatore in [14]):

(13) Oint dir l'Emperadriu les paraules *dessús dites*, li augmentà la dolor...
Udendo dire l'imperatrice *simil* parole, gli augumentò il dolore... (c. 173r)

(14) E fet tot lo *dessús dit*, Tirant donà dels genolls en la dura terra...
E fatto tutto *questo* Tirante nella dura terra s'inginocchiò... (c. 130r)

(15) E estant ells en les *dessús dites* raons entrà per la cambra l'Emperador...
E stando loro in *questi* ragionamenti, l'imperatore nella camera entrò... (c. 178v)

Di seguito, invece, allego alcuni casi in cui i logodeittici del testo di partenza non sono confermati nel testo di arrivo: talora sono surrogati da altri indicatori testuali

---

M. Federico Tor|resano d'Asola: Nell'anno della saluti|fera redentione humana. | M.D.XXXVIII». Cc. [4], 283, [1]; in-4°. Identificativo: CNCE 32748. Le citazioni del testo catalano sono invece tratte dall'edizione di Hauf (2008).

[11] Alcuni altri esempi, più oltre nel testo: E complides les coses *dessús dites*... > Finite le cose *dette di sopra*, Tirante torno a battezzare... (c. 213r); E complides les *dites* paraules, lo *sobredit* frare Joan Ferrer donà fi a son sermó. > E compiute le *dette* parole il *sopra detto* frate Giovanni Ferraro fece fine al suo sermone. (c. 245r); E suplic als *damunt dits* marmessors e els man... > e supplico a gli *sopradetti* commissari e gli comandò... (c. 273r); Tirant, per senyalar la dolor del qual les *sobredites* coses se segueixquen... > Per dimostrare il dolore dal quale le *sopradette* cose si seguano... (c. 275r).

o da forme sostituenti. Nel caso di (16) il dimostrativo del testo catalano può essere inteso come anaforico (rimanda a un referente e non all'*ongoing discourse*):

(16) E donà dels genolls en la dura terra, besant les mans a la Princesa de part d'*aquell* virtuós Tirant e de la sua.
Et inginocchiatosi baciò le mani alla principessa da parte di Ø Tirante et sua. (c. 102r)

(17) E ans del dia Almedíxer pres les cassoles del greix que fet havia, e en l'hora de l'alba ell ixqué del castell e cosà les *dites* cassoles les unes prop de les altres e mèshi foc.
E Almediser innanzi il giorno tolse le tegge dil grasso che fatto havea, e nell'hora dell'alba dil castello uscì e *le* puose l'una appresso l'altra, e fuoco gli mise. (c. 218v)

(18) Com Tirant hagué oïda l'ambaixada pensà en la promesa fe que fet havien. Per no posar l'honor sua en disputa era molt content de servar les *dites* treves...
Quando Tirante ebbe udito l'ambasciata, pensò nella promessa fede che fatto gli havevano, e per non ponere l'honore suo in disputa, fu molto contento di serbargli le Ø tregue. (c. 224r)

(19) E lo *dit* Espèrcius, eixint de la galera, anà a fer reverència a Tirant...
E Ø Persio uscendo della galera andò a fare riverentia a Tirante... (c. 244r)

Il deittico testuale è oggetto, nel testo di Manfredi, di una valutazione blandamente stilistica: mentre le prime occorrenze sono perlopiù trasposte nella versione in italiano, nel cuore del libro il traduttore ne riduce il numero. Oltre a questioni, non semplici da soppesare, di aggiornamento linguistico (Manfredi è attivo oltre mezzo secolo dopo Martorell), si può motivare un tale comportamento con una considerazione sulla tradizione discorsiva: l'ipotesi è che nella prosa letteraria italiana degli anni Venti-Trenta del Cinquecento l'uso intenso di queste formule possa essere connotato negativamente, come di testo poco sorvegliato.[12] Pare in ogni caso evidente che *detto* sia concepito come automatismo, e non necessariamente come logodeittico (piuttosto, appunto, come un anaforico pleonastico).

La mia ricerca è proseguita su un altro settore molto prolifico riguardo alla traduzione orizzontale tra Medioevo e Rinascimento, vale a dire la letteratura odeporica. Ho spogliato, per verificare il tramite tra originale spagnolo e traduzione italiana, i *Naufragios y relación de la jornada que hizo a la Florida*, la relazione di viaggio che Álvar Núñez Cabeza de Vaca scrisse a re Carlo V di Spagna per raccontare quasi dieci anni di turbolente peregrinazioni attorno al Golfo del

---

[12] A titolo di esempio, si potrà valutare che il logodeittico *di sopra* compare nei testi di Pietro Bembo con estrema parsimonia: solo due volte negli *Asolani*, altre due volte nelle *Prose della volgar lingua*. Si tratta peraltro di testi piuttosto lunghi, rispettivamente di 58.000 e 67.000 parole circa. Nel *De pictura* di Leon Battista Alberti, che consta di poco più di 31.000 parole, ce ne sono otto; e undici nei libri *Della famiglia*, che contano però circa 117.000 parole. In autori esemplari di epoche diverse la presenza di questo deittico testuale appare disuguale. Per i casi in esame, relativi a testi volgarizzati, la reazione del traduttore può perciò, almeno in parte, essere indotta dal modello a lui contemporaneo.

Messico. La prima edizione fu pubblicata a Zamora nel 1542;[13] come ha dimostrato Mara Nardelli (2017/18), la traduzione contenuta nel III vol. delle *Navigazioni e viaggi* di Giovanni Battista Ramusio (pubblicato nel 1556 da Tommaso Giunti) è opera del curatore stesso.[14] Anche per il caso dei *Naufragios* ci sono casi di conservazione dei logodeittici:

> (20) con tanta destreza y fuerza como *arriba* he dicho...
> con tanta forza e destrezza con quanta *di sopra* s'è detto... (cap. 8)
> (21) y nos pareció ser la gente más bien dispuesta y de más autoridad y concierto que *hasta allí* habíamos visto, aunque no tan grandes como los otros de quien habemos contado.
> ci parve la piú ben disposta e di maggiore autorità e conserto di quanti altri ne avevamo trovati *fin qui*, benché di persona non fussero cosí grandi come gli altri che abbiamo contati. (cap. 9)

Hasta allí oppure *fin qui*? Se ci si riferisce al testo sono logodeittici, ma se il riferimento è alla vicenda esterna essi possono assumere un valore di cronodeittico (benché siano deittici spaziali nella forma).

> (22) y cubiertos con mantas de martas, de la suerte de las que *atrás* habíamos tomado...
> erano coperti di mante di mardole della sorte di quelle che *di sopra* si dissero... (cap. 10)
> (23) y la barca que nosotros pensábamos llevar hizo su fin, y no se pudo sostener a sí misma, que luego fue hundida; y como quedamos del arte que *he dicho*, y los más desnudos...
> e la barca che noi altri pensavamo che ci portasse fece ancora ella il fin suo, e non potè sostenere se stessa e subito s'affondò. Onde, stando noi nella maniera che *s'è detto* e nudi... (cap. 13)
> (24) En aquella isla que *he contado*...
> In quell'isola ch'io *ho detto*... (cap. 15)
> (25) y poner aquellas gentes en corazón que nos tratasen bien, como *adelante diremos*.
> e mettere in cuore a quelle genti che ci trattassero bene, come *appresso diremo*. (cap. 20)

In (23) e (24) è il verbo *dire*, senza riferimenti avverbiali, a esprimere il rinvio all'*ongoing discourse*. (25) è poi uno dei rari casi in cui il riferimento logodeittico è rivolto più oltre nel testo. Appena diverso è il caso di (26):

> (26) y había de entrar por medio de ellas con la ropa que *he dicho* que traía
> mi conveniva andare con la roba che *di sopra ho detto* ch'io portavo... (cap. 16)

---

[13] Nel 1555, a Valladolid, venne pubblicata una seconda edizione con il titolo di *La relación y comentarios del governador Álvar Núñez Cabeza de Vaca, de lo acaescido en las dos jornadas que hizo a las Indias*, che contiene l'opportuna divisione in capitoli di cui mi sono servito per le citazioni. Ramusio, tuttavia, compilò la propria versione sulla prima edizione.

[14] Il lavoro di attribuzione è basato su evidenti affinità stilistiche, e corrispondenze di strutture, rispetto alle modalità correttive ed editoriali applicate per gli altri testi della raccolta (cfr. Romanini 2007).

in cui Ramusio aggiunge un logodeittico esplicito, anche se la funzione di riferimento era già svolta dal *verbum dicendi*. Tale aggiunta conforta il rinvio al punto di attacco.

Un caso particolare nella storia della tradizione dei testi di navigazione è quello del *Viaggio attorno al mondo* di Antonio Pigafetta – resoconto della spedizione di Magellano – che subì una singolare sfortuna editoriale. Benché Pigafetta avesse ottenuto il privilegio di stampa a Venezia, il suo diario di viaggio fu infine pubblicato dall'editore parigino Simon de Colines, in una data compresa tra il 1526 e il 1536, ma in forma compendiosa e in lingua francese, e oltretutto senza attribuzione di autore (il frontespizio recita «voyage et navigation faict per les Espaignolz»). Ramusio lo tradusse dal francese per pubblicarlo nel I vol. delle *Navigazioni e viaggi* (*princeps* a. 1550). Passo in rassegna alcuni riferimenti che possono essere intesi come logodeittici (come *detto*), iniziando da quelli conservati anche nel testo di arrivo:

> (27) le xxvi du *dit* mois vindrent a une isle de la grande Canare...
> alli XXVI del *detto* mese giunsero ad una dell'isole Canarie... (cap. 3)

Un paio di contesti notevoli:

> (28) Le xx de septembre se partirent de *là*...
> Alli XX di settembre si partirono dal *detto* porto... (cap. 3)
> (29) qui est terre du cap de sainct Augustin, estant a viii degrez du *dict* pol. Et *là* feurent refreschis de batates...
> la qual terra è continuata col capo di S. Agostino, il qual è otto gradi lontano dall' Ø equinoziale. In *questa* terra fummo rinfrescati con molti frutti, e tra gli altri battates... (cap. 6)

in cui un topodeittico è tradotto con un indicatore che si situa al confine tra elemento logodeittico e topodeittico – rispetto al punto del testo. Il dimostrativo *questa* si riferisce infatti a una *terra* vicina non in senso spaziale, bensì testuale (al periodo precedente); un eventuale uso del dimostrativo *quella* avrebbe assunto piuttosto un valore anaforico.[15] Si noterà anche che in (29) Ramusio omette un logodeittico del testo di partenza, sostituendolo con un termine specifico (*dict pol > Ø equinoziale*).

Altre volte, invece, al logodeittico di partenza corrisponde un elemento di evidente valore anaforico:

> (30) distille moult d'eaue, et s'assemble au pied du *dit* arbre...
> distilla gran copia d'acqua, la qual, messasi insieme alli piedi di *quello*... (cap. 3)

I logodeittici svolgono funzione di "cerniera" testuale; l'importanza della loro presenza per garantire la coesione si dimostra anche nella loro sporadica aggiunta da parte di Ramusio. Se ne offrono di seguito un paio di esempi, con l'avvertenza

---

[15] Tali casi sono anche catalogati da Telve (2000a, 37-38 e 311 per un bilancio) nei testi delle *Consulte e pratiche* fiorentine del 1505.

che anche in questi casi l'interpretazione logodeittica si configura come possibile, accanto a quella topodeittica e anaforica:

> (31) ne consentirent aulcune femme venir avecques eulx.
> né volsero che alcuna femina andasse con loro al *detto* viaggio. (cap. 2)
> (32) Le peuple ne adore aulcune chose...
> Le genti di *questo* paese non adorano alcuna cosa... (cap. 6)

Mi pare interessante, in particolare, ragionare su questo ultimo tipo di casi, in parte già vagliati, nei quali l'elemento introdotto è un dimostrativo, ma in cui prevale a mio avviso il valore logodeittico su quello anaforico: il rinvio all'antecedente del discorso è infatti verso un punto vicino del testo, similmente a quanto notato per l'esempio (29). Si noti la differenza con il contesto seguente:

> (33) et le menerent où estoit la *dicte* vieille. Et quant le veit, *elle* eut souvenance de son filz, et comme ung chien rauy luy courut dessus...
> e menati avanti la *detta* vecchia, *quella* come un cane arrabbiato li corse adosso... (cap. 6)

in cui, dopo il primo logodeittico, il testo francese impiega una forma sostituente pronominale (*elle*), con valore più sicuramente anaforico, a cui corrisponde il dimostrativo *quella* (e non *questa*!) che può essere etichettato a sua volta come anaforico, diversamente dal caso mostrato a (32), perché rinvia a un referente esterno al testo. Allego un ulteriore esempio, in cui compare il logodeittico *prefato*, che vanta a sua volta un elevato numero di presenze nel testo:

> (34) le roy leva la main au ciel, et puis se tourna vers *eulx* deux. Et *ilz* feirent semblablement comme *luy*, aussi tous les *autres*. Le roy print le *dict* Anthoine par la main...
> il re levò le mani verso il cielo e poi *le* voltò verso li duoi *prefati*, *i quali* fecero il *simile*, e il *medesimo* fecero tutti gli altri. Il re prese il *prefato* Antonio per la mano... (cap. 32)

A una forma sostituente pronominale con valore anaforico (*eulx*) viene preferito, diversamente da (33), un logodeittico (*prefati*); nella sua seconda occorrenza, invece, *prefato* rappresenta una variazione rispetto al più diffuso *detto* e conserva il valore di deittico testuale che già possedeva nella versione francese. Si noterà come sia curata, in un testo e nell'altro, la catena anaforica: *ilz-luy-autres*, *le-i quali-simile-medesimo* ecc.

2 Il discorso riportato

2.1 Definizioni

Il discorso riportato qualifica vari modi di citazione di «enunciati prodotti o da produrre in un atto di enunciazione diverso da quello che dà luogo alla citazione» (Mortara Garavelli 2001[2], 429). Ciò significa che gli enunciati prodotti vengono ricontestualizzati, cioè trasferiti nel nuovo contesto in cui sono riprodotti: il processo avviene attraverso l'aggiunta di elementi introduttori, indicatori grafici (per il discorso diretto) e congiunzioni subordinanti (per il discorso indiretto). In un altro studio (Mortara Garavelli 2009 [1985], 27) al discorso riportato sono attribuite due caratteristiche distintive: «la prima è la natura del suo oggetto: che è un'enunciazione appartenente ad una situazione enunciativa 'altra'. La seconda è la *rappresentazione* dell'enunciazione-oggetto (E_1)». Per avere un "discorso riportato" non è dunque sufficiente riferire di una azione in modo generico, ma è necessario che vengano riferite, secondo modalità che possono variare, le parole effettivamente proferite dalla persona di cui si riporta il discorso.

Nel discorso diretto riportato il centro deittico di chi riporta le parole è distinto dal centro deittico di colui che parla; invece, nel discorso indiretto il centro deittico è unificato su chi cita, e l'altro deve essere adeguato per spazio, tempo e persona. Riportare un discorso è sempre un atto di interpretazione; in particolare, poi, non è possibile riportare nel discorso indiretto espressioni tipiche del parlato, come le interiezioni, i vocativi, ecc. (una casistica dettagliata è in Mortara Garavelli 2001², 449-452), che saranno sostituite da una nota di commento fatta da chi riporta le parole.

L'ampia trattazione di Calaresu (2004) sul discorso riportato[16] è stata circoscritta da Ferraresi/Goldbach (2010) a tre tipi fondamentali: vale a dire il discorso riportato diretto, quello indiretto, quello semidiretto. Come evidenzia Roggia (2010, 384), il discorso riportato è lo strumento principale che garantisce plurivocità ai testi, e può svolgere funzioni diverse: nel caso di testi narrativi esso contribuisce alla ricostruzione degli eventi, aggiungendo all'io del narratore altre persone dotate di voce propria. Roggia (2010, 384) sottolinea anche che la dicitura di "discorso riportato" dovrebbe, per evitare ambiguità, riferirsi soltanto al procedimento di riproduzione del discorso, mentre il testo del discorso andrebbe indicato come "discorso citato" (e la cornice di rappresentazione è il "discorso citante").[17] La più recente riflessione di Colella (2013) propone un confronto tra la più ampia articolazione del discorso riportato in italiano contemporaneo e la più difficoltosa distinzione operabile sulla lingua antica, nella quale talora discorso

---

[16] La casistica elaborata da Calaresu (2004), con attribuzione di una sigla a ciascun tipo, allarga la considerazione delle tipologie dalle forme "tradizionali" ad altre, rimettendo anche in discussione la denominazione di "discorso riportato". In particolare il *discorso originario* viene messo in relazione con il discorso riportato attraverso la sua resa in forme esplicite (con e senza cornice: essa segnala peraltro la situazione pragmatica in cui si svolge la comunicazione) e implicite. Il *corpus* di parlato che è alla base dello studio ha del resto come conseguenza l'osservazione di forme ibride, e meno canonizzate rispetto alla lingua scritta, più debitrice a fenomeni di tradizione discorsiva.

[17] Per Roggia (2010, 384), il discorso riportato è «un procedimento tipico del linguaggio naturale, tanto della lingua parlata che di quella scritta, sia letteraria che non letteraria». Tra le sue funzioni: «dal punto di vista argomentativo può servire a rafforzare un ragionamento col puntello di un'autorità, a deresponsabilizzare l'emittente rispetto a un'affermazione, a introdurre una tesi da esaminare; nella narrazione è una componente fondamentale della ricostruzione di eventi, reali o fittizi».

diretto e indiretto non si distinguono con facilità, soprattutto in mancanza di elementi valutabili secondo la pragmatica: la sola analisi sintattica costringerebbe piuttosto a generalizzare il comportamento dei testi.

2.2 Alcuni esempi in testi delle Origini

Maurizio Dardano, nel suo storico studio sulla lingua dei volgarizzamenti del Due e Trecento, sottolineava il concentrarsi di strutture subordinative molto complesse in presenza del discorso riportato, in particolare indiretto.[18] Come vedremo, il grado di complessità sembra abbastanza diverso nelle due tipologie.

Lo studio di Ferraresi/Goldbach (2010) è il più ampio disponibile riguardo al discorso riportato in italiano antico, ed è basato sul Corpus TLIO. Mi limiterò quindi a riepilogarne la struttura. Gli introduttori possono appartenere alla frase citata, e allora avranno struttura di sintagma preposizionale (costruiti con *secondo, per, a opinione di*, ecc.):

(35) Brunetto Latini, *Rettorica*, c. 1260-61 (fior.), pag. 93.16: Et certo Ulixes fue, secondo che contano le storie, il più savio uomo de' Greci e 'l milior parliere...

Se invece gli introduttori appartengono alla frase citante, essi saranno verbi oppure nomi. Le classi verbali interessate al discorso riportato sono quelle dei verbi: a) espositivi (*affermare, negare, domandare* ecc.); b) epistemici (*pensare, ricordare*); c) percettivi (*sentire, udire*); d) verbi di opinione intrinsecamente anaforici (*confermare* o altri che esprimono un giudizio su quanto già detto in precedenza); e) direttivi (*consigliare*); f) esercitivi (*chiedere, imporre, ordinare* ecc.); g) commissivi (*promettere*); altri verbi vengono usati contestualmente con queste funzioni.[19] Rinvio per gli esempi a Ferraresi/Goldbach (2010, 1315-1319), aggiungendo però un caso in cui la categorizzazione appare mista (traendolo ancora dalla *Rettorica* di ser Brunetto):

(36) Brunetto Latini, *Rettorica*, c. 1260-61 (fior.), pag. 18.6: e dell'uomo *dicono* li filosofi, e la santa scrittura il *conferma, che* egli è fermamento di corpo e d'anima razionale...

I nomi che introducono il discorso riportato possiedono una struttura argomentale analoga a quella dei verbi sopra elencati (*domanda, pensamento, comandamento* ecc.); oppure possono fungere da incapsulatori, anaforici o cataforici, per riepilogare un discorso (*voce, parole* ecc.).

Talora gli introduttori possono accumularsi, come accade nell'esempio seguente, in cui il nome funge da incapsulatore e i verbi invece introducono un discorso diretto.

(37) *Libro di Sidrach*, a. 1383 (fior.), cap. 43, rubr., pag. 84.10: Lo re *domanda*: che *comandamento* farà Iddio al suo popolo? Sidrac *risponde*...

---

[18] E dunque in dipendenza da un *verbum dicendi*: Dardano (1969, 81-82, 132-133, 203-207, 241, 246, 270-272, ecc.).

[19] Sui verbi introduttivi del discorso riportato in italiano antico si veda Lauta (2004).

Ovviamente, un punto problematico nel discorso riportato riguarda la resa dei deittici, che devono essere riadattati al nuovo centro deittico della frase citante. Per esempi sui deittici personali e spazio-temporali rimando senz'altro a Ferraresi/Goldbach (2010, 1331-1335). Nel prossimo paragrafo riunisco invece, sul campione cinquecentesco già presentato, alcuni contesti che riguardano la resa, non ovvia, dei logodeittici in discorsi riportati, indiretti e diretti.[20]

2.3 Spoglio a campione da testi odeporici e cavallereschi in traduzione
(secc. XV-XVI)

Ancora per il confronto fra Manfredi e Martorell, posso fornire alcuni dati relativi alla resa del discorso riportato. Nel testo di Martorell la frase citante, nell'introduzione del discorso diretto, è assai spesso formulare: è dunque *formula strutturante*, che segnala una sezione testuale.[21] Martorell ne usa alcune varianti minime, alle quali però Manfredi fa corrispondere, allargando la *variatio* anche a questi elementi, una enunciazione sempre diversa. Gli esempi forniti di seguito mostrano le differenti traduzioni del discorso citante:

(38) Féu principi a semblants paraules
 a. A simil parole principi fece (c. 3r)[22]
 b. Alle sequenti parole principi dette (c. 3v)
 c. Disse a lloro (c. 6v)
(39) Féu principi a tals paraules
 In risposta *così* prese a dirgli (c. 4r)
(40) Féu principi a paraules de semblant estil
 a. Le parole sequenti a dire gli cominciò (c. 3r)
 b. In stilo di simil parlare gli rispose (c. 3v)
 c. Fece parole di tal sententia (c. 12r)
 d. Diede principio a simil parole (c. 22r)
(41) Féu principi a semblant parlar
 A simil parlar principio fece (c. 6r)
(42) Féu principi a tal parlar
 a. Nella sequente forma a dire gli cominciò (c. 4r)

---

[20] Un indagine sul discorso riportato in un corpus di testi cancellereschi e cronachistici tra XIV e XVI secolo è stata invece oggetto di studio da parte di Telve (2000b e più diffusamente 2000a), che ha analizzato diversi aspetti sintattici del discorso indiretto, verificando la possibilità di rendere ragione della apparente agrammaticalità di alcuni costrutti (anche con giustificazioni pragmatiche).
[21] Sulle formule come tradizioni discorsive rinvio a Wilhelm (2013), da cui riprendo la definizione di *formule strutturanti* (217); nello stesso saggio si tratta anche degli introduttori del discorso diretto (234-236). Di formularità degli introduttori si è occupato anche Dardano (2015), in un saggio che illustra tra l'altro l'uso di formule performative che hanno lo scopo di evidenziare il significato di un gesto o di un'azione. Sulla formularità come strategia traduttiva si veda Giovanardi/De Roberto (2015).
[22] Si noti il calco della forma catalana: la formula compare in un punto del testo prossimo all'inizio del romanzo, in cui evidentemente Manfredi non ha ancora acquisito una sufficiente indipendenza dal modello.

b. Gli disse (c. 6v)
c. Fé/fece principio a tal parlare (cc. 7v, 9v, 10r, 13v, 17r, 26v, 28v, 38v, 40v, 42v, 43v)
d. Cominciò così a parlare (c. 14r)
e. Diede principio al sequente sermone (c. 18r)
f. Disse le sequenti parole (c. 18v)
g. Fece principio a tal parlare, & disse (c. 18v)
h. Rispose (c. 22r)
i. Con simili parole gli rispose (c. 23v)
j. Se principiò a tal parole (c. 26r)
k. Gli disse queste parole (c. 29r)

(43) Feu principi al seguent parlar
Disse le sequenti parole (c. 28v)
(44) Feu principi a tal oració
Fece principio a tal oratione (c. 11v)
(45) Feu principi a semblant oració
A simil oratione principio diede (c. 43v)

Le formule rintracciate nel testo di Martorell sono molto simili tra loro (e in particolare quasi sempre adottano un indefinito, come *semblant* o *tal*); invece, Manfredi introduce un elevato numero di varianti. Sembra trattarsi di una scelta volontaria, la cui probabile motivazione era incontrare il gusto del pubblico, superando la formularità e la ricorsività delle espressioni per produrre invece una *variatio* con risvolti stilistici anche in punti del testo irrilevanti per contenuto. In alcuni dei casi compaiono anche logodeittici (*sequente/i* a 38b, 40a, 42a, 42e, 42f – anche *queste* a 42k) e a 43 *sequenti* conserva quello di partenza; talora invece l'elemento testuale è un cataforico (*così* a 39 e a 42d, oppure *simile/tale* a 38a, 40b, 40c, 40d, 41, 42c, 42g, 42i, 42j, 44 e 45). I due elementi finiscono in questo caso per svolgere una funzione equivalente, anche se il tipo di indicazione che offrono è diversa.[23]

Nei *Naufragios* ci sono assai meno discorsi diretti rispetto al romanzo cavalleresco; eppure le interazioni tra i personaggi sono molte. Cabeza de Vaca, però, che non tenne un diario quotidiano della sua esperienza ma scrisse a qualche distanza di tempo dagli eventi, predilige il discorso indiretto. Qualche esempio:

(46) los pilotos y la gente me *rogaron* mucho que fuese, porque diese priesa que los bastimentos se trujese lo más presto que pudiese ser...
i pilotti e l'altra gente mi *pregarono* molto ch'io vi andasse, per sollecitare che le vettovaglie si portassero il piú presto che fusse possibile... (cap. 1)
(47) y con esto yo salí, aunque quise sacar algunos conmigo, por ir en mi compañía, los cuales no quisieron salir, *diciendo* que hacía mucha agua y frío y la villa estaba muy lejos; que otro día, que era domingo, saldrían con el ayuda de Dios, a oír misa. E cosí io smontai in terra, e, quantunque volesse menare alcuni in mia compagnia, essi non volsero venirvi, *dicendo* che piovea troppo forte ed era troppo gran

---

[23] Il numero di elementi anaforici è assai superiore a quello dei cataforici anche nei volgarizzamenti boeziani esaminati da Albesano (2006, 153-161).

freddo, e la villa stava assai lontana, ma che il dí seguente, che era domenica, essi con l'aiuto di Dio uscirebbono per udir messa. (cap. 1)

ma se ne potrebbero aggiungere davvero moltissimi altri, anche perché i *Naufragios* sono un testo piuttosto lungo (supera le 35.000 parole). È però più interessante soffermarsi sui pochi casi in cui il discorso citato assume invece la forma del discorso diretto (in realtà, poiché il testo non contiene veri e propri dialoghi, si sono identificati contesti in cui vengono riportate delle paremie e prevale una funzione metalinguistica). In due casi si ha corrispondenza tra il discorso diretto del testo di partenza e di quello di arrivo (corsivi miei):

> (48) Entre éstos hay una lengua en que *llaman* a los hombres por mira acá; *arre acá*; a los perros, *xo*...
> tra costoro è una lingua nella quale, *dicendo* agli uomini "guarda qua", *dicono arraca* e ai cani *dicono xo*... (cap. 26)
> (49) y desde que la sacan del bote hasta que la beben están dando voces, *diciendo que ¿quién quiere beber?*
> e finché la cavano della botte e finché la beono stanno *gridando "chi vuol bevere"*... (cap. 26)

A (45) il verbo introduttore spagnolo è *llaman*, anche se il suo argomento è indiretto, e così la struttura risulta giustapposta; in italiano Ramusio traduce in modo sovrabbondante, per sopperire alla forma ellittica del modello: così il *verbum dicendi* è ripetuto ben tre volte in brevissimo spazio. A (46) invece il modello spagnolo ha il discorso diretto ma anche l'introduttore *que* tipico dell'indiretto, che infatti nel più razionale testo ramusiano viene eliminato. Ramusio inoltre adegua al contesto il verbo introduttore, cambiando il *diciendo* nel più icastico *gridando*.

Tra i pochi casi di questa tipologia presenti nel testo merita inoltre segnalazione un punto in cui Ramusio trasforma in discorso diretto un paio di frasi del testo di partenza che erano state riprodotte da Cabeza de Vaca mediante il discorso indiretto:

> (50) A esto *respondieron* a la lengua que ellos serían muy buenos cristianos, y servirían a Dios; y *preguntados* en qué adoraban y sacrificaban, y a quién *pedían* el agua para sus maizales y la salud para ellos, *respondieron que a un hombre que estaba en el cielo*. *Preguntámosles* cómo se llamaba, y *dijeron que Aguar*, y que *creían* que él había criado todo el mundo y las cosas de él.
> A questo essi *risposero* all'interprete che essi sarebbono molto buoni cristiani e serviriano Iddio, e *domandandoli* che adoravano e a chi sacrificavano, e a chi *dimandavano* l'acqua per le loro semente e la salute per se stessi, *risposero: "Ad un uomo che sta nel cielo"*; e *dimandati* come si chiamasse *dissero: "Aguar"*, e che *credevano* che egli avesse creato tutto il mondo e le cose sue. (cap. 35)

Ramusio privilegia dunque l'immediatezza comunicativa nella sua versione. Considerato però lo spessore "tecnico" che Ramusio ha dimostrato anche per altre soluzioni traduttive,[24] credo che non sia sbagliato valutarne anche la portata stilistica: il periodo è infatti una sequenza di *verba dicendi* che introducono battute di discorso indiretto (1. *respondieron/risposero*, 2. *preguntados/domandandoli*, 3. *pedían/dimandavano*, 4. *respondieron que/risposero*, 5. *preguntámosles/ dimandati*, 6. *dijeron que/dissero*, 7. *creían/credevano*). In questa sequenza Ramusio introduce due variazioni, per i punti 4. e 6., introducendo il discorso diretto in due punti in cui può sembrare naturale e credibile (nel testo spagnolo il verbo reggente della dichiarativa è sottinteso). Non si tratta però di una modifica sintattica, ma di un atto interpretativo, di una commutazione della modalità di riproduzione del discorso. Sono anche interessanti le diverse rese di alcuni modi e tempi: in 2. Ramusio commuta da un *participio* (passato) a un gerundio presente, che riporta alla contemporaneità le sequenze di domanda e risposta; in 5. invece il testo italiano mostra un participio passato, più rispettoso del tempo del verbo originario (che si deduce dal contesto).

Assai interessante è anche l'ultimo esempio tratto dai *Naufragios*, in cui Cabeza de Vaca riporta le parole di Diego de Silveira, capitano della flotta portoghese che, proprio nel finale del racconto, salva la nave spagnola assai malconcia dall'assalto di un vascello francese. Il narratore spagnolo riporta le parole del capitano in portoghese, ma nella versione di Ramusio viene eliminato il *code-switching*:

(51) *Respondió* el capitán [Diego de Silveira]: Boa fee que venis muito ricos; pero tracedes muy ruin navio y muito ruin artilleria ¡o fi de puta!, can, à renegado frances, y que bon bocado perdio, vota Deus. Ora sus pos vo abedes escapado, seguime, e non vos apartedes de mi, que con ayuda de Deus, eu vos porna en Castela.
Rispose il capitano: "In buona fé, che venite molto ricchi, però portate molto tristo navilio e molta trista artiglieria. O figlio di puttana, can, rinegato francese, che buon boccone che avete perduto, per Dio! Orsú, poi che siete scampati seguitemi e non vi separate da me, che con l'aiuto di Dio vi metterò in Castiglia".

L'esigenza di Ramusio è evidentemente quella di rendere il testo leggibile per il pubblico veneziano, e perciò la sua versione – pur mantenendone l'iconicità, e la caratterizzazione del personaggio del capitano – sacrifica la ricchezza linguistica dell'originale, che invece, anche per la somiglianza delle due lingue iberoromanze, poteva permettersi di sfruttare la varietà per aumentare il realismo. Realismo letterario, si intende, perché, con le parole di Marina Mizzau (1999, 196) che qui mi sembrano perfettamente calzanti, «in genere nel riportare i dialoghi non ci si attiene a una riproduzione fedele ma piuttosto si offre una messa in scena ricostruita».

Nel testo di Pigafetta le occasioni di scambio verbale con gli indigeni americani sono più rare; soprattutto nei primi capitoli la spedizione di Magellano interagisce a gesti, o si fa capire, dagli indios, e i *verba dicendi* sono quasi del tutto

---

[24] Mi permetto di rimandare a Romanini (2007) e, per alcune espansioni, a Romanini (2011 e 2015).

assenti. Evidenzio, tra le prime presenze, alcuni contesti nei quali il discorso riportato assume sempre la forma del discorso indiretto e viene rispettata dal traduttore anche per quanto concerne i verbi presenti nel testo di partenza:

>(52) et *disoient* les dictz habitants, qu'ilz estoient venuz du ciel...
>e gli abitanti *dicevano* che li nostri erano venuti dal cielo... (cap. 6)
>(53) Ung iour, celluy que avions prins estant en la nave, *disoit* que le sang ne vouloit point demourer là...
>Un giorno il gigante che avevamo preso, il qual era nella nave, *diceva* che 'l sangue che avea adosso non voleva star piú in quel luogo... (cap. 13)
>(54) Et *demanderent* où estoit l'aultre nave, ilz *respondirent* qu'ilz ne sçavoient si elle estoit perie...
>e *dimandarono* ove era l'altra; *fu risposto* che non sapevan se ella fusse persa... (cap. 17)

Il caso di (54) è appena diverso dai due precedenti, perché *respondirent* del testo di partenza è reso con *fu risposto* (sottinteso: *da loro*), forma passiva che aiuta a distinguere meglio i due gruppi impegnati nella situazione comunicativa, entrambi indicati in terza persona.

Pochi sono i casi in cui il discorso riportato assume le forme del discorso diretto; e mai per i dialoghi. Le forme utili all'illustrazione di questa tipologia di riproduzione del discorso riguardano situazioni in cui è all'opera un interprete. Si veda l'esempio seguente:

>(55) Alors le More marchant *dist* au roy, "KATA KAIA CHITA, Garde bien seigneur, celuy cy sont qui ont conquesté Calcut, Malaca, et toute l'Inde maieur. Qui bien leur faict, bien a; qui mal, mal, et pis que n'ont faict a Calcut et Malacque". Et l'interpreteur entendit tout, et luy *dist*, que le roy de son seigneur estoit le plus puissant de gent et de navires, que le roy de Portugal, et est roy d'Espaigne, et empereur de tous les Chretiens. Et que s'il ne veult estre son ami, luy envoyera une autre fois tant de gens, qu'il le destruyra. Le More *raconta* toute la chose au roy; et alors luy *dist*, qu'il se conseilleroit avec les siens, et que le iour suyvant luy respondroit.
>Allora un di quelli mercatanti, il qual era moro, *disse* al re: "Catacaia chita", cioè: "Guarda, signor, che questi sono quelli che hanno acquistato Calicut, Malacha e tutta l'India maggiore; chi fa lor bene ha bene, e chi mal male, e peggio ancora che non hanno fatto a Calicut e Malacha". L'interpte, udite queste parole, *disse* che 'l re suo signore era piú potente di gente e di navi che il re di Portogallo, ed era re di Spagna e imperador di tutta la cristianità, e se non vorrà esser suo amico, che gli manderà un'altra volta tante genti contra che lo distruggerà. Il Moro *raccontò* tutte queste parole al re, il quale allora *disse* che si consigliava con li suoi, e il giorno seguente gli risponderia. (cap. 29)

Lo scambio di ambascerie è riportato come discorso diretto solo nella prima parte, nelle parole del "moro", e in seguito assume la forma di discorso indiretto. Anche in questo caso Ramusio non modifica la costruzione dell'originale, e mantiene inalterati anche i verbi delle frasi citanti. Va notata l'alternanza nell'espressione del futuro nel passato tra futuro e condizionale semplice.

(56) Quant les vassaulx luy portent or ou autre chose precieuse pour tribut, le mettent dedens ceste sale, *disans*, "Ce soit à l'honneur et à la gloire de nostre Santhoa Raia".
Quando li suoi vassalli gli portano oro o altra cosa preziosa, la mettano in questa sala, e *dicono*: "Questo sia ad onor e gloria del nostro Santoa raia". (cap. 112)

A parte il modo verbale, nemmeno in questo ultimo caso di discorso citato ci sono variazioni rispetto al testo di partenza.[25]

3 Conclusioni

Il comportamento dei traduttori presi in esame mostra una spiccata sensibilità per l'espressione dei logodeittici. Talora essi vengono mantenuti dal testo di partenza, mentre in altri casi danno luogo a modifiche testuali: in particolare, pare degno di approfondimento il confine piuttosto sfumato tra anaforici e logodeittici, al di là della netta distinzione generale teorizzata da Conte con le sue precisazioni alle affermazioni di Braunmüller e Lyons. In più di un caso il riferimento logodeittico comunemente espresso con *sopradetto* può trovare equivalenza in un incapsulatore anaforico (*questo*), come avviene a (14), oppure può essere espresso attraverso un pronome dimostrativo, il cui valore dominante non è però di anaforico, bensì di deittico testuale. Dai testi è emerso inoltre l'uso di *simile* e *tale* in funzione anaforica: per *tale* il significato anaforico è registrato sotto la prima accezione nel GRADIT ('di questo genere, di questo tipo; che ha la natura o le caratteristiche cui si è già accennato o si accenna nel discorso'), e anche per *simile* questo uso pare evidenziato dallo stesso repertorio lessicografico, all'accezione numerata 4:

> **simile** 4. agg. dimostr., estens., tale, siffatto, di tal genere: *non avrai più un'occasione simile, non ho mai visto una cosa simile, non ascolto simili stupidaggini* | anche con valore partitivo: *non ho mai visto niente di simile, avevo immaginato qcs. di simile*.

Anche l'uso di forme sostituenti, come i pronomi, può essere modificato mediante la resa con un deittico testuale: se ne sono offerti due esempi a (33) e (34). In alcuni casi, come a (28) e (29), il deittico spaziale assume nella nuova versione un valore interpretabile come di deittico testuale; il traduttore può avvertire la necessità di aumentare il numero di logodeittici, evidentemente con l'obiettivo di garantire al lettore la coesione evitando ambiguità; viceversa, per la traduzione del *Tirant* di Manfredi la tendenza è piuttosto alla riduzione dei logodeittici, o alla sostituzione con anaforici: si è ipotizzato che la tipologia testuale – quella del testo letterario e narrativo – possa suggerire una riduzione dei deittici testuali, avvertiti come più tipici di una prosa formulare.[26]

---

[25] Diverso è invece il grado di espressione dei *verba dicendi* nei documenti giuridici di primo Cinquecento esaminati da Telve (2001): in questi testi i verbi sono talora omessi, come e più dei verbi performativi (*credere, sapere* ecc.).

[26] Ne offre esempi l'ampia trattazione di De Roberto (2017) relativa all'influsso della tradizione discorsiva sui volgarizzamenti: tra gli altri fenomeni esemplificati sono compresi

La verifica del comportamento dei traduttori nel caso del discorso riportato ha mostrato a sua volta esiti diversi, dovuti forse anche allo stato del testo di partenza. Di fronte al testo tardoquattrocentesco di Martorell, Manfredi ha ritenuto opportuno variare la formularità della frase citante – talora ricorrendo a logodeittici – presumibilmente per incontrare il mutato gusto del pubblico. Ne risulta, di conseguenza, una corrispondenza uno-a-molti, in cui alla medesima soluzione di partenza si associano molte possibilità equivalenti nel testo di arrivo. Nei testi tradotti da Ramusio, invece, è maggiore il rispetto per la fonte; anzi, ben raramente Ramusio modifica i *verba dicendi* impiegati dai testi di partenza. Solitamente, inoltre, il curatore delle *Navigazioni e viaggi* non altera nemmeno la forma del discorso, che per la netta maggioranza dei casi è indiretto. Mentre nel romanzo cavalleresco del *Tirant* il dialogo tra i personaggi è inscenato con grande frequenza, nelle narrazioni di viaggio la voce narrante non concede molto spazio agli altri personaggi, e solo occasionalmente ci sono battute di discorso citato. Tuttavia, almeno nel caso di (50), Ramusio introduce una *variatio*, all'interno di un periodo in cui compaiono ben sette *verba dicendi*: due di questi introducono, nella nuova versione, un discorso diretto, mentre nell'originale tutti reggevano una dipendente dichiarativa indiretta; è introdotto anche un cambiamento di tempo.[27] Qui l'intervento del traduttore assume dunque valore stilistico. Interessante è anche quanto avviene a (51): in quel punto del testo Ramusio attua un passaggio di codice, traducendo in volgare italiano le parole del capitano portoghese Diego de Silveira, che nell'originale erano riportate a contrasto rispetto allo spagnolo della narrazione. Infine, nel testo di Pigafetta, tra i rari passi in discorso diretto si trova uno scambio tra interpreti (55), e le parole del turcimanno locale vengono riportate come se fossero pronunciate da lui, certo per aumentare l'immediatezza del racconto, e riprodurre anche l'atto traduttivo del mediatore linguistico.

In attesa di poter dare conto di questi elementi testuali all'interno di un *corpus* più ampio, si concluderà che da queste prime indagini emerge, anche in testi che si vorrebbero più formalizzati, una resa "attualizzante" del testo di partenza da parte dei traduttori, influenzati dalla pragmatica di comunicazione e dall'esigenza di chiarezza del passaggio di codice: così è spontaneo il ricorso ad altra tradizione discorsiva, meno "letteraria" e più formulare, ancora non compromessa con i modelli che si imporranno nel corso del Cinquecento.

---

il passaggio dall'*oratio obliqua* al discorso diretto (248-249) e gli anaforici (ma anche anadeittici e transfrastici: 249-252).

[27] Si tratta della oscillazione tra tempo grammaticale e tempo deittico già messa in luce da Telve (2000a, 32 ss; Telve 2000b, 75-84; Telve 2001, 148-150). Analogo fenomeno è stato rilevato in testi cinque-seicenteschi da Bozzola (2004, 61-69).

Indicazioni bibliografiche

1 Testi

Martorell, Joanot (Martí Joan de Galba), *Tirant lo blanch*. Edició coordinada per Albert Hauf, València, tirant lo blanch, 2008.
Núñez Cabeza de Vaca, Álvar, *Naufragios y Comentarios*. Edición digital. Introducción y notas de Roberto Ferrando Pérez, Himali Editor Digital, 2013 («Crónicas de América», 3).
Pigafetta, Antonio, *Le voyage et navigation faict per les Espaignolz es Isles de Mollucques* [...]. On les vend a Paris en la maison de Simon de Colines [...], s.d.
Ramusio, Giovanni Battista, *Navigazioni e viaggi*, a cura di Marica Milanesi, 6 voll., Torino, Einaudi, 1978-1988.
Tirante il bianco valorosissimo cavaliere [...]. Di lingua Spagnola nello idioma nostro per Messer Lelio di Manfredi tradotto. [...] In Vinegia. Nelle case di Pietro di Nicolini da Sabbio [...]. M.D.XXXVIII.

2 Studi

Albesano, Silvia, *«Consolatio philosophiae» volgare. Volgarizzamenti e tradizioni discorsive nel Trecento italiano*, Heidelberg, Winter, 2006.
Bozzola, Sergio, *Tra Cinque e Seicento. Tradizione e anticlassicismo nella sintassi della prosa letteraria*, Firenze, Olschki, 2004.
Braunmüller, Kurt, *Referenz und Pronominalisierung. Zu den Deiktika und Proformen des Deutschen*, Tübingen, Niemeyer, 1977.
Calaresu, Emilia, *Testuali parole. La dimensione pragmatica e testuale del discorso riportato*, Milano, FrancoAngeli, 2004.
Colella, Gianluca, *Il discorso riportato*, in: Maurizio Dardano (ed.), *Sintassi dell'italiano antico. La prosa del Duecento e del Trecento*, Roma, Carocci, 2013, 518-534.
Conte, Maria-Elisabeth, *Deissi testuale e anafora*, in: *Sull'anafora. Atti del seminario dell'Accademia della Crusca (14-16 dicembre 1978)*, Firenze, Accademia della Crusca, 1981, 37-54, poi in: id., *Condizioni di coerenza. Ricerche di linguistica testuale*, Firenze, La Nuova Italia, 1988, 13-28 (ripubbl. da Alessandria, Edizioni dell'Orso, 1999, 11-28, da cui si cita).
Dardano, Maurizio, *Lingua e tecnica narrativa nel Duecento*, Roma, Bulzoni, 1969.
Dardano, Maurizio, *Formularità medievali*, in: Claudio Giovanardi/Elisa De Roberto (edd.), *Il linguaggio formulare in italiano tra sintassi, testualità e discorso,* Atti della giornata internazionale di studio (Università Roma Tre, 19-20 gennaio 2012), Napoli, Loffredo, 2013, 119-152, poi in: Maurizio Dardano, *Tra Due e Trecento. Lingua, testualità e stile nella prosa e nella poesia*, Firenze, Cesati, 2015, 171-197.
De Roberto, Elisa, *Sintassi e volgarizzamenti*, in: Lino Leonardi/Speranza Cerullo (edd.), *Tradurre dal latino nel Medioevo italiano. «Translatio studii» e procedure linguistiche*, Firenze, Edd. del Galluzzo per la Fondazione Ezio Franceschini, 2017, 227-293.
Ferraresi, Gisella/Goldbach, Maria, *Il discorso riportato*, in: Giampaolo Salvi/Lorenzo Renzi (eds.), *Grammatica dell'italiano antico*, Bologna, il Mulino, 2010, vol. 2, 1313-1335.
Fillmore, Charles J., *Subjects, Speakers, and Roles*, Synthese 21 (1970), 251-274.
Fillmore, Charles J., *Ansätze zu einer Theorie der Deixis*, in: Ferenc Kiefer (ed.), *Semantik und generative Grammatik*, Frankfurt am Main, Athenäum, 1972, vol. 1, 147-174.

Fillmore, Charles J., *Santa Cruz Lectures on deixis: 1971*, Bloomington (Indiana), Indiana University Linguistics Club, 1975.
Gesiot, Jacopo, *Lelio Manfredi traduttore*, tesi di dottorato in Studi linguistici e letterari, Università di Udine e Trieste, XXX ciclo, supervisori proff. Rienzo Pellegrini e Fabio Romanini, a.a. 2016/17.
Gesiot, Jacopo, *Romanzi tiranni. La prosa iberica di cavalleria nel primo Cinquecento padano*, Roma, Aracne, 2018.
Giovanardi, Claudio/De Roberto, Elisa, *Componente formulare e strategie traduttive in alcuni volgarizzamenti toscani dal francese*, in: Bernard Darbord/Nella Bianchi-Bensimon/Marie-Christine Gomez-Gérard (eds.), *Le choix du vulgaire*, Paris, Garnier, 2015, 103-133.
Kolsky, Stephen, *Lelio Manfredi traduttore cortigiano. Intorno al «Carcer d'amore» e al «Tirante il Bianco»*, Civiltà mantovana 29 (1994), 45-69.
Lauta, Gianluca, *Sui verbi introduttivi del discorso riportato nell'italiano antico*, in: Maurizio Dardano/Gianluca Frenguelli (edd.), *SintAnt. La sintassi dell'italiano antico. Atti del Convegno internazionale di studi* (Università Roma Tre, 18-21 settembre 2002), Roma, Aracne, 2004, 253-269.
Lyons, John, *Semantics*, 2 voll., Cambridge, Cambridge University Press, 1977.
Mizzau, Marina, *Parola a più voci: il discorso riportato*, in: Renata Galatolo/Gabriele Pallotti (edd.), *La conversazione. Un'introduzione allo studio dell'interazione verbale*, Milano, Raffaello Cortina Editore, 1999, 187-204.
Mortara Garavelli, Bice, *La parola d'altri. Prospettive di analisi del discorso riportato*, Palermo, Sellerio, 1985, poi: Alessandria, Ed. dell'Orso, 2009, da cui si cita.
Mortara Garavelli, Bice, *Il discorso riportato*, in: Lorenzo Renzi/Giampaolo Salvi/Anna Cardinaletti (edd.), *Grande grammatica italiana di consultazione*, nuova ed., 3 voll., Bologna, il Mulino, 2001² (1ª ed. 1988-1995), vol. 3: *Tipi di frasi, deissi, formazione delle parole*, 429-470.
Nardelli, Mara, *La relazione di Álvar Núñez "Cabeza de Vaca" nelle «Navigazioni e viaggi» di Giovanni Battista Ramusio: analisi e strategie traduttive*, tesi di laurea triennale in Lingue e letterature straniere, Università di Trieste, relatore prof. Fabio Romanini, a.a. 2017/18.
Palermo, Massimo, *Linguistica testuale dell'italiano*, Bologna, il Mulino, 2013.
Roggia, Carlo Enrico, *Discorso riportato*, in: Raffaele Simone (ed.), *Enciclopedia dell'italiano*, Roma, Istituto della Enciclopedia Italiana, 2010, 383-385.
Romanini, Fabio, *«Se fussero più ordinate, e meglio scritte...». Giovanni Battista Ramusio correttore ed editore delle «Navigationi et Viaggi»*, Roma, Viella, 2007.
Romanini, Fabio, *Nuovi rilievi sulla prassi editoriale ramusiana*, in: *Giovanni Battista Ramusio "editor" del «Milione». Trattamento del testo e manipolazione dei modelli. Atti del Seminario di ricerca*, Venezia 9-10 settembre 2010, Roma-Padova, Editrice Antenore, 2011, 3-26.
Romanini, Fabio, *Ramusio curatore dei «Viaggi di Messer Marco Polo» (questioni di lingua e di stile)*, in: Giovanni Battista Ramusio, *Dei viaggi di Messer Marco Polo*, a cura di Eugenio Burgio, Samuela Simion. Edizione critica digitale progettata e coordinata da Eugenio Burgio, Marina Buzzoni, Antonella Ghersetti, Venezia, Edizioni Ca' Foscari, 2015 (http://edizionicafoscari.unive.it/ it/edizioni/libri/978-88-6969-00-06).
Salvi, Giampaolo/Vanelli, Laura, *Nuova grammatica italiana*, Bologna, il Mulino, 2004.
Telve, Stefano, *Testualità e sintassi del discorso trascritto nelle «Consulte e pratiche» fiorentine (1505)*, Roma, Bulzoni, 2000. [= Telve 2000a]

Telve, Stefano, *Aspetti sintattici del discorso indiretto nella prosa fra Tre e Cinquecento e nelle «Consulte e pratiche fiorentine»*, Studi di grammatica italiana 19 (2000), 51-91. [= Telve 2000b]

Telve, Stefano, *Il discorso trasposto nelle «Consulte e pratiche» fiorentine di primo Cinquecento*, in: Maurizio Dardano/Adriano Pelo/Antonella Stefinlongo (edd.), *Scritto e parlato. Metodi, testi e contesti*. Atti del colloquio internazionale di studi (Roma, 5-6 febbraio 1999), Roma, Aracne, 2001, 145-158.

Terrusi, Leonardo, *Nuove notizie di Lelio Manfredi*, in: Angelo Chielli/Leonardo Terrusi (edd.), *Filologia e letteratura. Studi offerti a Carmelo Zilli*, Bari, Cacucci Editore, 2014, 193-211.

Vanelli, Laura/Renzi, Lorenzo, *La deissi*, in: Lorenzo Renzi/Giampaolo Salvi/Anna Cardinaletti (edd.), *Grande grammatica italiana di consultazione*, 3 voll., Bologna, il Mulino, 2001^2 (1° ed. 1988-1995), vol. 3: *Tipi di frasi, deissi, formazione delle parole*, 261-375.

Vanelli, Laura/Renzi, Lorenzo, *La deissi*, in: Giampaolo Salvi/Lorenzo Renzi (edd.), *Grammatica dell'italiano antico*, Bologna, il Mulino, 2010, vol. 2, 1247-1304.

Wilhelm, Raymund, *Le formule come tradizioni discorsive. La dinamica degli elementi formulari nella Vita di santa Maria egiziaca (XII-XIV secolo)*, in: Claudio Giovanardi/Elisa De Roberto (edd.), *Il linguaggio formulare in italiano tra sintassi, testualità e discorso*. Atti delle Giornate Internazionali di Studio, Università Roma Tre, 19-20 gennaio 2012, Napoli, Loffredo, 2013, 213-268.

Wilhelm, Raymund/De Monte, Federica/Wittum, Miriam, *Tradizioni testuali e tradizioni linguistiche nella «Margarita» lombarda. Edizione e analisi del testo trivulziano*, Heidelberg, Winter, 2011.

Zilli, Carmelo, *Notizia di Lelio Manfredi, letterato di corte*, Studi e problemi di critica testuale 27 (1983), 39-54.

Gli incisi di discorso diretto in francese e in italiano
Ipotesi diacronica a partire da un corpus di narrazioni agiografiche

RAYMUND WILHELM
Klagenfurt

1 L'inciso di discorso diretto fra grammatica e discorso

L'inciso di discorso diretto del tipo *dit-il/dit-elle* – in frasi come *bien sûr, dit-il* o *C'est à ce point? dit-elle* – rivela una peculiarità grammaticale, l'inversione del pronome soggetto, che oppone il francese alle altre lingue romanze.[1] D'altra parte, proprio nell'introduzione delle parole altrui, i testi francesi sembrano avere esercitato un influsso rilevante, all'interno di determinate tradizioni discorsive, su testi redatti in altre lingue. Si tratta di una problematica, quindi, in cui si intrecciano la dimensione linguistica e quella discorsiva: l'inciso di discorso diretto rileva della formularità, che per definizione trascende il livello idiomatico (nel senso di *einzelsprachlich*), pur avendo, in molti casi, delle ripercussioni rilevanti sulle singole lingue.[2]

Per precisare il quesito discusso di seguito vorrei partire da alcune frasi tratte da romanzi contemporanei e dalle loro traduzioni in italiano, in catalano e in spagnolo. Per comodità scelgo tutti gli esempi da romanzi di Jean Echenoz (*1947). Vediamo la forma dell'inciso che regge il discorso diretto dei personaggi:

[1]   Je m'en vais, *dit Ferrer*, je te quitte. (*Je m'en vais*, p. 7)
      Me ne vado, *disse Ferrer*, ti lascio. (*Me ne vado*, p. 3)
      Me'n vaig, *diu Ferrer*, et deixo. (*Me'n vaig*, p. 7)
      Me voy, *dijo Ferrer*, te dejo. (*Me voy*, p. 7)

Nelle lingue considerate, l'inversione del soggetto pare essere una delle caratteristiche dell'inciso di discorso diretto.

Nel caso di un soggetto pronominale, tuttavia, le lingue a soggetto nullo in genere omettono il pronome anche nell'inciso:

[2]   Ma foi non, *dit-il*, je crois bien que ça ne me dit rien. (*Les grandes blondes*, p. 9)
      Veramente no, *disse*, mi dispiace ma non mi dice nulla. (*Le biondone*, p. 9)

   Une femme, *a-t-il répété* à voix basse, se parlant à lui-même. (*Envoyée spéciale*, p. 10)
   Una donna, *ha ripetuto* sottovoce, parlando tra sé e sé. (*Inviata speciale*, p. 12)
   Una dona, *repeteix* en veu baixa, per a ell mateix. (*Enviada especial*, Casassas, p. 8)
   Una mujer, *repitió* en voz baja, hablando consigo mismo. (*Enviada especial*, Albiñana, p. 10)

---

[1] Gli esempi provengono da *Je m'en vais*, p. 29 e p. 188.
[2] Per gli studi sul linguaggio formulare cfr. la panoramica di De Roberto (2013).

Di conseguenza non c'è inversione, oppure, secondo alcuni approcci teorici, l'inversione non è realizzata in superficie.³

Per evitare la monotonia della serie dei *dit-il*, *répondit-elle* ecc., il romanzo moderno, soprattutto a partire dalla seconda metà dell'Ottocento, mostra una grande varietà di verbi introduttori, che in molti casi, per la loro semantica, non indicano l'atto del dire (come fanno invece i *verba dicendi* veri e propri), spostando il focus sulle azioni (gesti, mimica, tono della voce, ecc.) che accompagnano la presa di parola.⁴ Notiamo che questo tipo rischia di porre problemi particolari nell'atto di traduzione:

[3] – Ah oui, *se lève-t-il de travers*, oui. Entrez. (*Les grandes blondes*, p. 238)
«Ah sì» *dice alzandosi di traverso*, prego. «Avanti». (*Le biondone*, p. 240)

Une femme, *a-t-il haussé le ton* (*Envoyée spéciale*, p. 10)
Una donna, *ha detto più forte* (*Inviata speciale*, p. 12)
Una dona, *diu alçant el to* (*Enviada especial* Casassas, p. 8)
Una mujer, *dijo subiendo el tono* (*Enviada especial* Albiñana, p. 10)

Nel caso di verbi che per la loro semantica non indicano un atto di parola – *se lever de travers*, *hausser le ton* – i traduttori preferiscono, nei casi citati, aggiungere un *verbum dicendi* esplicito, qui sempre 'dire'.

I passi qui brevemente commentati illustrano un quesito sintattico, che in un primo approccio possiamo formulare come segue: in quale misura l'omissione del soggetto, normale nelle lingue *pro-drop*, condiziona la struttura dell'inciso di discorso diretto? Prima di rivolgerci a tale problema – che possiamo studiare utilmente nelle traduzioni fra lingue romanze – vanno chiariti due punti strettamente collegati e già ampiamente trattati per il francese contemporaneo: il perché dell'inversione nell'inciso di discorso diretto e il ruolo sintattico del discorso diretto rispetto al *verbum dicendi*.

Per ciò che riguarda l'inversione del soggetto nell'inciso di discorso diretto, che è di norma nel francese moderno, gli studi degli ultimi decenni hanno espresso punti di vista contrastanti.⁵ A nostro avviso è proprio la prospettiva diacronica che può gettare una nuova luce sulla questione. In francese antico, in una frase come *Sire, dist il*, che è il tipo di apertura più usuale di un discorso diretto (vedi più oltre al § 3.2.), l'inversione è motivata da quella regolarità sintattica che fa sì che il verbo si trovi in seconda posizione nella frase (V2).⁶ Tale costrizione sintattica

---

³ Cfr. Renzi (1992, 86): «In tutti i casi in cui X, cioè il primo costituente, o Tema, è diverso dal soggetto, il soggetto segue obbligatoriamente il verbo. […] Ma l'espressione del soggetto pronominale postverbale non è obbligatoria.»
⁴ Per lo spagnolo cfr. già Alonso (1969, 379-382).
⁵ Vedi la sintesi delle discussioni in Gachet (2015, 82-89).
⁶ Cfr. Marchello-Nizia (2008, 2929): «Tous les chiffres montrent la prévalence du 'verbe second' (V2) […]. En ancien français, jusqu'à la fin du XIIIe s., le schéma le plus fréquent dans les déclaratives est donc XV…». La stessa constatazione per l'italiano: «Come altre lingue romanze, le varietà italiane si presentano nella loro fase più antica nella forma di

non è più valida per il francese moderno. I contesti che favoriscono l'inversione del soggetto nel francese attuale sono limitati ed eterogenei (Gachet 2015, 82). In molti casi, come nella frase interrogativa (del tipo *Es-tu contente?*), l'inversione si presenta come un relitto limitato alla lingua scritta (cfr. Koch/Oesterreicher 2007, 300). In una certa misura l'inversione appare addirittura come una sopravvivenza cristallizzata, non più motivata a livello sincronico.[7] Per l'inciso di discorso diretto – del tipo *bien sûr, dit-il* – si vuole proporre qui l'ipotesi che l'inversione costituisca un tratto sintattico arcaico, che è difficilmente motivabile a livello sincronico, ma che è conservato all'interno di un'espressione formulare.[8]

Per corroborare tale ipotesi possiamo ricordare una breve annotazione della *Textlinguistik* di Coseriu (1994³, 17): mentre l'ordine delle parole generalmente segue le regole sintattiche della rispettiva lingua, in alcuni casi l'ordine delle parole rispecchia regole di un altro tipo, valide all'interno di un determinato genere di testi o, come diremmo noi, all'interno di una determinata tradizione discorsiva.[9] Coseriu cita l'inversione del soggetto nelle didascalie teatrali in francese (*Entre Don Carlos, le manteau sur le nez...*), ancorata in una convenzione della rispettiva tradizione di discorso.[10] Propongo di considerare l'inversione nell'inciso di discorso diretto uno di quei casi in cui un'espressione formulare conserva un tratto sintattico già obsoleto nella sintassi libera e che in questo modo diventa il segnale di una determinata funzione testuale.[11]

Il secondo punto riguarda il ruolo sintattico del discorso diretto rispetto al verbo enunciativo. In numerosi casi – come in [1]: *Je m'en vais, dit Ferrer* – sembra

lingue a Verbo Secondo, cioè come secondo costituente» (Renzi 2008, 2831). Più specificamente in relazione all'inciso di discorso diretto Buridant (2000, 428) evoca qui un motivo ritmico: «les formes monosyllabiques de *faire, dire – dist il, dist ele*; *fet il, fet ele* – requérant l'appui du pronom pour former une unité rythmique séparée de ce qui précède par une pause, au regard de *ce cuit, ce dit, ce vous dit*, etc. ne demandant pas le renfort du pronom». Con ciò si spiega però semmai l'espressione del pronome soggetto, non la sua posizione postverbale.

[7] Vedi il panorama diacronico di Marchello-Nizia/Prévost (2020, 1079-1120), che mostra in particolare, per il soggetto nominale, il «recul des sujets postverbaux» soprattutto a partire del XVI secolo (ib., 1101) e il carattere marginale dell'inversione del soggetto pronominale già nel francese antico: «la postposition de Sp, rare dès les plus anciens textes, n'a cessé de reculer, et ses contextes d'occurrence se sont fortement restreints» (ib., 1118); e cfr. anche Prévost (2021).

[8] Anche Marchello-Nizia (2020, 1243) parla, a proposito dell'inciso del tipo *dit-il*, di una «construction partiellement figée» e «pré-construite».

[9] Per una panoramica delle ricerche sulle tradizioni discorsive vedi Wilhelm (2020b).

[10] Cfr. anche Marchello-Nizia/Prévost (2020, 1099), che, fra i casi di inversione del soggetto nominale, registrano «les indications de mouvement des personnages dans les pièces de théâtre» qualificando tale tipo di costruzione, che implica «des verbes intransitifs dénotant l'existence, la survenance ou la disparition», come «inversion inaccusative».

[11] Cfr. De Roberto (2012, 189): «La formularità [...] contribuisce al mantenimento di strutture arcaiche, che sopravvivono nella competenza dei parlanti anche grazie all'influsso di modelli testuali che possono valicare i confini delle singole varietà».

plausibile interpretare il discorso riportato come oggetto diretto del *verbum dicendi*. Tale interpretazione non sembra possibile, d'altra parte, per verbi intransitivi come *sourire*, *s'énerver*, *s'agacer*, *sursauter* ecc.[12] o per verbi come quelli documentati al n. [3]. Anche questo secondo quesito è stato ampiamente discusso per il francese contemporaneo, senza che si sia imposto un punto di vista generalmente accettato.[13] Sembra possibile proporre una soluzione in linea con quello che abbiamo visto per il problema dell'inversione, congiungendo il livello grammaticale e quello discorsivo. Come seconda ipotesi si sostiene quindi che il discorso riportato costituisca l'oggetto diretto del verbo introduttore e che il carattere altamente formulare del modulo *Sire, dist il* permetta, nel corso del tempo, di inserire – come varianti della stessa formula – anche altri verbi: verbi intransitivi e persino verbi che per la loro semantica non indicano un atto del dire. In altre parole: supponiamo che la formula lungamente sperimentata del tipo *Sire, dist il* permette di costruire con un oggetto diretto anche verbi che normalmente non sono transitivi.[14]

In questo contesto è rilevante notare che nel francese antico si usano pochissimi verbi nell'inciso di discorso diretto: troviamo in tale posizione quasi esclusivamente *dire* (o *faire*) e *répondre*.[15] D'altra parte il ruolo sintattico del discorso riportato come oggetto diretto è reso esplicito in frasi segmentate del tipo:

[4]   Fille, *chou* li disoit li mere (*Marie l'égyptienne*, 79)
      Sire, *che* li respont Marie (*Marie l'égyptienne*, 1013)
      Che croi je bien, *ce* dist Marie (*Marie l'égyptienne*, 1200)

Il dimostrativo – *ce* o, nella forma piccarda, *chou* o *che* – riprende anaforicamente il discorso riportato, confermando il suo status di oggetto diretto, quasi dicessimo 'Lo credo bene, ciò disse Maria'.[16]

---

[12] Tutti presenti come *verba dicendi* in *Envoyée spéciale*.
[13] Vedi Gachet (2015, 19-59).
[14] Una concezione "scalare" della transitività è discussa in De Roberto (2010-2011, 191-196). Per la «transitivisation» di alcuni verbi di parola nel francese moderno cfr. Lamiroy/Charolles (2008) e il cenno in Gachet (2015, 30). Ma l'idea si trova già in uno studio di Spitzer (1961, 241), che a proposito della «Mischung der syntaktischen Konstruktion des Sagens mit der Vokabel für Fühlen», afferma: «die (Psychologisches und Physisches) schildernden Momente werden durch die transitive Konstruktion (*bégaya-t-elle* statt ...*dit-elle en bégayant* nach *murmura-t-elle* = ...*dit-elle en murmurant*) nur in einer syntaktisch weniger schwerfälligen Konstruktion gegeben». Vedi anche nell'attuale uso giornalistico: «[…] *Il faut que tu viennes»*, lui *téléphone* Sylvie Hubac (L'Obs, n. 2919, 8-14 octobre 2020, 28-29), dove il verbo *téléphoner*, che normalmente si costruisce con un oggetto indiretto (qui *lui* 'gli'), sembra usato come verbo transitivo, in quanto regge il discorso diretto (nell'esempio citato non in inciso, ma dopo il discorso riportato).
[15] Secondo le statistiche di Alonso (1969, 384), i verbi *dire* e *repondre* occupano quasi i tre quarti dei verbi introduttori del discorso diretto nella *Chanson de Roland*; a partire dal XII secolo si aggiunge *faire* (cfr. Marchello-Nizia 2020, 1245).
[16] Per la «formule avec *ce* anaphorique initial» cfr. anche Marchello-Nizia (2020, 1244).

Nel suo studio sul discorso riportato in antico francese Bernard Cerquiglini fa sua un'interpretazione molto simile a quella esposta qui: lo studioso considera la formula *Sire, dist il* una «construction qui fait du discours commençant l'objet du verbe déclaratif, construction qui entraîne la postposition du sujet» (Cerquiglini 1981, 25).[17] In una prospettiva storica più ampia possiamo supporre che l'automatismo con cui si usa la formula *dit-il, dit-elle* stimola la fantasia di chi scrive – specialmente nell'ambito letterario e, in tempi più vicini a noi, in quello giornalistico – a proporre sempre nuove varianti lessicali, facilmente interpretabili sullo sfondo della formula tradizionale.

Meno univoca, e meno studiata, è la situazione nelle altre lingue romanze. Abbiamo visto che le lingue a soggetto nullo in genere omettono il pronome nell'inciso di discorso diretto. Ci sono dei contesti però in cui è necessario distinguere due locutori, basti pensare alle tipiche sequenze della narrazione romanzesca in cui si alternano *dit-il* e *dit-elle*. In tal caso anche le lingue *pro-drop* tendono a esprimere il pronome soggetto, perlopiù in posizione postverbale:

[5] Je ne sais pas trop, *dit-elle*, ça m'étonnerait. Les micro-ondes, *l'informe-t-il*, ils font des prix pas mal là où je travaille. Je ne te parle pas de prix, *précise-t-elle*, je te parle que tu pourrais m'en piquer un vite fait. (*Envoyée spéciale*, p. 57)

Non saprei, *dice lei*, non penso proprio. Hanno dei microonde a buon prezzo dove lavoro io. Non c'entra il prezzo, *precisa lei*, c'entra il fatto che potresti fregarmene uno in quattro e quattr'otto. (*Inviata speciale*, p. 47)

No ho sé, *diu ella*, m'estranyaria. En microones, *l'informa ell*, tenen preus interessants, allà on treballo. No parlo pas de preus, jo, *precisa la dona*, et dic que podries pisparme'n un pim pam. (*Enviada especial*, Casassas, p. 43)

No lo sé, *dice ella*, me extrañaría. De los microondas, *la informa él*, hacen muy buenos precios donde trabajo. No te estoy hablando de precios, *precisa ella*, me refiero a que podrías conseguirme uno por la vía rápida. (*Enviada especial*, Albiñana, p. 47)

Notiamo, in un caso, l'omissione dell'inciso *l'informe-t-il* nella traduzione italiana e, in un altro, il ricorso a un soggetto nominale in quella catalana (*precisa la dona*). Nelle lingue che non posseggono un clitico soggetto, la postposizione del pronome è una strategia più pesante, di modo che può diventare preferibile sopprimere l'inciso o sostituire il pronome con un nome generico come *la dona*.

L'inversione del soggetto pronominale pone problemi soprattutto in italiano. Vediamo un caso già analizzato in un'altra prospettiva da Caroline Pernot:

[6] – Comment cela? *fit-elle*.
– Eh quoi! *dit-il*, ne savez-vous pas qu'il y a des âmes sans cesse tourmentées?
(*Madame Bovary*)
Come? *fece lei*.

---

[17] A un'ipotesi simile accenna Bastide (1994, 26): mentre nella lingua medievale l'inversione «pourrait trouver son origine dans un ordre primitif CVS», di seguito tale ordine è conservato quasi per inerzia («On a gardé l'habitude d'inverser le sujet de la proposition incise en français moderne»).

> Eh! – *egli disse* – non sapete che vi sono anime tormentate senza posa? (trad. Angioletti/ Angioletti 1967)
>
> Come mai? – *ella fece*.
> Ma come! – *diss'egli*, – non sa che vi sono anime continuamente tormentate? (trad. Achilli 1996) (Pernot 2016, 482)

Caroline Pernot si interessa qui a un problema lessicale: l'uso di *faire* come *verbum dicendi*, possibile in francese come in italiano moderno. Più rilevante per noi è che l'esempio illustri la complessa situazione dell'inversione del soggetto pronominale nell'italiano contemporaneo. Rileviamo due punti. Nell'inciso di discorso diretto incontriamo sia l'ordine "verbo – pronome soggetto" (*fece lei*; *diss'egli*), sia l'ordine "pronome soggetto – verbo" (*ella fece*; *egli disse*). A differenza del francese, dove il tipo senza inversione – *Jamais! il a dit* o *Jamais! qu'il a dit* – appartiene al substandard,[18] in italiano l'inciso del tipo *egli disse* non sembra marcato diafasicamente. L'esempio citato rileva inoltre l'esitazione fra le due serie di pronomi soggetto: il tipo *lui*, *lei* ha un valore pragmatico forte: *disse lui* corrisponde non tanto a *dit-il* quanto piuttosto a *dit celui-ci*; il tipo *egli*, *ella*, d'altra parte, non permette facilmente l'inversione: per alcuni linguisti la forma *disse egli* rischia addirittura di essere agrammaticale.[19]

In base a quanto detto possiamo spiegare agevolmente gli esempi riportati al n. [3]. Veniamo alla terza ipotesi: nelle lingue che tendono a evitare l'inversione del soggetto pronominale la formula che regge il discorso diretto ammette una minore variazione, dato che la riconoscibilità dell'inciso è affidata in maggiore misura al *verbum dicendi*.[20] Abbiamo visto, infatti, che il modulo altamente formulare in

---

[18] Esempi da Gachet (2015, 31). Che l'inciso senza inversione appartenga al substandard è un punto di vista largamente condiviso; cfr. fra l'altro Bonami/Godard (2008, 2408s.) e Danlos/Sagot/Stern (2010, 2238).

[19] Vanelli (1988, 106) sostiene a proposito dei pronomi *egli*, *ella*: «questi pronomi si comportano come i clitici in quanto, ad es., non possono essere usati [...] in posizione di soggetto postverbale (quindi nella posizione degli elementi nuovi): (55) **È stato egli*.» Vedremo di seguito che nel caso dell'inciso di discorso diretto la posizione postverbale non marca necessariamente il soggetto come elemento nuovo. Le indicazioni di Serianni (1989/2010, 626-627) sono più prudenti: stabilito che nelle didascalie abbiamo generalmente l'ordine "verbo + nome" lo studioso aggiunge: «È possibile tuttavia anche l'ordine diverso (nome + verbo), specie se il nome è rappresentato da un pronome personale.» Di seguito l'ordine "nome + verbo" viene dichiarato preferibile «quando l'incidentale è inserita in un discorso diretto senza indicatori grafici (trattini o virgolette)», ma al problema dell'inversione del pronome soggetto non si fa cenno.

[20] Lo stesso sembra valere per quelle varietà del francese che non conoscono l'inversione del soggetto nell'inciso. In *Zone érogène* Philippe Djian costruisce i dialoghi secondo lo schema «– Elles sont moches, hein? *elle a fait*. – Y'a pire, *j'ai dit*» (p. 11), evitando sistematicamente l'inversione, probabilmente perché sentita come diafasicamente troppo alta e non adatta allo stile del romanzo. Come verbi che introducono il discorso diretto troviamo quindi quasi esclusivamente *dire*, che può alternare, come nell'esempio citato, con *faire*, e *demander*: nel primo capitolo (pp. 5-13) si rinvengono 17 occorrenze di *dire*, cinque di *faire* e sei di *demander*, l'unica eccezione è costituita da *couiner* ('piagnucolare' in argot) in «– COMMENT

francese permette – e provoca – innumerevoli variazioni; un'espressione come *se lève-t-il de travers* è riconoscibile come inciso di discorso diretto grazie all'elemento di apertura che lo precede (*Ah oui*) e grazie all'inversione (*se lève-t-il*); in italiano invece è difficile realizzare questo secondo segnale; la traduttrice preferisce quindi, per maggiore chiarezza, inserire un *verbum dicendi* esplicito, che nel testo francese resta sottinteso.

La nostra ipotesi è confermata indirettamente dall'analisi di Frédéric Gachet. Per il francese moderno lo studioso considera «la possibilité d'inversion le premier critère de reconnaissance de l'incise»; in altre parole:

> *Pour appartenir aux incises de discours rapporté, il est nécessaire que le sujet du verbe soit postposé, ou que soit possible la modification qui postpose le sujet.* (Gachet 2015, 89 [corsivo nell'originale])

Nel caso di un soggetto pronominale tale condizione è data in maniera molto più ridotta in italiano che non in francese.

Di seguito la problematica qui sommariamente indicata sarà affrontata in una prospettiva storica, sulla base di un corpus di testi medievali. La discussione si baserà su testi francesi e sulle loro traduzioni in volgari dell'Italia settentrionale. Cercheremo di illustrare due ipotesi: in primo luogo si mostrerà che la formula francese del tipo *bien sûr, dit-il* può essere spiegata solo in una diacronia ampia; collegata a questo primo punto è la convinzione che il modulo corrispondente in italiano debba essere considerato in relazione al modello francese. In tal modo si cercherà di precisare, nello stesso tempo, il ruolo delle traduzioni orizzontali, e più in generale del contatto fra testi e lingue vernacolari, nella diffusione di un elemento formulare.

2 Il corpus

È stato ribadito varie volte il grande interesse storico-linguistico dei testi agiografici: le vite dei santi contano fra i primi testi in tutte le lingue romanze; si tratta di testi di ampia diffusione; in genere sono – rispetto alla produzione letteraria – testi con un minore grado di elaborazione (cfr. De Roberto 2016). Insistiamo sull'ultimo punto, valido in particolar modo per le leggende agiografiche in versi: il verso è una delle prime forme in cui, stando al modello di diglossia, la "varietà bassa" accede alla scritturalità,[21] mentre la prosa vernacolare riveste generalmente un

---

ÇA?? j'ai couiné» (p. 7). Un cenno all'inciso nell'opera narrativa di Philippe Djian si trova anche in Bastide (1994, 29).

[21] Cfr. nel classico studio di Ferguson (1959, 329): «some poetry is composed in L».

carattere più elaborato.²² Il poemetto agiografico, perlopiù indirizzato ad un pubblico ampio e eterogeneo, sottende un'intenzione divulgativa.²³

Nella maggioranza dei casi le leggende agiografiche sono tradotte dal latino, ma alcune volte, come negli esempi che ci interessano qui di seguito – la *Maria egiziaca* e l'*Eustachio* –, possiamo osservare il passaggio da una lingua romanza all'altra. Proprio per il loro carattere divulgativo le vite dei santi in versi costituiscono un corpus particolarmente significativo (e in tale prospettiva finora poco esplorato) per lo studio delle traduzioni orizzontali.

La *Vita di santa Maria egiziaca* racconta di una donna che dopo una vita dissoluta come prostituta, passa lunghi anni nel deserto a far penitenza, e infine, dopo l'incontro con il monaco Zozimas, muore nella grazia divina.²⁴ La *Vie de sainte Marie l'égyptienne* in *octosyllabes* (la *Vie T*) è datata all'ultimo quarto del XII secolo (sigla: *Marie l'égyptienne*). È probabile che il testo sia di origine anglonormanna, il manoscritto base scelto dall'editore moderno, datato alla fine del XIII secolo, rappresenta però la tradizione "continentale" del poemetto e mostra una veste fortemente *picardisée*.²⁵ Dalla *Vie T* dipendono alcune redazioni in altre varietà romanze, fra cui la *Vita di santa Maria egiziaca* copiata dal notaio pavese Arpino Broda nel 1384 (sigla: *Maria egiziaca*), che è un adattamento piuttosto libero del poemetto francese.

La *Vie de saint Eustache* in quartine di *décasyllabes* del manoscritto BN fr. 1374 racconta la vita avventurosa di un ufficiale dell'esercito romano dei tempi dell'imperatore Traiano, con le tipiche peripezie del romanzo alessandrino (sigla: *Eustache*). Secondo la bibliografia del DEAF, il testo sarebbe del secondo quarto del XIII secolo, il manoscritto del 1260 circa. Anche questo poemetto è migrato già all'interno del dominio galloromanzo: mentre i tratti piccardi sarebbero attribuibili al testo così come fu composto dall'anonimo poeta, dei due copisti del manoscritto della *Bibliothèque nationale*, uno inserisce elementi franco-provenzali, l'altro tratti che rinviano alla Champagne meridionale.²⁶ Il componimento in quartine di *décasyllabes* è alla base della versione italiana, la *Legenda de santo Stadi*, redatta dal veneziano Francesco Grioni «tra la fine del Duecento e il primo Trecento», come afferma il suo editore più recente (Badas 2009a, XI). L'unico manoscritto a conservare il testo (sigla: *Stadi*) è databile al «secondo quarto del XV secolo» (ib., XLII).

---

²² Cfr. fra l'altro Cerquiglini (1981, 17-18), che riassume un punto di vista largamente condiviso: «la prose médiévale est une élaboration consciente, et particulièrement rigoureuse, de la langue: une forme contraignante»; e ancora: «la liberté se trouve du côté du vers, la contrainte du côté de la prose».
²³ Per il carattere "popolare" di molti poemetti agiografici cfr. Wilhelm (2016, 209-210).
²⁴ Per il seguito mi baso su Wilhelm (2013, 222-224).
²⁵ Cfr. Dembowski (1977, 16-17 e 25-32).
²⁶ Seguiamo l'analisi del DEAF (DEAFBiblEl; sigla: SEust7O); Badas (2009b, 44-45) fa sua l'opinione di Ott (1912), che suppone un unico copista di area provenzale.

3 Analisi

3.1 La dimensione testuale

La delimitazione del discorso riportato, il discrimine fra la parola del narratore e quella dei personaggi rappresenta un momento testuale cruciale nei testi narrativi. Specialmente in testi destinati alla recitazione e scritti con scarsi segni interpuntivi il passaggio dall'uno all'altro piano enunciativo deve essere segnalato con mezzi linguistici. È noto che nelle narrazioni medievali troviamo specifici segnali, spesso di carattere formulare, che indicano l'inizio di un discorso riportato e, con una sistematicità appena minore, la sua fine e la ripresa della narrazione.

Vediamo alcuni esempi di chiusura:

[6] *Quant ele ot oïe le vois*
Saigna soi de la sainte crois (*Marie l'égyptienne*, 561)

E *quando el'ave alzua la voxe*
in lo so' visso se fé la croxe (*Maria egiziaca*, 652-653)

Quant li sains hom *l'ot* si parler,
De pitié conmence a plourer (*Marie l'égyptienne*, 897-898)

Quando Ioxmax *l'ave intexa*
sì grande pitae ge n'è prexo
ch'el piançeva vehente lé (*Maria egiziaca*, 1242-1244)

Quant Placidas *l'oï* issi parler,
El cuer li chiet que trovee a sa per. (*Eustache*, 993-994)

Quando lo baron *l'ave ben
intexo* parlar cossí a plen,
ó·lla reguarda sotilmente (*Stadi*, 2933-2935)

La dame *l'ot*, mais n'a talant de rire,
De ses iax plore et de son cuer sopire. (*Eustache*, 1027-1028)

Quando Tëofista la bella
ave intexo questa novella,
como ello la recheria d'amor,
al cor n'ave sí gran dolor
ch'ella pensava ben morir. (*Stadi*, 3001-3005)

Quant li sire *ot* de ses enfanz parler,
Des iaux dou cef conmença a plorer (*Eustache*, 1097-1098)

Oldando lo baron questa novella,
al cor non lo fi miga bella (*Stadi*, 3195-3196)

Riconosciamo, in chiusura di discorso diretto, una caratteristica espressione formulare, costituita di solito dalla temporale anteposta introdotta da *quando* e contenente il verbo *oïr* o *intendere* a un tempo dell'anteriorità, che ha come soggetto il destinatario del discorso riportato (cfr. Wilhelm 2013, 228-230).

Colpisce la grande stabilità della formula nel processo di traduzione. È vero che il *Santo Stadi* espande notevolmente il suo modello: il testo veneziano è tre volte più lungo della vita francese, passando da meno di 1600 *décasyllabes* a più di 4800 novenari. Ciò nonostante le espressioni formulari tendono a mantenersi da un testo all'altro. Constatazioni simili sono già state fatte per altri testi:

> Le formule costituiscono per il traduttore medievale una sorta di guida nella traduzione e un materiale estremamente familiare, nonché facilmente trasponibile perché non legato alla comunità linguistica, ma a una comunità di discorso. (Giovanardi/De Roberto 2015, 131)

In questo senso le formule sono un materiale particolarmente istruttivo per chi voglia studiare l'operare dei traduttori medievali.

3.2 La formula *Sire, dist il* / *Messer, dixe quelo*

La stabilità della formula, che nell'atto di traduzione "attraversa" le singole lingue romanze, si osserva anche nel caso della struttura *Sire, dist il*, che qui ci interessa in modo particolare. La formula del testo francese viene riprodotta, in modo non meno stereotipato, nei testi italiani:

[7] «*Seignor, dist ele*, pelerin
Dex vos amaint a bone fin [...]» (*Marie l'égyptienne*, 267-268)

«*Segnor*» *dixe quela* «De ve salve
et ve conduga a bonne fin [...]» (*Maria egiziaca*, 347-348)

«*Dame, fait il*, parole a moi
Se tu en Diu as nule foi [...]» (*Marie l'égyptienne*, 857-858)

«*Dona*», *dixe quelo* «no te dubitar,
per Deus ta lì e sì favela [...]» (*Maria egiziaca*, 901-902)

«*Sire», fait il*, «selont ce que j'antant,
Biax est li dons, grant merci vos en rant [...]» (*Eustache*, 214-215)

«*Misier*», *dis quello* «gran marçè
ve rendo, che fato m'avé [...]» (*Stadi*, 2337-2338)

«*Sire», fait elle*, «j'estoie a vos venue
Com'a franc home, vos requeroie aïue [...]» (*Eustache*, 1037-1038)

«*Misér*», *disse quella* «in veritate,
confidandome in toa bontade,
io era davanti a ti vegnuda,
e sí te recheria ai[u]da [...]» (*Stadi*, 3017-3020)

Nei due poemetti la formula *Sire, fait elle* o *Dame, fait il* è resa regolarmente nella forma *Misér, disse quella* o *Dona, dixe quelo*. Va precisato che non si tratta di una traduzione parola per parola, ma della trasposizione della stessa formula dalla sua forma francese alla forma che essa assume nelle *scriptae* dell'Italia settentrionale, dove è altrettanto riconoscibile come nella lingua di partenza.

Vediamo più in dettaglio i tre elementi di cui si compone la formula: l'allocuzione, il *verbum dicendi* e il pronome postverbale. L'elemento allocutivo è spesso conservato nell'atto di traduzione: *Sire* diventa *Messere*, *Dame* diventa *Dona*. Bernard Cerquiglini commenta come segue il termine *Sire*:

> celui-ci, tout en assurant la fonction de marque de début de discours, pointe l'allocutaire sans le nommer, accomplit le geste vide de l'identification. Plus geste que nom, *sire* est le premier degré de l'appellatif. (Cerquiglini 1981, 26)

In altre parole: *Sire* si avvicina ad un elemento deittico. Diventano interessanti, quindi, le alternative a *Sire*, per lo più elementi pragmatici, come in primo luogo le esclamazioni:

[8]   «Ahi!» dist ele (*Marie l'égyptienne*, 399)
       Et: «O» dixe quela (*Maria egiziaca*, 468)

Notiamo che queste varianti della formula spesso non sono riprodotte tali quali dai traduttori: il rilievo conferma il fatto che le formule vengono trasposte come elementi olistici, cioè sostituite dal loro corrispondente più corrente nella lingua di arrivo, e non tradotte parola per parola.[27]

Non meno fisso è il secondo elemento della formula, il verbo, per cui si alterna fra *dire* e *faire* in francese, mentre in italiano abbiamo solo *dire*: l'impiego di *fare* come *verbum dicendi* sembra inesistente in epoca medievale, la documentazione del Battaglia inizia solo nell'Ottocento.[28]

La differenza più vistosa fra la veste francese e la veste italiana della formula sta però nel pronome soggetto postverbale: troviamo *il*, *elle* di fronte a *quelo*, *quela*. Aggiungo che il tipo *dixe quelo*, *dixe quela* è ampiamente documentato nei poemetti agiografici dell'Italia settentrionale, fra l'altro in Bonvesin da la Riva e nella *Vita di santa Margarita*; ma *quella* e *quillo* nell'inciso di discorso diretto si riscontrano anche in testi dell'Italia mediana, per esempio nei componimenti su santa Margherita studiati da Elisa De Roberto (2014).

Il tipo *dist il / dixe quelo*, con la caratteristica sostituzione del pronome personale con quello dimostrativo nel passaggio dal francese all'italiano settentrionale, richiederebbe una trattazione storico-linguistica più particolareggiata; riassumo quanto esposto già in altra occasione (cfr. Wilhelm 2013, 256-257).

---

[27] Nell'*Eustache* si trovano varianti come «*He Dex*», *fait elle* (*Eustache*, 949), «*Ma foi*», *fait il* (1117), «*Di va*», *fait il* (1438), i rispettivi passi sono però formulati diversamente nello *Stadi*, per cui non è possibile il confronto diretto. Buridant (2000, 428) indica come elementi in prima posizione del discorso diretto, e quindi preverbali nel caso dell'inciso, «un vocatif, un mot exclamatif, un impératif».

[28] Il verbo *fare* come introduttore di discorso diretto è registrato nel GDLI (1961-2002, vol. V, 668), con esempi di Nievo, Dossi, Jovine e Pavese, a partire da «*Ah gli è proprio oggi che deve tornare la mamma?*» *fece il Pierino battendo palma a palma e lasciando andare giù per le guance schiette come il suo cuore le sue ultime lagrime.*

Come anticipato (vedi § 1) la formula *dist il* / *dist ele* equivale solo in apparenza all'espressione corrispondente del francese attuale. Nel francese antico il pronome soggetto *il* è un pronome forte: *il* non indica la continuità tematica, che è espressa con il pronome zero, ma segnala un contrasto. Propongo di vedere nel tipo *dist il* / *dist ele* una "formula di tematizzazione del locutore", e più precisamente una formula che indica l'atto di "dare la parola". Nel tipo *dist il* il pronome soggetto conserva un valore deittico, anche per la posizione postverbale.[29] Il contrasto espresso dal pronome in molti casi non riguarda però un cambiamento di soggetto, bensì il susseguirsi di differenti piani di enunciazione: *il* segnala un cambiamento di voce. In una prospettiva diacronica si impone quindi la conclusione seguente. Mentre nella sua forma materiale la formula *dit-il* è mantenuta quasi inalterata attraverso i secoli, il suo valore si trova profondamente cambiato: nella lingua di oggi il pronome *il* indica semplicemente la continuità tematica; l'inversione del soggetto, d'altra parte, è sentita come elemento per certi versi "anomalo", e comunque residuale, nel francese moderno.

In questo modo possiamo spiegare anche il tipo *dixe quelo* del lombardo e del veneziano antico. Suppongo che la formula si sia diffusa prima nei testi narrativi francesi, per poi passare – con i debiti adattamenti – a determinate tradizioni discorsive nei volgari italiani, specialmente ai componimenti narrativi in versi.[30] È probabile, inoltre, che la formula del tipo *Sire, dist il* venga introdotta nei volgari settentrionali in un momento storico-linguistico in cui le vecchie forme *el*, *ela* sono già sentite come deboli, mentre le nuove forme forti, *lu*, *lé* e simili, sono di impiego ancora marginale nella funzione di soggetto. La formula *Sire, dist il* / *Messer, dixe quelo* illustra in questo senso il complesso interagire della dimensione discorsiva e di quella linguistica nell'influsso delle narrazioni agiografiche francesi su quelle italiane.

3.3 La duplice introduzione del discorso diretto

Per precisare ulteriormente il particolare valore del pronome nella formula *Sire, dist il* sono significativi i passi in cui la formula è preceduta da un verbo introduttore:

[9]   Molt sovent *le va apelant*:
      «Dame», *fait il*, «parole a moi [...]» (*Marie l'égyptienne*, 856-857)

---

[29] Secondo Marchello-Nizia/Prévost (2020, 1109) il soggetto pronominale in posizione postverbale, in quanto forma marcata, esprime «un contraste ou une opposition vis-à-vis du contexte précédent».

[30] Il rilievo non vale, infatti, per tutti i testi narrativi. Notiamo, per esempio, che nel *Decameron*, dove per il resto l'inversione di *egli* non pone problema, la formula del tipo *dit-il/dit-elle* è praticamente assente; vedi Wilhelm (2020a, 136). E lo stesso vale per il *Novellino*: «Nel *Novellino* [...] la collocazione non marcata dell'introduttore è quella al limite sinistro del DD» (Mastrantonio (2021, 164). Diversa è la situazione nelle novelle del Bandello, che sembra impiegare con una certa frequenza incisi del tipo *rispose egli*, *disse ancora egli*; vedi gli esempi citati in Herczeg (1980, 354-355), che non commenta però l'inversione.

sì *la* començò de apelar:
«*Dona*», *dixe quelo*, «no te dubitar [...]» (*Maria egiziaca*, 901-902)

Quant ot *la dame* de ses filz tel novelle,
Toz li fremit li cuers soz la mamelle.
Ne set que face, mais *son seignor apelle*:
«*Sire*», *fait ele*, «entendenz vostre ancele. [...]» (*Eustache*, 1141-1144)

Unde *ella* non volse demorar,
allo so signor *prexe a parlar*
oldando l'altra baronia,
che era con lui in conpagnia.
«*Misier*», *disse quella* «l'alto Dio [...]» (*Stadi*, 3317-3321)

A icest [mot si] *li respont Eustaces*:
«*Sire*», *fait il*, «ice vuel que tu saches [...].» (*Eustache*, 1453-1454)

[A] Questo moto *elli respoxe*
Eustadïo in plana voxe:
«*Misier*», *disse quello*, «io voio ben
che tu sepis tuto a plen [...].» (*Stadi*, 4441-4444)

Ovviamente i pronomi non hanno qui la funzione di distinguere i vari locutori (come, invece, negli esempi ai nn. [5] e [6]): il locutore è già identificato nella frase che precede la formula *Sire, dist il*. Il pronome forte, inutile a segnalare la continuità tematica, serve qui ad indicare il passaggio dalla parola del narratore alla parola del personaggio.

In un articolo del 2004 Dominique Lagorgette aveva già notato una tale configurazione a duplice verbo di parola, precisando che «les verbes de fin de narration décrivent les modalités du dire, au contraire des verbes en incise» (Lagorgette 2004, 199).[31] Notiamo in effetti che il verbo piazzato davanti al discorso indica una precisa modalità – 'chiamare ad alta voce', 'rispondere' – mentre il verbo in inciso è semanticamente vuoto: in francese antico abbiamo qui spesso il verbo vicario *faire*, che compare tipicamente al presente.[32]

Possiamo precisare quindi che in configurazioni come quella al n. [9] il verbo in inciso – *faire* o *dire* – non trasporta in primo luogo un valore semantico (la modalità del dire è già espressa anteriormente), ma riveste una funzione eminentemente pragmatica: quella di "dare la parola" a un'istanza diversa dal locutore principale (dal narratore), con l'aiuto della formula *fait il / dixe quelo*.

---

[31] Cfr. anche Buridant (2000, 428-429 e 674-675). Sono diverse le «structures encadrantes» del francese moderno – del tipo *Dès qu'ils furent sur le trottoir*: «*Il faut nous dire adieu, dit-elle* [...]» (Laferrière 2018, 122) –, in cui il verbo di solito non è sdoppiato, cfr. ib. (121-133).

[32] Cfr. Lagorgette (2004, 202): «Le fait que *faire* soit toujours au présent peut laisser supposer que le sémantisme du verbe soit relié à une perception de l'action (comme la notion même de performativité, réservée traditionnellement aux énoncés verbaux au présent de l'indicatif, l'indique)».

Notiamo però che in un contesto simile, ma riformulato più liberamente rispetto al modello francese, il traduttore veneziano può omettere il pronome nell'inciso di discorso diretto:

[10] Poi *li apellà* oldando ognomo:
«*Signor*», *disse*, «perqué e como
vui portè queste figure
inpente in lle vostre armadure? […]» (*Stadi*, 3435-3438)

Abbiamo qui la struttura a "cornice bifronte", descritta per l'italiano moderno, dove ovviamente il soggetto non viene ripetuto.[33] Non è escluso che nella *Legenda de santo Stadi*, trascritta nel secondo quarto del XV secolo, si profili già la tendenza all'abbandono della formula, sostenuta particolarmente, a quanto pare, dalla pressione del modello francese.

4 L'inciso di discorso diretto nei poemetti agiografici del Quattrocento

4.1 L'introduttore di discorso diretto anteposto

Per verificare l'ipotesi di un progressivo abbandono della formula del tipo *Sire, dist il* nei racconti agiografici italiani del Quattrocento, risulta utile indagare le sorti della nostra formula in testi originali, non tradotti dal francese. Presenterò di seguito i risultati di un sondaggio condotto su una serie di testi trascritti intorno al 1490 da Giovanni de' Dazi. Tali composizioni risalgono a modelli della prima metà del Quattrocento se non a quello precedente.[34]

Notiamo innanzitutto che nei testi analizzati l'inciso di discorso diretto è molto raro. Nella grande maggioranza dei casi l'introduttore del discorso diretto precede la citazione, come negli esempi seguenti, tratti da *La ystoria de Sancto Laurentio martiro*:

[11] El pappa disse: «Dolze fiolo myo […]» (LoDaziYst 85)
La regina disse: «O dolze fiolo myo […]» (LoDaziYst 115)
Sancto Lorenzo li disse: «O traditore […]» (LoDaziYst 157)
Sancto Lorenzo disse: «Ora m' ascoltato […]» (LoDaziYst 187)

In apertura del discorso diretto troviamo regolarmente, dopo la formula introduttiva, in genere con il verbo *dire*, un allocutivo o un altro elemento pragmatico.

L'anteposizione del *verbum dicendi* si riscontra anche in un testo in prosa come *La lienda de Sancta Agata virgine*, dove è particolarmente frequente l'inversione del soggetto:

[12] Disse Quintiano: […] Disse Agata: […] Disse Quintiano: […] Disse Agata: […] Alora Quintiano li fece dare de molte sgoltate dicendo: […] Disse ley: […] (AgDazi, 17-23)

---

[33] Mandello (2011, 376) cita il passo seguente: *mia madre venne sulla porta della cucina e ci chiamò: «Venite qua», disse* (Meneghello, *Libera nos a malo*).
[34] Cfr. Wilhelm/De Roberto (2020, vol. 2).

Gli incisi di discorso diretto

L'inversione si osserva anche nel caso di un soggetto pronominale:

[13]   Respoxe ley: [...] (AgDazi, 14, 63)
       Disse ley: [...] (AgDazi, 23, 32, 50)
       Respoxe luy: [...] (AgDazi, 49)
       Disse luy: [...] (AgDazi, 62)

È utile precisare che l'inversione del soggetto qui non è motivata a livello sintattico: l'inversione ha una funzione in primo luogo pragmatica, in quanto serve a segnalare la rematicità della presa di parola.[35]

Se il discorso diretto è introdotto da due verbi, generalmente i due verbi sono anteposti e non si ripete il soggetto, a differenza della struttura descritta sopra (§ 3.3):

[14]   Herode li domandò *e sì le disse*: [...] (MagiDazi 56)
       Cristofano fu alla corte *e ssè diceva*: [...] (CriDaziLi, 19)
       Chiamò ly soy servy *e sì li dicía*: [...] (LoDaziOr, 107)

Si riconosce qui una formula, impiegata con notevole frequenza, in cui la particella *sì* anticipa il discorso diretto di uno dei personaggi. La struttura è impiegata anche quando abbiamo un unico verbo introduttore:

[15]   E llo fantino allora *sì dizía*: / «E' non pianzo per voy, madona mya [...]» (AlDazi, 47-48)
       e'l cardinale *sì disse*: «Eccho costuy / che nelo fronto m'à facto la croce.» (RoDazi, 374-375)

Nella struttura "*sì + verbum dicendi* + discorso diretto" la particella annuncia il discorso riportato: *sì disse* sta per 'disse così', 'disse in questo modo', 'disse queste parole'. In frasi come quelle citate la particella contribuisce a integrare il discorso diretto nella frase.[36]

La struttura "*sì + verbum dicendi* + discorso diretto" è tanto frequente nei nostri testi da permettere addirittura l'ellissi del verbo del dire; se ne trovano numerosi esempi nella *Lienda del glorioxo confessore Sancto Allessio*:

[16]   eli prexe a piangere e a suspirare. / Levò le mane *e sì se dete suxo lo pecto*: / «Oy me tristo, que debia fare? [...]» (AlDazi, 33-35)

       E quela dona non va demorando, / presi uno anello *e ssì l'ave dato*: / «Tolle, Alessio, questo, marito myo dilicato [...]» (AlDazi, 101-103)

       E sopra a luy 'la prexe a 'ndare, / e con gran pianto *sì lo prexe a guardare*: / «O peregrino santo e mendicho, / se'-te fiolo de questa trista?» (AlDazi, 589-592).

Nei casi in cui il verbo del dire è sottinteso la particella sembra annunciare il discorso diretto, quasi dovessimo intendere le espressioni evidenziate come 'e con

---

[35] Per la discussione sull'inversione del soggetto nell'italiano antico cfr. anche Blumenthal (1980), che però non considera il tipo *Disse il frate* seguito dal discorso diretto, perché si tratta di un elemento formulare (ib., 126 n. 24).

[36] Qui e di seguito riprendo alcune formulazioni da Wilhelm/De Roberto (2020, vol. 1, 147-148).

queste parole si diede sul petto', 'e dicendo queste parole gli diede l'anello', 'e proferendo queste parole lo prese a guardare'.

Notiamo che anche in questo caso, come l'abbiamo ipotizzato per il modulo francese *Sire, dist il*, l'alta frequenza di una struttura formulare incoraggia a impiegare delle varianti e permette addirittura l'omissione del *verbum dicendi*: in un caso (*se lève-t-il de travers*: vedi al n. [3]) è l'inversione, qui (*e sì se dete suxo lo pecto*) è la particella *sì* a fare riconoscere la formula e a garantire il suo funzionare come introduttore del discorso diretto. Rileviamo la diversa fortuna storico-linguistica dei due moduli: mentre il modulo "*sì* + *verbum dicendi* + discorso diretto" esce dall'uso nel corso del Quattro e Cinquecento, perché il connettore *sì* non è conservato nella lingua moderna (ma vedi più oltre al § 5), l'inversione, che nel francese attuale è percepita quasi come un relitto, continua a segnalare l'introduttore del discorso diretto. Abbiamo qui un bell'esempio di quella dialettica fra tradizione e innovazione che sta alla base del cambiamento linguistico.

4.2   Dall'inciso di discorso diretto al *verbum dicendi* intercalato

Come già detto, nel corpus Dazi l'inciso di discorso diretto è raro; e solo in pochissimi casi vi troviamo l'inversione:

[17]   «Va' domanda», *disse lo demonio crudelo*, / «hond' è più alta la terra cha lo cello.» (AnDazi 131-132)

«Non andare», *disse lo re*, «caro fiolo myo [...]» (CriDaziLi 50)

«[...] che altro non cerco se non cotal locho / de governare infirmi», *disse Rocho*. (RoDazi 231-232)

«Messere, noy li diamo hognia matina / quello che ce venisti ordinando, / cossì da sira», *disse una fantina*, / «dove quello pane si vada portando / e' non lo so, per la virtù divina.» (RoDazi 559-563)

Notiamo che l'inciso non sta più necessariamente in seconda posizione: se negli esempi tratti dall'*Andrea* e dal *Cristoforo* la formula "*disse* + soggetto" è preceduta solo da un imperativo, nel *Rocco*, che è il componimento più recente, databile probabilmente ai decenni centrali del XV secolo, l'inciso, *disse Rocho* o *disse una fantina*, non sembra più legato ad una posizione precisa nella frase. Con ciò viene meno però la motivazione sintattica per l'inversione, originariamente spiegabile con il principio V2. L'inversione del soggetto diventa un'opzione libera, giustificata semmai a livello pragmatico.

Quanto detto ci permette anche di valutare l'esempio seguente, tratto sempre da *La lienda de sancto Rocho*:

[18]   *Rocho rispose*: «Non te acostar a me, / porò ch'e' son ferito», *disse quello*, / «Idio habia d'i cristiani mercede [...]» (RoDazi 600-602)

Non si tratta qui della "duplice introduzione del discorso diretto" discussa sopra (§ 3.3). In un costrutto come *elli respoxe / Eustadïo in plana voxe: / «Misier», disse quello...* riconosciamo la formula tradizionale (il tipo *Sire, dist il*), che ha la

Gli incisi di discorso diretto   95

funzione di "dare la parola" a uno dei personaggi. Nell'esempio del *Rocco* invece il discorso riportato è retto da un introduttore anteposto (*Rocho rispose*), mentre l'espressione *disse quello*, piazzata molto oltre l'inizio del discorso citato, è un semplice intercalare, utile semmai a ricordare che ci troviamo di fronte a un discorso diretto, ma che non è sufficiente a costituirlo.[37]

Quanto appena detto è confermato dai casi di inciso in cui l'inversione è abbandonata:

[19]   «Tuto questo me piace», *l'angello disse*. (AlDazi 463)

   «Non volia Dio!», *lo vescovo disse allora*, / «fiola mya, volia disinare con my in bonora.» (AnDazi 65-66)

   «Chi pò essere sto pelegrino», *alora disse quello*, / «chi è tanto savio al pariro myo?» (AnDazi 123-124)

Sono significativi i due esempi dell'*Andrea*: l'alternanza fra *lo vescovo disse allora* e *alora disse quello* sembra mostrare che l'inversione non è più legata allo *status* di inciso, ma obbedisce a scelte all'"interno" della frase incidentale, in cui il verbo può essere preceduto o dal soggetto (*lo vescovo*) o da un altro elemento (*alora*). In altre parole: l'ordine V2 si realizza pienamente nell'inciso, che quindi non ha più legami sintattici di reggenza con il discorso diretto.

Un passo successivo è raggiunto con quello che potrebbe sembrare un inciso senza soggetto espresso, ma che nei casi documentati si spiega piuttosto come l'intercalare del *verbum dicendi*, ripetuto in quanto già espresso davanti al discorso citato:

[20]   *Disse la zentille dona* piena de bontade: / «Bene quindici anni», *disse*, «ve voglio aspetare [...]» (AlDazi 84-85)

   una voce sentì che giamò essa: / «Libera», *disse*, «tu hay abiuto la gratia [...]» (RoDazi 62-63)

   Disse Gotardo: «O padre myo yocondo, / da poy che insema siamo compagnati, / in questo boscho terribile e fecondo, / alquanti dì s' averemo anchor a repossare / insema», *disse* con l'animo iocondo, / «poy si dispartiremo più consolati.» (RoDazi 847-852)

Se l'esempio *una voce... giamò... disse* potrebbe sembrare assimilabile ai casi di "duplice introduzione del discorso diretto", va ribadito che questi sono sempre costruiti con un pronome forte (secondo il tipo *disse quella*). L'intercalare del *verbum dicendi* senza l'espressione del soggetto non potrebbe avere, invece, la funzione di "attribuire la parola ad altri".

Lo stesso si deve dire dell'esempio seguente, tratto dal *Miraculo del corpo de Cristo*:

---

[37] Aggiungiamo un rilievo filologico: invece di *disse quello* (RoDazi, 601), il modello del Dazi, RoScinz, legge qui un più plausibile *disse a quello*.

[21]　*Disse el zovene*: «O lasso my coro tristo / che yo ò fato befe del corpo de Cristo, / e da mo' innanze», *al disse*, «yo crezo questo: / che l'ostia sancta sia el corpo de Cristo.» (CoDazi 103-106)

Strutturalmente questo caso si distingue poco da quelli citati al n. [20], dato che il pronome soggetto *al*, nei testi del corpus Dazi, è probabilmente già percepito come pronome clitico.[38]

L'esempio mostra quindi l'inversione del soggetto nell'introduttore anteposto (*Disse el zovene*), per cui possiamo chiamare in causa i motivi pragmatici che abbiamo visto sopra (§ 4.1), ma l'inversione è evitata nell'espressione intercalata (*al disse*). Dobbiamo sicuramente tener conto del diverso comportamento del soggetto nominale e di quello pronominale: la postposizione del pronome debole e probabilmente già clitico è estremamente rara nel nostro corpus, specialmente per la terza persona. Troviamo solo un caso nella trascrizione veneta della *Vita di sant'Alessio*, dove però il testo Dazi formula diversamente:[39]

[22]　non *pò-'l* altro fare (AlBrit, 326)
　　　E Fumiano non pò altro fare (AlDazi, 442)

La reticenza di fronte all'inversione del clitico soggetto di terza persona[40] ha sicuramente contribuito alla scarsa diffusione di un modulo simile a *dit-il* nelle varietà italiane del Quattrocento: mentre la formula francese *dit-il* rimane materialmente identica anche se il pronome cambia il suo *status* (da forte a clitico), nelle varietà dell'Italia settentrionale si deve constatare l'abbandono del modulo *dixe quelo* e più in generale dell'inciso di discorso diretto.

4.3　La tradizione testuale

L'abbandono progressivo dell'inciso di discorso diretto a vantaggio dell'introduttore anteposto si rispecchia in parte anche nella tradizione testuale dei nostri testi. Un caso significativo si riscontra nella *varia lectio* della *Lauda su Giovanni Battista*:

[23]　Et Ysabeta con tremore
　　　«Unde», *dis-ela*, «me vien cotanto honor […]» (BatCo, 49-50)
　　　E Ysabeta con tremore
　　　disse: «Donde vene tanto honore […]» (BatCign, 53-54)

Nel ms. Cicogna 2546, che per la parte che qui ci interessa sembra essere della prima metà del XIV secolo (cfr. Bürgel 2019, 13-14), troviamo la formula cara ai poemetti francesi, addirittura con il pronome personale *ela* in inversione, mentre

---

[38] Cfr. Wilhelm/De Roberto (2020, vol. 1, 173-180).
[39] L'inversione *po-'l* sembra qui dovuta alla particella di negazione preverbale; cfr. Wilhelm/De Roberto (2020, vol. 1, 179).
[40] Per la discussione dei tipi *sa'-tu* e *parlòe*, spiegabili eventualmente come agglutinamento del pronome soggetto alla forma verbale, cfr. Wilhelm/De Roberto (2020, vol. 1, 104-113).

la trascrizione milanese del Cignardi, di circa un secolo posteriore,[41] abbandona l'inciso e la ripetizione del soggetto.

Una dinamica simile si osserva anche nella tradizione testuale de *La lienda de santo Cristofano*, un poemetto databile probabilmente alla fine del XIV o all'inizio XV secolo:[42]

[23] «Sì, sono», *dise lo re* (CriAng, 21)
«Sì, son», *disse lo re* (CriCign, 21)
El re respoxe: «Sì, sono veramente!» (CriDaziLi 21)

Mentre i due testimoni primo-quattrocenteschi conservano l'inciso tradizionale, la trascrizione del Dazi, di più di mezzo secolo posteriore, lo rimpiazza con un introduttore anteposto.

L'abbandono dell'inciso con l'inversione del pronome soggetto *dis-ela* nel testo Cignardi del Battista (intorno al 1430) e di quello della forma nominale, *disse lo re*, nel codice Dazi (del 1490 circa) costituiscono attestazioni isolate, riferite a singoli testi, ma che insieme agli altri dati qui raccolti illustrano le sorti della formula *Sire, dist il*, ben presente nei poemetti due e primo-trecenteschi ma già largamente obsoleta nella seconda metà del XV secolo.

5 Ipotesi diacronica

Cerchiamo di trarre qualche conclusione da quanto esposto in precedenza. Siamo partiti dall'inciso di discorso diretto quale si usa abitualmente nella narrativa francese moderna. Sembra appropriato riconoscere in espressioni come *bien sûr, dit-il* o *C'est à ce point? dit-elle* una struttura formulare: specialmente l'inversione del soggetto, che risulta solo parzialmente analizzabile alla luce della sintassi attuale, diventa trasparente dal momento che consideriamo l'inciso una struttura *figée*, che continua il modulo medievale *Sire, dist il*.

Come mostrano le traduzioni di testi letterari (qui abbiamo considerato soprattutto alcuni romanzi di Jean Echenoz), l'inciso di discorso diretto con l'inversione del soggetto pronominale pone qualche problema nelle lingue *pro-drop*, e specialmente in italiano.[43] Il tipo *disse egli*, pur essendo documentato anche in tempi vicini a noi, può essere percepito come arcaico se non addirittura come agrammaticale; il tipo *disse lui*, d'altra parte, accentua in modo indebito il soggetto, dato che *lui* conserva un valore tendenzialmente deittico; in forme come *egli disse* o

---

[41] Il copista del manoscritto Ambrosiano N 95 sup. si sottoscrive a varie riprese, negli anni fra il 1429 e il 1433 (cfr. Scaccabarozzi 2019, 1).
[42] Cfr. Wilhelm/De Roberto (2020, vol. 2, 379).
[43] L'assunto è confermato anche dalle traduzioni dal tedesco: per il banalissimo inciso *sagte er* (*Buddenbrooks*, p. 16: «Nein, nein», *sagte er*), i vari traduttori esitano fra *diss'egli infatti, egli disse, disse infatti il vecchio, disse lui, lui disse* (vedi, nell'ordine, le traduzioni di Pocar, p. 9; Jesi/Speciale Scalia, p. 11; Lami, p. 11; Minicelli, p. 7; Bortoli, p. 11), laddove in francese leggiamo, ovviamente, *dit-il* (Bianquis, p. 301).

disse (con l'omissione del pronome soggetto), infine, che abbandonano, perlomeno in superficie, l'inversione, l'inciso rischia di non essere riconoscibile come tale, soprattutto quando invece di un *verbum dicendi* propriamente detto si usano verbi che focalizzano i gesti, la mimica o il tono della voce che accompagnano la presa di parola: come abbiamo visto al n. [3], i traduttori tendono a supplire il verbo *dire* in casi come *Ah oui, se lève-t-il de travers* o *Une femme, a-t-il haussé le ton*. Possiamo ipotizzare un rapporto diretto fra l'uso dell'inversione e la variabilità del verbo nell'inciso di discorso diretto.

Di seguito abbiamo cercato di raccogliere alcuni elementi utili a illuminare la storia della formula *dit-il*. Per il francese si impone una constatazione semplice ma ricca di implicazioni: il tipo *Sire, dist il* o *bien sûr, dit-il*, che mostra una notevole continuità nella sua forma materiale, ha subito in realtà una profonda rivalutazione nel corso dei secoli. Il pronome *il* in antico francese è un pronome forte, che contribuisce a indicare l'atto di "dare la parola"; nella lingua moderna invece il pronome è debole e indica solo la continuità tematica. L'inversione, d'altra parte, nella lingua antica è causata dal principio "verbo secondo" (V2), l'oggetto diretto (*Sire* o un altro elemento pragmatico) trovandosi nella prima posizione della frase; nel francese attuale, invece, l'inversione del soggetto è una specie di relitto, conservato, limitatamente alla lingua standard, all'interno di una formula: l'inversione si verifica anche quando l'inciso è preceduto da più di un elemento per cui il verbo non si trova nella seconda posizione della frase.

Nulla di sorprendente, quindi, che la formula *dist il* sia regolarmente tradotta, nei testi medievali qui analizzati, con un non meno stereotipato *dixe quelo*, che è molto diffuso anche in testi originali del Due e del primo Trecento (vedi § 3.2). Molto meno lineare, rispetto al modulo francese, è però l'evoluzione della formula nei testi italiani. Nella prosa narrativa l'inciso del tipo *disse egli*, che sembra assente nella novellistica medievale (*Novellino, Decameron*), è documentata almeno a partire dal Bandello. I pochi indizi qui raccolti (vedi n. 30) sarebbero ovviamente da precisare sulla base di un corpus più esteso. Per i poemetti agiografici del Quattrocento, d'altro canto, abbiamo potuto tratteggiare un *iter* abbastanza chiaro (vedi § 4): in sostanza si osserva un cambiamento che porta dall'inciso che regge il discorso diretto al *verbum dicendi* intercalato: il verbo del dire non occupa più necessariamente la seconda posizione (viene meno, cioè, il principio V2) e si tende ad abbandonare l'inversione, ricorrendo al verbo senza esprimere il soggetto (*disse*) o anteponendo un clitico (*al disse*).

Nello stesso tempo, nei poemetti quattrocenteschi, si fa strada un'altra formula, anteposta, del tipo *e'l cardinale sì disse: «Eccho costuy [...]»*, che mostra quindi la struttura "*sì* + *verbum dicendi* + discorso diretto" (vedi § 4.2). È rilevante notare che l'alta frequenza della formula permette e anzi incoraggia, simile in ciò all'inciso con inversione dei testi francesi, l'omissione del *verbum dicendi*, che viene rimpiazzato con un'espressione che indica i gesti o le azioni che accompagnano la presa di parola: in questo modo il discorso di un personaggio può essere introdotto da espressioni come *e sì se dete suxo lo pecto*; *presi uno anello e ssì l'ave dato*; *e con gran pianto sì lo prexe a guardare*. Strategie simili sono state descritte per la narrativa moderna (per il romanzo dopo Manzoni),[44] dove ovviamente manca la particella *sì*, che è essenziale per la riconoscibilità della formula nei testi tardo-medievali e che si perde nel corso del Cinquecento.

Tornando al tipo *bien sûr, dit il*, che qui maggiormente ci ha occupato, si vuole avanzare l'ipotesi, anch'essa da verificare, che il tipo *diss'egli*, frequente nel romanzo dell'Otto e Novecento, sia dovuto ad un ulteriore influsso di testi francesi assunti come modelli della narrativa italiana. In ogni modo, per i testi narrativi del medioevo, le traduzioni confermano l'idea che l'inciso di discorso diretto si sia diffuso lungo una trafila che porta dal francese ai volgari italiani. È vero che la formula con *inquit* o *ait* in seconda posizione si trova già nel latino biblico. La cornice del discorso riportato mostra però una struttura sintattica notevolmente diversa:

[24]   Senuit autem Isaac, et caligaverunt oculi eius, et videre non poterat. Vocavitque Esau filium suum maiorem et dixit ei: «Fili mi». Qui respondit: «Adsum». Cui pater: «Vides», *inquit*, «quod senuerim et ignorem diem mortis meae [...]» (Gen, 27, 1-2)

   Dixitque ad pastores: «Fratres, unde estis?». Qui responderunt: «De Charran». Quos interrogans: «Numquid», *ait*, «nostis Laban filium Nachor?». Dixerunt: «Novimus». «Sanusne est?», *inquit*. «Valet», *inquiunt*, «et ecce Rachel filia eius venit cum grege». (Gen, 29, 4-6)

Le forme *dixit* e *respondit* precedono il discorso diretto, mentre *inquit* e *ait* si trovano in inciso (ma in qualche caso può stare in prolessi anche *ait*). Notiamo che il tipo *inquit* interrompe il discorso diretto, in genere dopo il primo elemento del discorso citato (*Vides, inquit*; *Valet, inquiunt*; ecc.), per cui il tipo *inquit* si avvicina, almeno in apparenza, alla formula "romanza". In molti casi l'introduttore del discorso diretto è però bipartito, nel senso che il verbo in inciso risponde ad un elemento che precede il discorso diretto, come qui in *Cui pater... inquit* e *Quos interrogans... ait*. È significativa soprattutto la forma *Cui pater: Vides, inquit*, con il soggetto della frase citante che precede la citazione.

La stessa struttura si trova anche con un soggetto pronominale:

[25]   Et apposuit in conspectu eius panem. Qui ait: «Non comedam, donec loquar sermones meos». Respondit: «Loquere». At *ille*: «Servus», *inquit*, «Abraham sum [...]» (Gen 24, 33-34)

Il pronome, forte anche in latino (*ille*), precede il discorso diretto, mentre nelle lingue romanze il pronome è adiacente al verbo, e di solito sta in inversione. È

---

[44] Vedi Herczeg (1980, 358): «Sappiamo che nella prosa moderna possono bastare come introduzione ai dialoghi unicamente la rappresentazione degli stati d'animo, dell'espressione del volto, del gesto, e dell'atteggiamento di chi pronuncia la parola senza che vi debba essere presente un verbum dicendi.» Herczeg parla qui di espressioni che *precedono* il discorso diretto.

come se l'inizio del discorso del personaggio fosse intercalato nella frase *At ille inquit*, laddove nel modulo vernacolare la frase citante funziona come inciso che interrompe – e che regge – la citazione. Il modulo latino meriterebbe un'analisi più approfondita.[45] Sembra accertato però già a questo punto che la relazione sintattica fra frase introduttrice e discorso diretto è sostanzialmente diversa nel latino biblico e nei testi agiografici qui discussi. Non ci possono essere dubbi che la formula del tipo *Messer, dixe quelo* non continui il latino *ille... inquit*, ma il francese *Sire, dist il*.

Concludiamo che la storia dell'inciso di discorso diretto è il frutto di un complesso intrecciarsi di dinamiche discorsive e di dinamiche linguistiche: il diffondersi della formula in questione è reso possibile da uno stretto contatto fra lingue (il francese e le varietà del Nord Italia) e, nel contempo, da uno stretto rapporto fra testi (l'agiografia in versi d'oltralpe assunta come modello da poeti lombardi e veneti). È rilevante notare che le formule generalmente non vengono tradotte parola per parola ma trasposte come elementi olistici: nell'atto del tradurre, il traduttore conserva la formula, sostituendone la veste linguistica con la veste linguistica che assume tradizionalmente nella lingua di arrivo (vedi § 3.1. e § 3.2).

Va da sé che la traduzione non è l'unico modo in cui una lingua possa esercitare un influsso su un'altra. Riteniamo comunque che per epoche a noi lontane, per cui possiamo basarci soltanto su testimonianze scritte, il poter confrontare un testo con una sua traduzione si rivela uno strumento euristico di primo ordine, che, per il caso scelto, illumina sia la storia del francese sia quella dell'italiano: sono le traduzioni che ci portano davanti agli occhi che, in epoca medievale, *dist il* vale *dixe quelo*, mentre per il francese moderno a *dit-il* corrisponde l'italiano *disse*. E sono ancora le traduzioni che ci insegnano che c'è un nesso fra la possibilità dell'inversione del soggetto nell'inciso di discorso diretto e la variabilità dei verbi introduttori: la variazione lessicale negli incisi, che è estrema nei testi francesi, è molto più ridotta in italiano, proprio perché, almeno nella lingua attuale, l'italiano tende a evitare il modulo *disse egli* o *disse ella*.

Certamente l'assunto sarebbe da verificare sulla base di testi originali, ma non possiamo dimenticare che le traduzioni costituiscono una parte cospicua, nel medioevo come oggi, dei testi prodotti e dei testi letti e che il tradurre partecipa in modo rilevante alla formazione – e alla continua trasformazione – della lingua e specialmente della lingua letteraria.

---

[45] Vedi fra l'altro Eufe (2013).

Indicazioni bibliografiche

1 Testi citati in forma abbreviata

Testi medievali

AgDazi = *La lienda de sancta Agata virgine*, ed. Wilhelm/De Roberto (2020, vol. 2).
AlBrit = *Istoria sancti Alessii*; British Library, ms. Add 10320, cc. 76r-77v.
AlDazi = *Questa si è la lienda del glorioxo confessore Sancto Allessio bono romano*, ed. Wilhelm/De Roberto (2020, vol. 2).
AnDazi = *Uno bello miraculo de Sancto Andrea ch'el aiutò uon vescho da le mane del diavolovo maladecto*, ed. Wilhelm/De Roberto (2020, vol. 2).
BatCign = *De sancto Zohane Baptista*, ed. Wilhelm (2019).
BatCo = [*Lauda su san Giovanni Battista*], Venezia, Museo Correr, ms. Cicogna 2546.
CoDazi = *Uno bello miraculo del corpo de Cristo*, ed. Wilhelm/De Roberto (2020, vol. 2).
CriAng = *Questa si è la lienda de sancto Cristofono*; Roma, Biblioteca Angelica, ms. 2235, cc. 80v-83v.
CriCign = *De meser san Cristofeno*; Milano, Biblioteca Ambrosiana, ms. N 95 sup., cc. 65r-72v.
CriDaziLi = *La lienda de Santo Cristofano*, ed. Wilhelm/De Roberto (2020, vol. 2).
Eustache = *L'estoire d'Eustachius*, ed. Ott (1913).
LoDaziYst = *La ystoria de Sancto Laurentio martiro*, ed. Wilhelm/De Roberto (2020, vol. 2).
LoDaziOr = *La oratione d[e] Sancto Laurentio*, ed. Wilhelm/De Roberto (2020, vol. 2).
MagiDazi = *Questo si è lo Evangelio de li tri magni secundo Sancto Mateo, de latino extrato in ulgare*, ed. Wilhelm/De Roberto (2020, vol. 2).
Maria egiziaca = *La leggenda di santa Maria egiziaca*, ed. Isella Brusamolino (1992).
Marie l'égyptienne = *La vie de sainte Marie l'égyptienne, version T*, ed. Dembowski (1977).
RoDazi = *La lienda de sancto Roccho*, ed. Wilhelm/De Roberto (2020, vol. 2).
RoScinz = [*Vita di San Rocco*]; [Milano, Leonard Pachel & Ulrich Scinzenzeler, 1478-1480?]; Milano, Biblioteca Ambrosiana, INC 703.
Stadi = *La legenda de santo Stadi*, ed. Badas (2009a).

Testi contemporanei

Buddenbrooks = Thomas Mann, *Buddenbrooks. Verfall einer Familie. Roman*, ed. Eckhard Heftrich/Stephan Stachorski/Herbert Lehnert, Frankfurt a. M., S. Fischer, 2002.
Buddenbrooks Bianquis = Thomas Mann, *Les Buddenbrook. Déclin d'une famille*. Traduction Geneviève Bianquis [1932], in: Thomas Mann, *Romans et nouvelles I, 1896-1903*, Paris, Le Livre de Poche, 1994, 269-926.
Buddenbrooks Bortoli = Thomas Mann, *I Buddenbrook. Decadenza di una famiglia. Traduzione di Silvia Bortoli*, Milano, Mondadori, 2007/2008.
Buddenbrooks Jesi/Speciale Scalia = Thomas Mann, *I Buddenbrook*. Traduzione di Furio Jesi e Silvana Speciale Scalia, Milano, Garzanti, 1983/1999.
Buddenbrooks Lami = Thomas Mann, *I Buddenbrook. La decadenza di una famiglia*. Traduzione integrale dal tedesco di A. Lami, 2 voll., Milano, Barion, 1930.
Buddenbrooks Minicelli = Thomas Mann, *I Buddenbrook. Decadenza di una famiglia*. Traduzione di Maria Cristina Minicelli, Roma, Newton Compton, 1992.

Buddenbrooks Pocar = Thomas Mann, *I Buddenbrook. Decadenza di una famiglia*. Traduzione di Ervino Pocar, Milano, Mondadori, 1949/1993.
Enviada especial, Albiñana = Jean Echenoz, *Enviada especial*, traducción de Javier Albiñana, Barcelona, Anagrama, 2017.
Enviada especial, Casassas = Jean Echenoz, *Enviada especial*, traducció d'Anna Casassas, Barcelona, Raig Verd, 2017.
Envoyée spéciale = Jean Echenoz, *Envoyée spéciale*, Paris, Minuit, 2016.
Inviata speciale = Jean Echenoz, *Inviata speciale*, traduzione di Federica e Lorenza Di Lella, Milano, Adelphi, 2018.
Je m'en vais = Jean Echenoz, *Je m'en vais*, Paris, Minuit, 1999.
Le biondone = Jean Echenoz, *Le biondone*, traduzione di Simona Mambrini, Pistoia, Libreria dell'Orso, 2004.
Les grandes blondes = Jean Echenoz, *Les grandes blondes*, Paris, Minuit, 1995.
Me ne vado = Jean Echenoz, *Me ne vado*, traduzione di Stefana Paganoni, Torino, Einaudi, 2000.
Me'n vaig = Jean Echenoz, *Me'n vaig*, traducció de Maria Ginés, Barcelona, ECSA, 2000.
Me voy = Jean Echenoz, *Me voy*, traducción de Javier Albiñana, Barcelona, Anagrama, 2000.
Zone érogène = Philippe Djian, *Zone érogène*, Paris, Bernard Barrault, 1984/J'ai lu, 1986.

2 Studi ed edizioni

Alonso, Dámaso, *El anuncio del estilo directo en el «Poema del Cid» y en la épica francesa*, in: *Mélanges offerts à Rita Lejeune*, Gembloux, Duculot, 1969, vol. 1, 379-393.
Badas, Mauro, *La legenda de santo Stadi*, Roma/Padova, Antenore, 2009. [= Badas 2009a]
Badas, Mauro, *Pierre de Beauvais, La vie de saint Eustache. Edizione critica con introduzione, note al testo e glossario*, Bologna, Pàtron, 2009. [= Badas 2009b]
Bastide, Mario, *Notes sur les incises en discours rapporté direct dans Céline*, L'information grammaticale 60 (1994), 26-29.
Blumenthal, Peter, *Die Stilistik der Subjektinversion im Italienischen*, Italienische Studien 3 (1980), 119-131.
Bonami, Olivier/Godard, Danièle, *Syntaxe des incises de citation*, in: Jacques Durand/ Benoît Habert/Bernard Laks (edd.), *Congrès Mondial de Linguistique française – CMLF08*, Paris, Institut de Linguistique Française, 2008, 2407-2420.
Bürgel, Matthias, *La lauda in onore di San Giovanni Battista nel ms. Cicogna 2546 della Biblioteca Civica del Museo Correr*, in: Raymund Wilhelm (ed.), *La Lauda su Giovanni Battista del codice Ambrosiano N 95 sup. Testo, lingua e tradizioni*, Heidelberg, Winter, 2019, 12-27.
Buridant, Claude, *Nouvelle grammaire de l'ancien français*, Paris, SEDES, 2000.
Cerquiglini, Bernard, *La parole médiévale*, Paris, Minuit, 1981.
Coseriu, Eugenio, *Textlinguistik. Eine Einführung*, ed. Jörn Albrecht, Tübingen/ Basel, Francke, 1994³.
Danlos, Laurence/Sagot, Benoît/Stern, Rosa, *Analyse discursive des incises de citation*, in: Franck Neveu/Valelia Muni Toke/Jacques Durand/Thomas Klingler/Lorenz Mondada/ Sophie Prévost (edd.), *Congrès Mondial de Linguistique française – CMLF 2010*, Paris, Institut de Linguistique Française, 2010, 2237-2254.
DEAFBiblEl = Frankwalt Möhren, *Complément bibliographique*; http://www.deaf-page.de/bibl_neu.php [5 luglio 2021].

Dembowski, Peter F., *La Vie de Sainte Marie l'Égyptienne. Versions en ancien et en moyen français*, Genève, Droz, 1977.
De Roberto, Elisa, *Dormire il sonno del giusto o Dormire del sonno del giusto. Per una storia dell'oggetto interno in italiano*, Studi di grammatica italiana 29-30 (2010-2011), 189-245.
De Roberto, Elisa, *Sintassi e formularità in italiano antico. Il caso delle costruzioni assolute*, Romanische Forschungen 124 (2012), 147-198.
De Roberto, Elisa, *Introduzione: le formule nella percezione del parlante e nella ricerca linguistica*, in: Claudio Giovanardi/Elisa De Roberto (edd.), *Il linguaggio formulare in italiano tra sintassi, testualità e discorso. Atti delle Giornate internazionali di Studio, Università Roma Tre, 19-20 gennaio 2012*, Napoli, Loffredo, 2013, 13-32.
De Roberto, Elisa, *La Margherita Mediana in ottave. Per l'edizione e lo studio linguistico di un cantare agiografico*, La lingua italiana. Storia, strutture, testi 10 (2014), 63-91.
De Roberto, Elisa, *Introduzione. Il testo agiografico al crocevia degli studi linguistici, letterari e filologici*, in: Elisa De Roberto/Raymund Wilhelm (edd.), *L'agiografia volgare. Tradizioni di testi, motivi e linguaggi. Atti del congresso internazionale, Klagenfurt, 15-16 gennaio 2015*, Heidelberg, Winter, 2016, 1-19.
Eufe, Rembert, *Verba dicendi im Gebrauch: Dicere in der «Vita Corbiniani» und ihrer Überarbeitung*, in: Sabine De Knop/Fabio Mollica/Julia Kuhn (edd.), *Konstruktionsgrammatik in den romanischen Sprachen*, Frankfurt am Main, 2013, 261-297.
Ferguson, Charles A., *Diglossia*, Word 15 (1959), 325-340.
Gachet, Frédéric, *Incises de discours rapporté et autres verbes parenthétiques. Étude grammaticale*, Paris, Champion, 2015.
GDLI = Battaglia, Salvatore (ed.), *Grande dizionario della lingua italiana*, 21 voll., Torino, UTET, 1961-2002.
Giovanardi, Claudio/De Roberto, Elisa, *Componente formulare e strategie traduttive in alcuni volgarizzamenti toscani dal francese*, in: Bernard Darbord /Nella Bianchi-Bensimon/Marie-Christine Gomez-Gérard (edd.), *Le choix du vulgaire*, Paris, Garnier, 2015, 103-133.
Isella Brusamolino, Silvia, *La Leggenda di Santa Maria Egiziaca nella redazione pavese di Arpino Broda*, Milano/Napoli, Ricciardi. 1992.
Koch, Peter/Oesterreicher, Wulf, *Lengua hablada en la Romania: español, francés, italiano*. Versión española de Araceli López Serena, Madrid, Gredos, 2007.
Laferrière, Aude, *Les Incises dans les genres narratifs. «Certaines formules des plus prometteuses»*, Paris, Classiques Garnier, 2018
Lagorgette, Dominique, *Termes d'adresse et verbes de parole en moyen français: une approche pragmatique*, in: Juan Manuel López-Muñoz / Sophie Marnette/ Laurence Rosier (edd.), *Le Discours rapporté dans tous ses états*, Paris, L'Harmattan, 2004, 194-203.
Lamiroy, Béatrice/Charolles, Michel, *Les verbes de parole et la question de l'(in)transitivité*, Discours 2 (2008), 1-21.
Mandello, Magda, *Discorso diretto*, in: Rafaele Simone, *Enciclopedia dell'italiano*, Roma, Istituto della Enciclopedia Italiana, ed. spec. 2011, 376-379.
Marchello-Nizia, Christiane, *Histoire interne du français: morphosyntaxe et syntaxe*, in: Gerhard Ernst/Martin-Dietrich Gleßgen/Christian Schmitt/Wolfgang Schweickard (edd.), *Romanische Sprachgeschichte. Ein internationales Handbuch zur Geschichte der romanischen Sprachen*, vol. 3, Berlin/New York, De Gruyter, 2008, 2926-2946.

Marchello-Nizia, Christiane, *Syntaxe de la phrase simple: La phrase incise*, in: Christiane Marchello-Nizia/Bernard Combettes/Sophie Prévost/Tobias Scheer (edd.), *Grande Grammaire Historique du Français*, Berlin/Boston, De Gruyter, 2020, 1243-1245.

Marchello-Nizia, Christiane/Prévost, Sophie, *Le sujet*, in: Christiane Marchello-Nizia/ Bernard Combettes/Sophie Prévost/Tobias Scheer (edd.), *Grande Grammaire Historique du Français*, Berlin/Boston, De Gruyter, 2020, 1055-1126.

Ott, Adreas C., *Das altfranzösische Eustachiusleben (L'Estoire d'Eustachius) der Pariser Handschrift Nat.-Bibl. fr. 1374*, Romanische Forschungen 32 (1913), 481-607.

Pernot, Caroline, *Les différentes formes du discours rapporté comme problème de traduction*, in: Jörn Albrecht/René Métrich (edd.), *Manuel de traductologie*, Berlin, De Gruyter, 2016, 474-490.

Prévost, Sophie, *Évolution de la position du sujet en français: une approche constructionnelle*, Langue française 209 (2021), 41-62.

Renzi, Lorenzo, *I pronomi soggetto in due varietà substandard: fiorentino e français avancé*, Zeitschrift für romanische Philologie 108 (1992), 72-98.

Renzi, Lorenzo, *Storia interna dell'italiano: morfosintassi e sintassi*, in: Gerhard Ernst/ Martin-Dietrich Gleßgen/Christian Schmitt/Wolfgang Schweickard (edd.), *Romanische Sprachgeschichte. Ein internationales Handbuch zur Geschichte der romanischen Sprachen*, vol. 3, Berlin/New York, De Gruyter, 2008, 2830-2846.

Scaccabarozzi, Enrico, *I testimoni della Lauda "O Baptista glorioxo"*, in: Raymund Wilhelm (ed.), *La Lauda su Giovanni Battista del codice Ambrosiano N 95 sup. Testo, lingua e tradizioni*, Heidelberg, Winter, 2019, 1-11.

Serianni, Luca, *Grammatica italiana. Italiano comune e lingua letteraria*. Con la collaborazione di Alberto Castelvecchi, Torino, UTET, 1989/2010.

Spitzer, Leo, *Romanisch *facit 'er sagt' (zur Bewertung des 'Schöpferischen' in der Sprache)*, in: id., *Stilstudien. Erster Teil: Sprachstile*, Darmstadt, Wissenschaftliche Buchgesellschaft, 1961, 223-257.

Vanelli, Laura, *Italienisch: Morphosyntax/Morfosintassi*, in: Günter Holtus/Michael Metzeltin/Christian Schmitt (edd.), *Lexikon der Romanistischen Linguistik (LRL)*, vol. 4: *Italienisch, Korsisch, Sardisch*, Tübingen, Niemeyer, 1988, 94-112.

Wilhelm, Raymund, *Le formule come tradizioni discorsive. La dinamica degli elementi formulari nella Vita di santa Maria egiziaca (XII – XIV secolo)*, in: Claudio Giovanardi/Elisa De Roberto (edd.), *Il linguaggio formulare in italiano tra sintassi, testualità e discorso. Atti delle Giornate internazionali di Studio, Università Roma Tre, 19-20 gennaio 2012*, Napoli, Loffredo, 2013, 213-268.

Wilhelm, Raymund, *Genres littéraires et traditions discursives dans les langues romanes*, in: Jörn Albrecht/René Métrich (edd.), *Manuel de traductologie*, Berlin, De Gruyter, 2016, 523-549.

Wilhelm, Raymund, *Les réécritures entre langue et discours. Quelques réflexions à partir des traductions françaises du* Decameron, Cahiers de l'Association International des Études Françaises 72 (2020), 123-138. [= Wilhelm 2020a]

Wilhelm, Raymund, *Le tradizioni discorsive. Un nuovo oggetto per la linguistica storica?*, in: Gabriella Alfieri/Giovanna Alfonzetti, Daria Motta/Rosaria Sardo (edd.), *Pragmatica storica dell'italiano. Modelli e usi comunicativi del passato*. Atti del XIII Convegno ASLI, Firenze, Cesati, 2020, 505-516. [= Wilhelm 2020b]

Wilhelm, Raymund/De Roberto, Elisa, *La scrittura privata a Milano alla fine del Quattrocento. Testi del manoscritto miscellaneo di Giovanni de' Dazi (Triv 92)*, vol. 1 – *Studi*, vol. 2 – *Testi*, Heidelberg, Winter, 2020.

Tradizioni discorsive nella *Versione Catalana* del *Devisement du Monde*

IRENE REGINATO
Nantes

1 Introduzione. La *versione catalana* del *Devisement du Monde*

Questo testo offre uno studio testuale e discorsivo di un caso particolare di traduzione orizzontale, quello della *Versione Catalana* – o *Versione K* – del *Devisement du Monde* (*DdM*) di Marco Polo. Così definita da Benedetto nell'introduzione al *Milione* del 1928, la *Versione K* (d'ora in avanti anche solo K) indica un ramo della tradizione manoscritta dell'opera poliana che ben si presta a una riflessione sulle dinamiche della traduzione orizzontale. Anzitutto, K si legge in tre testimoni, ciascuno in una lingua diversa: il ms. catalano Ricc. 2048 della Bibl. Riccardiana di Firenze (Kc); il pergamenaceo francese Ott. Lat. 2207 della Bibl. Vaticana (Kf); il testimone aragonese contenuto nel miscellaneo Z.I.2 della Bibl. di San Lorenzo de l'Escorial (Ka). I tre testimoni sono indipendenti e fanno capo a un archetipo perduto (Kx). Di questo archetipo si possono inferire il contenuto (una versione ridotta del *DdM*, mutila dell'inizio e della fine e compendiata nel mezzo); la data di composizione (1333 il *terminus post quem* per l'inserzione di una porzione della *Relatio* di Odorico di Pordenone; 1375 il *terminus ante quem* per lo stretto legame con l'atlante catalano di Abraham Cresques) e la lingua: gli errori di traduzione in Kf e Ka, così come alcuni catalanismi specialmente vistosi nel primo, suggeriscono che Kx fosse catalano. A livello stemmatico, i rapporti tra i tre testimoni individuano Kc – unico testimone diretto – come collaterale all'antigrafo comune di Kf e Ka, testimoni indiretti. Entro la tradizione poliana, poi, la *Versione K* si colloca in posizione collaterale alla redazione francese Fr (ed. Ménard 2001-2009). Come per Fr, anche per K si postula una discendenza da un modello franco-italiano perduto, prossimo alla versione franco-italiana siglata F (Parigi, BnF, fr. 1116). Unica versione completa che conservi la lingua dell'originale, F costituisce la versione di riferimento per tutte le redazioni successive e fungerà da pietra di paragone imprescindibile anche nell'analisi che qui si offrirà a proposito di K.[1]

Di questa rapida sintesi, il punto essenziale è la veste linguistica catalana dell'archetipo Kx. Come accennato, la dimostrazione della derivazione catalana di K si basa in primo luogo sull'individuazione di errori di traduzione in Kf e Ka

---

[1] Per la *Versione K*, cf. Benedetto (1928, CCI-CCX); Meneghetti (2007) e (2008); Gadrat-Ouerfelli (2015, 24-28 e 126-131). Per F, cf. Eusebi/Burgio (2018); le citazioni dai testimoni di K seguono le edizioni in Reginato (2015). Kc è èdito anche in Gallina (1958), e Ka in Nitti (1980) e Sangorrin Guallar (2016).

– con maggiore incidenza nel primo – la cui eziologia obbliga a postulare forme catalane di partenza. Ecco un esempio. In F CXXVII, 5, Marco Polo riferisce la *vendita* dei cavalli in India. Il passo è tradotto correttamente da K, come mostrano le lezioni dei testimoni catalano e aragonese, ma è causa di un errore di traduzione nel testimone francese, secondo il quale i cavalli *vengono* dall'India. La confusione *vendere/venire* è provocata dalla polisemia della forma catalana *venen*, terza persona plurale dell'indicativo presente sia del verbo *venir* sia del verbo *vendre*. La natura dell'errore di Kf individua il catalano come la sola lingua che può aver generato il problema e, di conseguenza, come la lingua nella quale era redatto l'archetipo Kx:

(1)

F CXXVII, 5
Il ont chevaus aseç et buens, et le *vendent* grandisme quantité a les yndiens que en font grant merchandie.

Kc 51, 4
E an moltz cavals que *venen* als Indians, e són moltz bons.

Ka 32, 5
Et han muchos cavallos que *venden* a los Indianos, los quales son muyt buenos.

Kf 50, 4
Et y a moult de chevaux qui *viennent* des Yndes.

In secondo luogo, la veste catalana di Kx è dimostrata da alcuni catalanismi rinvenibili soprattutto in Kf e spiegabili come 'residui' dell'archetipo, due per tutti i nomi propri catalani *Vanecia* per 'Venise' («Et je Marc Pol porté de ceste semence en *Vanecia*» Kf 79, 22) e *Jordi* per 'Georges', riferito al sovrano nestoriano successore del più famoso Prete Gianni («Et en est roy un homme qui est du lignage de Pestre Jehan, par le commandement du Grant Quan. Et l'appelle l'en *Jordi*» Kf 17, 2-3).

Rispetto a quanto ora affermato, questo studio si pone un ulteriore obiettivo: cercare di definire il possibile *milieu* di produzione di K sfruttando il concetto di *tradizione discorsiva* e la sua produttività in un caso complesso di traduzioni orizzontali successive. Lo scopo sarà quello di individuare, entro la *Versione K*, delle tradizioni discorsive che la colleghino ad altri testi accomunati dalla presenza delle medesime strutture, e che individuino usi e contesti specifici. Sfruttando la possibilità delle tradizioni discorsive di stabilire dei legami con delle varietà diacroniche, diatopiche e diafasiche della lingua, si cercherà di contestualizzare l'elaborazione di K entro un ambiente produttore preciso, e di verificarne la compatibilità con i risultati dell'analisi filologico-linguistica. Infine, i dati emersi dallo studio linguistico-discorsivo saranno interpretati entro il contesto storico, geografico e sociale della ricezione della *Versione K*, un ragionamento che permetterà di suggerire, come possibile *milieu* di produzione, la cancelleria reale di Pietro IV d'Aragona.[2]

2 *Axí que*: funzione testuale e dimensione discorsiva di un connettore 'catalano'

Una delle strutture più frequenti in Kc è la congiunzione *axí que* seguita da indicativo, con il valore consecutivo di 'così che'. Il testo catalano ne conta 72 occorrenze su un totale di poco più di 36 mila parole. La pervasività della struttura è evidente, per esempio, nel passaggio in (2), dove ricorre due volte in poche righe. Durante il conflitto con il Myanmar e il Bengala, il Gran Khan

(2)

Kc 46, 1
[...] hi tramès un seu fill per rey, *axí que* lo rey ‹d'›India e de Bangalla sí n'ach gran desplaser con los Tartres anaven axí conquistan les terres e les leuganes partides; e feren ajustar gran host e digueren que covenia que éls los fesecen tornar atràs e que y morissen totz, per tal que lo Gran Cham sesàs de créxer sa seyoria; *axí que* feren aparelar ses gens.

L'assiduità della formula è tale che essa diventa spesso una sorta di connettore *passe-partout* il cui valore consecutivo è debole e la cui funzione pare solo quella di collegare in modo più o meno stringente due proposizioni distinte. Ne è un esempio il passo corrispondente di F (CXX, 3-5), che non reca alcun equivalente del catalano *axí que* in nessuna delle due occorrenze:

F CXX, 3-5
[...] le Grant Kaan ne i avoit encure mandé nulz de sez filz, come el fist puis, car el en fist roi Sentemur, qe estoit filz a son filz qe mort avoie esté. Or avint qe le roi de Mien et de Bangale [...] dist a soi meisme qu'il est mester qe il hi a‹i›lle lor sovre a si grant jens qu'il les metra tuit a mort, en tel mainere qe le Grant Chan ne aura jamés volunté d'envoier illuec autre oste. *Et adonc* cest roi fait mout grant aparoilement, et voç deviserai quelz.

Il confronto è rivelatorio di una situazione sistematica. Delle 72 occorrenze di *axí que* in Kc, nessuna corrisponde a un *ainsi que* in F. Quest'ultima, infatti, presenta solo la variante *si que* e comunque con una frequenza decisamente inferiore, tanto che – per la porzione testuale conservata in K – se ne contano solo una dozzina di casi. L'inserzione di questo connettivo, quindi, può essere attribuita al redattore di K, tanto più che, dal punto di vista sintattico, *axí que* si presta particolarmente alla realizzazione di una versione compendiata, che necessita di ristabilire chiaramente i rapporti di consequenzialità tra una pericope e l'altra dopo aver operato una sintesi piuttosto aggressiva. Che *axí que* rimonti all'archetipo catalano è poi dimostrato dal fatto che la struttura non è prerogativa esclusiva di Kc, ma è pre-

---

[2] In virtù della natura di traduzione di K, sono state escluse le formule che – presenti anche in F – sono verosimilmente originarie. Le formule sono citate da Kc, stemmaticamente il più vicino a Kx.

sente anche in Ka. Caratterizzato da una fisionomia ulteriormente abbreviata rispetto agli altri due testimoni, e da una rielaborazione sintattica successiva, il testimone aragonese Ka presenta ciononostante 48 casi di *assí que*, corrispondenti a quelli rinvenuti in Kc. Molto diversa è la situazione di Kf, che reca la struttura solo due volte e nella variante *(et) ainsi que*. Per tornare all'esempio citato, infatti, la formula *axí que* è conservata da Ka, mentre diventa *et pour ce* nel testo francese:

> Ka 29, 2
> [...] en el anyo de mil et CCCLXII de Jhesu Cristo, [*il Grand Khan*] hi envió un fillo suyo por rey, *assí que* el rey de India ‹et› de Baçalla sí 'nde uvo gran desplazer, [...] deziendo que conviene que ellos los fiziessen tornar atrás o y muriessen todos, por tal qu'el Grant Can cessás de crecer su senyoría; assí que fizieron aparellar sus gentes.

> Kf 45, 1-3
> [...] l'an mil CCCLXII, [*il Grand Khan*] y envoya un sien filz pour estre roy. *Et pour ce* le roy d'Inde et de Gambale en orent grant desplaisir, [...] et dirent qu'il couvenoit qu'il feissent retourner arrieres les Tartres ou il y mourroyent, pour ce qu'i ne se cessoient de ocuper leur seigneurie et leur terres. Et pour ce firent appareiller leurs gens.

La reticenza di Kf alla formula coinvolge tutte le sue occorrenze in K. Nei restanti 71 casi nei quali Kc usa *axí que*, Kf presenta soluzioni diverse: in 5 casi (di cui quello citato) adotta *et pour ce*; in 11 casi traduce con *(et) ainsi*, e in 15 con *et aussi*; in un caso traduce con *et si est* e in uno con *tant que*, mentre in 5 casi solo con un *que* consecutivo. Due volte, poi, sostituisce il connettivo consecutivo con il causale *car* e in un caso con il finale *afin que*. Altrove, infine, riformula il periodo ed elimina la struttura. La varietà degli atteggiamenti di Kf ben evidenzia la diversa natura logica degli *axí que* utilizzati in Kc e Ka, che solo in alcuni casi esprimono un rapporto di conseguenza stringente e palese. Nell'esempio (3), *axí que* ha quasi lo stesso valore – e così è tradotto in Kf – della semplice coordinante *et*:[3]

> (3)
>
> Kc 40, 4
> En aquesta província se fa gran quantitat de gingibre qui fornex tota la província del Catay, axí que aquestz d'esta província n'an gran profit.
>
> Ka 23, 5
> En aquesta provincia se faze tan grant quantitat de gingibre que fornece toda la provincia del Cathay, assí que ende han grant provecho.
>
> Kf 39, 4
> Et en ycelle province crest grant quantité de gingambre qui asovit toute la province de Cathay, et en ont ceulx de ceste province grant proufist.

I rapporti stemmatici tra i tre testi, che individuano Kf e Ka come testimoni collaterali rispetto a Kc, invitano a supporre che *axí que* rimonti all'archetipo comune

---

[3] Anche F CXII, 5 reca *et*: «Et si vos di qe en ceste provence naist si grant quantité de çengibre qe por toute la grant provence dou Catai s'espant et en ont les homes de la provence grant profit et grant bien».

del gruppo piuttosto che all'iniziativa poligenetica e autonoma dei redattori di Kc e Ka. Più economica, questa spiegazione può essere sostenuta dalla resistenza, come accennato, di alcuni casi di *axí que* in tutti e tre i testimoni. Nell'esempio seguente, infatti, Kf conserva il connettivo catalano, traducendolo in *ainsi que*:

(4)

Kc 76, 1-2[4]
‹C›ant hom se part del noble port d'Azocon, navegant per ponent quanta vés garbí e hon ha anades MCCC leugues, sí troba hom una gran ylla qui ha nom Sianba, en la qual és molt richa terra. E [an] rey e lengatje strany. E donen traüt al Gran Cham, so és certz nombres d'orifanys car éls n'an moltz, *axí que* en l'any MCCLXXXV yo March fuy an aquesta yla he viu-hi moltes maraveles.

Kf 75, 1-2
Quant on se part du noble port d'Azocon, nage on par occidant vers garbi mil et II^c lyeues, si treuve on une grant yle qui a a non Sianba, laquelle est moult riche terre. Et si ont roy et langayges estranges. Et doivent trusage au Grant Quan, c'est sans nombre d'oriflans, car il en ont grant quantité, *et ainsi que* en l'an mil II^C LXXXV, je Marc Pol fu en ceste yle et y vis moult de merveilles, […].

Ka 47, 2-3
Quando hombre se parte d'esti noble [puerto] de Azercon, navegando por ponent quanta devers garbí et hombre [ha] hidas mil CCCC leguas, sí troba una grant isla que ha nombre Siamba, la qual es muy rica tierra. Et han rey et lenguague stranyo. Et dan trebuco al Grant Chan, es assaber cierto nombre d'orifantes de los quales han muchos; *assí que* en el anyo de mil CCLXXXV, yo Marco fue en aquesta isla et vi hí muchas maravillas […].

Se il connettore *axí que/assí que* non risalisse all'archetipo ma fosse stato introdotto separatamente da Kc e Ka in quanto risorsa comune delle rispettive lingue, esso non sarebbe probabilmente presente nel francese Kf. Al contrario, la presenza di tale connettivo tipicamente catalano a livello dell'archetipo giustifica la sua resistenza in quest'occorrenza di Kf, e invita a considerare la lezione *ainsi que* come una traduzione letterale del modello catalano.

Lo scarso uso di *ainsi que* da parte di Kf è allora dovuto anzitutto a ragioni linguistiche. La formula *ainsi que*, infatti, presenta in francese un ventaglio di applicazioni assai ampio, tra le quali l'accezione consecutiva è solo una delle possibili. Il dizionario di Tobler, Lommatzsch (TL, II, 366b) attesta *ainsi que*

---

[4] Questa la lezione di F CLXI, 1-2, 11 : «Or sachiés qe quant l'en s'en part dou port de Çaiton et naje por ponent, aucune couse ver garbin, .M.D. miles, adonc vient a une contree qe est apellé Cianba, qe mout est riche terre e grant. Il ont roi por elz e lor prope lengajes e sunt ydres. Et fait trëu au Gran Kaan de leofans chascun ‹an›, e ne le rendoit autre couse che leofans aseç. E vos dirai come cestui roi fait ceste trëu au Grant Chan. […] Or sachiés que en ceste roigne ne se poet marier nulle belle dameselle qu'il ne la voie avant. E, se il li plet, si la prent a feme, et, se ne li plet, il li done monoie por coi elle puesse prandre autre baron. E si vos di qe a les .M.CC.LXXXV. hi fui je, Marc Pol, et a celui tens avoit cestui roi .CCC.XXVI. filz entre masles e femes, qe bien en avoit plus de .C.L. homes qui poient porter armes».

dapprima come variante di *ainsi com* – sia nel valore avverbiale di *ungefähr* ('circa') sia in quello temporale di *während* ('mentre') –, poi come congiunzione di modo analoga a *wie* ('come', un esempio) e infine nel valore di *in der Weise, daß* ('di modo che', due esempi). La struttura è poi registrata dal *Complément* del *Godefroy* (CGDF) nelle sole accezioni modale (sinonimo di *ainsi com*) e temporale («au moment que»), mentre si ritrova anche nella variante consecutiva nel *Dictionnaire du Moyen Français* (DMF), che ne dà il significato di «De manière que, pour que, en sorte que». Al contrario, la voce corrispondente nel *Diccionari català-valencià-barlear* di Alcover, Moll (DCVB) mostra che *a(i)xí que* è frequente in catalano, e – se seguito da indicativo – assume il solo valore consecutivo di «de manera que», «i per això». *A(i)xí que* rappresenta quindi il connettore catalano più ovvio per esprimere la conseguenza ed è senz'altro il prescelto dal redattore di K, dal momento che esso monopolizza tutte le strutture consecutive di Kc.[5]

I dati analizzati finora suggeriscono qualche parziale conclusione. Anzitutto, l'assidua presenza della struttura *axí que* in K va attribuita all'archetipo del gruppo, giacché non presente in F e frequentemente attestata in due testimoni su tre. In seguito, per poter utilizzare in maniera così frequente il connettore *axí que*, e sempre con il solo valore consecutivo, l'archetipo di K doveva essere scritto in lingua catalana.[6] Infine, le due sole occorrenze del costrutto presenti nel testimone francese Kf ne indicano la problematicità e, al tempo stesso, vanno interpretate come dei calchi che il traduttore compie sul modello catalano di partenza, alla stregua dei catalanismi sopra citati.

È possibile estendere il valore della presenza di questa struttura in K e analizzarla in quanto formula presente in altri testi ed evocativa di determinate tradizioni discorsive. Secondo Kabatek (2005, 168), i connettori si prestano particolarmente a costruire una comparazione interlinguistica: legati sia al tipo di testo sia al momento storico, essi sono «síntomas para determinar la tradición discursiva a la que el texto pertenece».[7]

---

[5] Kc mette quindi in pratica il rapporto biunivoco di corrispondenza tra formula e necessità espressiva sottolineato da Wilhelm (2013, 218): «una funzione testuale e comunicativa riceve, tra tutte le possibili realizzazioni verbali, una codificazione linguistica univoca, che diventa regolare e si cristallizza in formula».

[6] La formula costituisce un argomento contro la possibilità che Kx fosse scritto in un possibile 'franco-catalano', o comunque in un francese mescidato di tratti catalani. Un archetipo di questo tipo avrebbe evitato un connettore come *axí que*, così ambiguo in francese, lo avrebbe alternato ad altri o avrebbe prodotto errori d'uso.

[7] Del resto, la stessa definizione di *Tradizione Discorsiva* fornita da Kabatek (2005, 159) insiste sulla connessione tra realizzazione testuale di una sequenza verbale e realtà contestuale: «Entendemos por Tradición Discursiva (TD) la *repetición* de un texto o de una forma textual o de una manera particular de escribir o de hablar que adquiere valor de *signo* proprio (por lo tanto es significable). Se puede formar en relación con cualquier finalidad de expresión o con cualquier elemento de contenido cuya repetición establece un lazo entre actualización y

Lo studio di *axí que* come possibile tradizione discorsiva impone allora la presa in considerazione di altri testi oltre a quello di K. Effettuando delle ricerche entro il *corpus* CICA – *Corpus Informatiztat del Català Antíc* – limitatamente ai testi catalani del XIV secolo, si rilevano dati interessanti. Anzitutto, *axí que* presenta un notevole incremento d'uso tra prima e seconda metà del secolo (da 208 a 439 occorrenze). Quanto ai generi testuali nei quali è rappresentata, accanto a testi narrativi come cronache e opere storiografiche (313 occ.) – il genere più praticato in questo secolo – si rilevano anche testi giuridici (112 occ.) e *Llibres de cort* (70 occ.); solo 9, invece, le occorrenze nella *Prosa de ficció*. Studiando i testi suggeriti dal *corpus*, e isolando gli usi di *axí que* con la stessa sintassi di K (come congiunzione consecutiva seguita da verbo all'indicativo), molti esempi si leggono, effettivamente, tra i documenti prodotti dalla cancelleria di corte. Alcuni si trovano in testi normativi tra cui le *Ordinacions de la Casa i Cort de Pere el Cerimoniós* e il *Llibre de Consolat de Mar*:

> Considerans sàviament e entesa entre les altres coses per divinal disposició a vida humana ordonades lo pas éccer per pus principal e maravellosa refecció del cors de l'hom elet, *axí que* d'ell per sosteniment de vita cotidianament és usador, car sens aquell nengun cors human no és dubte puga lo càrrech corporal sostenir […]. (Gimeno, Goalbo, Trenchs 2009, 63)

Quanto al *Llibre*, un esempio di *axí que* appare in un paragrafo dedicato al nolo delle navi da parte dei mercanti:

> Mercader qui noleiara nau o leny a quintalades, çò es a saber, que lo mercader deia dar quantitat de quintalades a la nau o al leny, lo senyor de la nau o del leny sia tengut al mercader de leuar mes lo quart de les quintalades. En *axí que* si noleia .ccc. quintals lo mercader ne ha .cccc. quel senyor los hi deu leuar en tal forma […]. (Moliné Brases 1914, 47)

Il numero maggiore di occorrenze, tuttavia, rinviene in testi giuridici. Alcuni sono carte processuali trecentesche o del primo Quattrocento. Tra questi, ci si accontenti di citare un processo maiorchino quattrocentesco edito da Pons Delacio, da cui si traggono i campioni seguenti:

> [25v] […] E la dita dona pregà a aquest testis que anàs a maestre Johan Secilià e que·l amenàs aquí per dar consell al mal del dit A. *Axí que* aquest testis anà al dit maestre Johan e féu-lo venir a casa del dit Arnau […]. (cit. in CICA)

> [32v] […] E, a cap de poch, aquest testis e lo dit Arnau oÿren que la dita esclava se contenia ab ·I· jueu, *axí que* lo dit Arnau pujà dalt, là hon la dita esclava era, e aquest testis romàs a la porta. […]. (cit. in CICA)

Sfogliando gli atti notarili, gli esempi si moltiplicano, come in questo verbale del 1315-18 contenuto nei *Clams i crims a la València medieval*:

tradición, es decir, cualquier relación que se puede establecer semióticamente entre dos elementos de tradición (actos de enunciación o elementos referenciales) que evocan una determinada forma textual o determinados elementos lingüistísticos empleados».

[En] Matheu Fort, pelliçer, jurà, ·III_o· nonas januarii Deposà son testimoni ·XIX· Kalendas februarii, e interrogat sobre la ·VIII· declaració, e dix que ·l dit A. de Campdàsens, testador, qui era sogre d'ell testimoni, *axí que* ell ha per muller una filla del dit defunct, e en lo temps que vi[vi]a hoý algunes vegades mentre [...] sehia a la porta d'aquell que ·ls dits marit e muller que ·s contenien en casa e avien [b]rega, *axí que* [...] ohia que ·l dit Ar. appellava aquella "vil desconexent" [...] (*Clams i crims a la València medieval 2*, 161, cit. in CICA)

Sul piano testuale, la maggior presenza di *axí que* in testi di tipo normativo e giudiziario-notarile si spiega attraverso le esigenze comunicative di questo genere. Riprendendo le osservazioni di Albesano (2006, 153), l'uso di un'ipotassi consecutiva rivela la necessità di imprimere «un corso obbligato al pensiero, evidenziando dei legami logici molto elementari e mai ambigui tra i fatti esposti», in modo da facilitare la comprensione del testo da parte del lettore. Così, raccolte di norme, verbali giudiziari e atti notarili utilizzano la formula *axí que* per ragioni espressive non dissimili da quelle avvertite dal redattore di K, ovvero la necessità di evidenziare gli snodi narrativi all'interno di una relazione riassunta di fatti complessi, dei quali è urgente non perdere i rapporti di causa-effetto. Sul piano referenziale, quindi, *axí que* si configura non solo come formula privilegiata di K, ma anche come tradizione discorsiva peculiare di tipologie testuali di tipo giuridico, alcune direttamente legate all'ambiente della corte catalano-aragonese.

L'analisi di *axí que* consente, infine, di formulare un'ultima osservazione sul rapporto fra tradizione discorsiva e traduzione orizzontale, precisamente a proposito del concetto, espresso da Kabatek (2005, 162), d'*interferenza fra tradizioni discorsive*. Lo studioso distingue anzitutto tra interferenza *positiva* (presenza di elementi di una lingua A in un testo della lingua B) e interferenza *negativa* (assenza di questi elementi). L'interferenza positiva può produrre errori visibili ma anche alterazioni nella frequenza d'impiego di una data forma. L'interferenza negativa può essere di *convergenza* (quando si scelgono forme comuni alle due lingue A e B) o di *divergenza* (preferenza per forme differenti). Così, la minore incidenza della formula *axi que* nella traduzione Kf può indicare che il traduttore francese riconosce una tradizione discorsiva appartenente a un'altra lingua e non la traduce (*interferenza discorsiva negativa di divergenza*); quando invece, come nei due casi rilevati, il traduttore francese adotta il calco *ainsi que*, egli dimostra un atteggiamento più passivo nei confronti del modello e produce una forma linguisticamente meno calzante in francese (*interferenza discorsiva positiva*). La maggiore permeabilità di Ka a queste tradizioni discorsive, infine, può essere vista come il segno di una maggiore vicinanza culturale e anche istituzionale (la corte in primis) tra catalano e aragonese.

3 Formule di deissi testuale e linguaggio giuridico/notarile

3.1 Un'altra caratteristica stilistica di K è la frequenza di formule di deissi testuale di tipo soprattutto anadeittico. Non si tratta di formule del tutto estranee al testo originale, ma il testo di K se ne serve in modo molto più frequente e selezionando strutture fisse. Una di queste è la sequenza 'sostantivo + avverbio (*sopra* o equivalenti) + participio passato (in genere un *verbum dicendi* o *scribendi*)'. In 4 casi, K presenta la struttura *desús dit*. Nel primo, essa è giustificata dall'espressione di F «que je voç ai contés en arrieres»:

(5a)

Kc 4, 4
E aquesta provéncia e les altres dues *desús dites* són de la provéncia qui és apelada Tangut.

Kf 4, 4
Aceste prouvince et les autres II *dessus dites* sont de la prouvince qui est appellee Tangust.

Ka 4, 4
Aquestas gentes son ydólatres et á y cristianos; et son del Grant Chan, car aquesta provincia et las otras dos *desuso dichas* son dius la provincia de Tangut, en las quales y á muchos bellos herbages.

F LX, 4
Et la gran provence jeneraus ou ceste provence est, et ceste deus que je voç ai contés en arrieres, est apellés Tangut.

Nel caso successivo, al contrario, la struttura manca in F, che presenta solo un dimostrativo:

(5b)

Kc 84, 7
E con los peys són encantatz, los adurradós van a les fons e trasen les quanquiles. [...] e aquí·n prenen per la manera *desús dita*, ço és de mig setembre tro mig uytubri, e en altra temps no sse·n poden trobar.

F CLXXIII, 9-10
Et quant les homes qe sunt en les petites barches, e qe ont les loiés des mercaant, isent de barches e vont sout l'eives [...]. Et en ceste mainere se pescent les perles, et ce sunt si grandismes quantités qe ce ne fait a conter [...].

La formula va ascritta all'archetipo di K, come dimostra la sua presenza anche in Kf e Ka:

Kf 83, 7
Et quant les po[i]ssons sont enchantés, les pescheurs vont au fons de ce gort. [...] Et illecques les prennent par la maniere *dessus dite*, soit de la moitié du mois de septembre jusques a la moitie du mois d'octobre, car en autre temps n'en peuent nulles treuver.

Ka 50, 8
Et quando los pexes son encantados, los otros nadan sin miedo y sacan las nacras [...]. et aquí pescan por la manera *de suso dicha*, et comiénçanse a trobar aquí de mediant setiembre entro ha mediant otubre, et no en otro tiempo nenguno.

La sua funzione testuale è chiara se si tiene a mente il carattere di compendio di K. Come nota ancora Albesano (2006, 153), qualsiasi riassunto comporta una riorganizzazione dei contenuti che da un lato semplifica il processo espositivo e dall'altro richiede l'inserzione di rimandi interni che garantiscano la tenuta del nuovo testo.

A un livello più elevato, questa formula può essere anche intesa come una tradizione discorsiva peculiare – ancora una volta – a tipologie testuali di tipo amministrativo-giuridico. Così, le già citate *Ordinacions* mostrano la ricorrenza di tali strutture nel capitolo dedicato ai *cavallerices*:

> Con a honor de príncep se pertanga en ornament de cavalls e de palafrens e de muls a ell condecents e de diverses linatges de bèsties habundar, e encara de diverses ornaments de cavalls es pertanga a la gubernació e custodia de les coses *dessús dites*, alscuns instituir presidents qui usen d'offici de stractor per la cura dels quals e sol·licitud les coses *damuntdites* e sengles sien guardades. Emperamor d'açò, les *damuntdites* coses esguardades volem e ordenam dos escuders de la casa nostra al *damuntdit* offici preessere e cura aver de les coses damuntdites [...]. Volents que aquell qui primer haurà aconseguit aquest offici *damuntdit* tenga les *damuntdites* selles, frens e altres ornaments de bèsties; mas, emperò, l'altre de les *damuntdites* coses haja inventari, e en absència del primer ell tenga e guart les coses *damuntdites*. (Gimeno, Gozalbo, Trenchs 2009, 78-79)

Ancora, ritroviamo un elevato numero di espressioni deittiche di questo tipo nel *Llibre de Consolat de Mar*:

> [...] E per la raho *desusdita* los bons homens qui aquests stablimets o costumes faeren, veren e conegueren que gran que gran dan se poguera seguir, e perçò sobre alguns capitols que no con clars elles faeren esmenes perçò que dan ne treball no sen puxa seguir. E sobre lo capitol *desusdit* dien e declaren [...]. (Moliné Brases 1914, 71)

Passando a testi giudiziari, troviamo la struttura anche nel verbale del processo èdito da Pons Delacio, con alcune varianti nel participio:

> Jacme Perets, habitador de la parròquia de Robinis, dalat, jurat e interrogat dir veritat sobre les coses contra ell *dessús denunciades*, e dix sobre aquellas saber e esser ver que la nit e hora *demunt contenngudes*, stant aquestes en casa sua, fo aquí en Thomàs ferrer de Bunyola [...] (Pons Delacio 2013, 104)

Un'altra struttura è costituita da '*lo dit/ los dits/ la dita/ les dites* + sostantivo' (o viceversa). Di per sé poco significativa perché molto generica, la formula acquista interesse in virtù della pervasività con la quale appare. Eccone solo un esempio, tratto da Kc:

(6)

Kc 19, 10-13
En aquest palau sta aquest seyor per gran noblesa que·l palau ha. E *lo dit* palau se lava tot jorn ab ayga frescha, e yamés no y ha calor anuyosa. E con lo seyor se·n va, desfan lo palau a troces e stòyan-lo entrò que torna a *la dita* ciutat. E ve y tos temps a XXVIII jorns d'agost, e dir-vos é per què an aytal yorn. Él és ver que *lo dit* seyor ha moltes egües blanques e negres [...].

I tre testimoni presentano una situazione simile. Kc reca 16 occorrenze di *lo dit* seguito da sostantivo singolare maschile, 10 di *la dita* e sostantivo femminile, 4 per il plurale femminile *les dites* e una per il maschile *los ditz*. Kf ne conta leggermente meno: 10 per *ledit*, 4 per *ladite*, e sempre una per *lesdis*. Ka, più breve e sintatticamente rielaborato, reca 12 volte *el dicho*, 9 *la dicha*, una volta *los dichos* e sempre una *las dichas*. Che la formula rimonti all'archetipo è provato, tuttavia, non solo dalla sua presenza in tutti i testimoni, ma anche dalla scarsissima frequenza con la quale strutture simili appaiono in F, che nel testo completo conta unicamente due attestazioni di *ledit*.

Rispetto ad *axí que*, formule di questo tipo sono universalmente diffuse nel dominio romanzo, e quindi immediatamente traducibili da parte sia di Ka sia di Kf. Di fatto, l'utilità del concetto di TD consiste proprio nella separazione tra dimensione linguistica e dimensione discorsiva, distinzione che consente di individuare TD sovralinguistiche, ovvero non appartenenti a una lingua in particolare, ma trasversali e codificate di volta in volta nelle singole lingue (Wilhelm 2013, 215). Non connotate linguisticamente in senso catalano, queste formule sono utili a individuare delle peculiari tradizioni discorsive con le quali mettere a confronto il testo di K. La ricerca di *lo dit* all'interno del corpus CICA dà al primo posto, per numero di occorrenze, i *Llibres de cort*, seguiti dai testi giuridici, da quelli amministrativi e di cancelleria e – con una certa distanza – dai testi cronachistici e storiografici. Nel dettaglio, tra i testi di carattere giuridico si citano i *Pergamins, processos i cartes reials*, i *Clams i crims a la Valencia medieval*, verbali di processi (*Procès criminal contra Antònia Marquès*); tra i documenti amministrativi prodotti dalla cancelleria regia soprattutto i *Documents de la Cancelleria d'Alfons III* e le *Ordinacions de la Casa i Cort de Pere el Cerimoniós*, mentre tra i testi cronachistici essenzialmente la *Crònica* di R. Muntaner. Effettivamente, la frequenza della formula nei testi di natura giuridico-amministrativa è vistosa, come mostrano i campioni testuali di seguito elencati. Cominciando dai testi strettamente giuridiziari, la struttura è omnipresente nel processo quattrocentesco contro Antònia Marquès èdito da Rabella i Ribas:

> Inter*rogatus* si sap o ha oÿt dir/ que tractament alcu sie estat entre *lo dit* P. Verger e A. M*a*rquès q*ue la dita* Anthònia degués morir. E dix que ell testis ha oyt dir *al dit* A. Marquès que dimecres prop passat *lo dit* A. e *lo dit* P. Verger <...>/ estas <...> los Frares Menors; e q*ue* apr*és* q*ue* hagué/ parlat *del dit* fet, *lo dit* P. Verger/ promès *al dit* A. Marquès q*ue*, ans de mija*n*t lo prese*n*t mes de juliol, lo dit P. Verger auria dada mort a *la dita* Anthònia. (Rabella i Ribas 1998, 35)

Una frequenza simile si trova anche nel *Llibre del Consolat de Mar*:

> Passada la dita festa de Nadal los consols ab alguns promens de mar presenten lo dit jutge elet al portant veus de procurador en lo regne de Valencia o a son loctinent e iura en poder daquell que be e lealment se haura en lo dit offici. E aquell qui per los dits consols es al dit procurador presentat en jutge de les dites appellacions, aquell reb lo dit procurador en iutje de les dites appellacions. E axi es acostumat de fer no contrastant que en lo privilegi als dits promens de mar per lo senyor Rey sobre la eleccio del dit jutge atorgat sia contengut quel dit jutge quascun any per lo senyor Rey o per son procurador sia elet. Com daxo lo dit senyor Rey nel dit privilegi no haien usat null temps. E axi serues segons que desus es dit. (Moliné i Brases 1914, 22)

La formula è tipica di moltissimi documenti prodotti dalla cancelleria regia, e si rivela utile soprattutto nelle ricostruzioni di fatti accaduti o – come nei verbali giudiziari – nella trascrizione di discorsi diretti:

> 1342, octubre 20. València.
> *Legació confiada pel rei Pere el Cerimoniós al vicemirall Mateu Mercer...*
> [...] A les quals coses repona *lo dit* en Matheu Mercer. E primerament, a la primera, que·*l dit* senyor rey graeix molt *al dit* rey de Castella la bona intenció que ha de tractar pau entre *lo dit* senyor rey e *lo dit* rey de Mallorcha; emperò, que aadés no és necessari ne expedient de fer *lo dit* tractament, car lo senyor papa tramès un legat seu *al dit* senyor rey per tractar pau e avinença entre ell e *lo dit* rey de Mallorha, e jassi·açò que·*l dit* legat senyor rey, per tractament *del dit* legat sia vengut a *Barchinona al dit* senyor rey [...].
> (Rodrigo Lizondo 2013, 452-453)

Di tipo vistosamente testamentario-notarile è anche la sequenza verbale composta dal pronome di prima persona e dal participio passato del verbo *dir*, seguito dal nome e dal cognome dell'autore: *yo dit March Pol*. Il costrutto ricorre in tre casi in Kc, non è mai confermato da F[8] ed è ricalcato solo parzialmente da Kf e Ka. L'esempio qui proposto riguarda le affermazioni di Marco sulla salamandra, che smentiscono la leggenda che essa sia un animale capace di vivere nel fuoco, e la identificano invece con i filamenti dell'asbesto. La portata innovativa del testo richiede il sostegno di prove che lo rendano credibile. Ecco perché F insiste nell'affermare il valore della testimonianza oculare di Marco:

(7)

> F LIX, 13
> Et ce est la verité de la salamandre que je voç ai dit, et toites les autres chouses qes'en dient sunt mensogne et fables.

L'importanza assegnata all'autopsia è enfatizzata in K attraverso la formula *yo dit March Polo*. La formula è semplificata in Kf, che lascia cadere il verbo *dir*, mentre l'intera frase è rielaborata da Ka:

> Kc 3, 10-11
> E açò és certa cosa, e asò és la salamandra que hom diu. E negun no·n gosa portar ni trer fora d'aqueles encontrades, si no lo Gran Cham. E *yo dit March Polo* é vistes les dites coses.

> Kf 3, 10-11
> Et cecy est certainne chose et ce est la salemandre que l'en dit. Et nulz n'ose traire ne porter hors de celles encontrees si ce n'est le Grant Quan. Et *je Marc Pol* ay veües les choses dessus dictes.

> Ka 3, 7
> Et aquésta es la salamandra, de la qual nenguno no 'nde osa portar ni sacar fuera de aquellas encontradas, si no el Grant Chan. Aquestas cosas vi *yo* todas.

---

[8] Attestazioni di garanzia autoriale sono tuttavia presenti nel testo di F, ma la maggiorparte sono in terza persona. Si contano solo 4 casi di formule alla prima persona, sempre formate da '*je* (*meisme*) + nome' e mai con l'anadeittico *dit* (cf. CLI, 6; CLII, 9; CLXI, 11; CLXI, 11; CLXVI, 2).

La *Versione Catalana* del *Devisement du Monde*   117

La ricerca di *yo dit* nel CICA, ristretta ai testi del secolo XIV, rileva la formula soprattutto nei testi giuridici e, come prevedibile, specialmente negli atti notarili. Tra i moltissimi esempi, quello riportato di seguito reca, oltre ad altre formule già illustrate, numerose occorrenze di *yo dit*:

> [...] On, com lo dit Nadal furcívolment e faén furt amagàs e celaç lo dit catiu e aquell tingés amagat e celat ensemps ab la dita moneda tro en la dita ora de mig dia que tornà lo dit catiu a *mi dit Jacme*, ab ·XXXI· sols ·VIII· diners, et enaprés en ora de ora nona com *yo dit Jacme* feés lo dit Nadal venir davant vós sènyer dit loch tinent, e fos a la porta de la moreria, lo dit Nadal volén cobrir sí del dit furt, féu tornar mi e d'altres qui ab ell e ab mi eren a la tintoria de son senyor, qui és prop lo bany del senyor rey, a la moreria, e féu guardar en ·Ina· picha de pedra, e foren-hi atrobats ·LVIII· barceloneses d'argent e ·II· diners menuts, e lo dit Nadal tinga en sí lo sobrepús del dit furt e aquell no aja volgut retre ab lo dit catiu, per ço *yo dit Jacme* requir vós sènyer dit justícia que·l dit Nadal sia per vós e per vostra sentència condempnat [...]. (*Clams i crims a la València medieval 2*, 222, cit. in CICA)

Dal punto di vista discorsivo, queste sequenze anadeittiche rafforzano l'impressione di un legame tra K e testi di tipo amministrativo-giuridico e giudiziario-notarile. È possibile individuare altre formule che, pur essendo meno frequenti, possono tuttavia concorrere a confermare quest'impressione.

3.2 Un avverbio che colpisce il lettore di K fin dalle prime righe del testo è *Primerament*. Presente con frequenza pressoché identica nei tre testimoni – sette occorrenze in Kc e Kf, sei in Ka – esso acquista particolare rilevanza poiché inserito nel breve preambolo che dà avvio alla *Versione K*, e che recita così in Kc:

(8a)

> Ací comensa lo libre de les províncies e de les encontrades qui són desotz la seyoria del gran emperador del Catay, lo qual ha la seyoria del Gamballech, e seyor dels Tartres, axí con ho reconta micer March Pollo ciutadà noble de Venecia; e *primerament* diu axí de la província de Tangut, hon él stech XXVI anys per saber la veritat de les coses daval scrites.

Omesso in Ka, il preambolo è presente in Kf, che traduce letteralmente l'avverbio catalano in *premierement*:

> Icy commance le livre des prouvinses et des encontrees qui sont soubz la seignourie du grant empereur del Cathey, lequel a la seignourie de Gambalech, et seigneur des Tartarins, ainsi comme raconte messer Marc Pol, ciutadà de la noble cité de Venecie; et *premierement* dit ainsi de la prouvinse de Tangut, ou il demoura XXVI ans pour savoir la verité des choses cy dessus escriptes.

Immediatamente dopo, K inizia il racconto *in medias res* all'altezza del capitolo F LVII, che vede Marco attraversare il deserto del *Lop*, in Tibet. L'incipit vero e proprio di K inizia ancora con l'avverbio *primerament/premierament* :

(8b)

Kc 1,1
Primerament, cant hom cavalcha XXX yornades del gran desert qui s'apela lo desert del Lop [...].

Kf 1,1
Premierement, quant l'en chevauche XXX journees du grant desert de Lop [...].

Ka 1,1
Primerament, quando hombre cavalga XXX jornadas del grant desierto qui se clama el desierto del Lobo [...].

La valenza di formula di *primerament* è tale che esso è utilizzato più per la sua funzione testuale che per il suo significato proprio. Lungi dall'introdurre il primo elemento di una serie, infatti, *primerament* funge spesso da mero segnale introduttivo e non è seguito – come ci si potrebbe attendere – da forme quali *segonament/deuxièmement*. Ecco, ad esempio, come iniziano la descrizione del palazzo reale di *Ciendi* (*Chang-tou*, Cina) e quella della città di *Quinsai* (*Hang-tcheou*):

(8c)

Kc 19, 5-9
En lo mig loch de la devesa sí à un altre palau de canes [...]. E dir-vos é con és fet. *Primerament*, les canes de què és fet lo palau han de gros III pal‹m›s, e de lonch de XV a XX palms. E és fet aque‹s›t palau en tal manera c'om lo pot mudar là on lo seyor se vol, so és a troces; e ten-se tot ab cordes a manera de tendes.

Kc 57, 12
Primerament, la ciutat de Quinsay té C legües en redon e a dedins XII^m pontz de péra, e dejús aquestz pontz poria pasar una cominal nau; e per tal hi à tantz pontz, con la ciutat és tota en aygua axí con en Venècia, e atressí és tota entorn enrevironada de grans aygües.

L'avverbio non trova quasi mai un equivalente francese in F che, su 110 mila parole totali, ne presenta solo 13 occorrenze[9] e, delle sette occorrenze totali in K, reca solo un *primermant* in corrispondenza del passo relativo a *Quinsai* (F CLI, 7). La struttura, quindi, sembra essere – come *axí que* – risultato della manipolazione del *DdM* da parte del redattore di K.[10]

Anche in questo caso, *primerament* non è un tratto di stile riconducibile solo alla *parole* del redattore di K, ma emerge con frequenza come struttura tipica di testi giuridici o di tipo amministrativo. Delle 566 occorrenze rilevate dal CICA, infatti, 253 provengono da testi normativi, come i *Furs de Valencia* o il *Llibre del Consolat de Mar*:

[...] *Primerament* és necessària, que meyns de justícia no poden viure los hòmens en aquest món, car no tan solament se deven jutjar los hòmens per los reys, o per aquels qui tenen en lur loch, d'on los és donat poder del Senyor de les creatures [...]. (Colon, Garcia, 1970, 93, cit. in CICA)

Primerament, que totes robes e mercaderies qui entren o hisquen en, o, del principat de Cathalunya, pr mar ho per terra ho per aygua dolça, exceptades les coses dauall escrites,

---

[9] La forma maggioritaria è *primermant* (8 occ). Appaiono una volta ciascuna le forme: *primeramant, primiermant, premermant, premeremant, premierement*.

[10] A differenza di *axí que*, l'avverbio *primerament* è facilmente traducibile in francese, e questo ne spiega la conservazione in Kf.

paguen e sien tengudes de pagar entrant e exint per liura de diners daço que les dites robes e mercaderies hauran costat, quatre diners. (Moliné Brases 1914, 226)

Infine, la struttura del preambolo di K – «*Ací comensa* lo libre de les províncies e de les encontrades qui són desotz la seyoria del gran emperador del Catay [...] *e primerament* diu axí de la província de Tangut...» – ricalca esattamente l'incipit tipico delle diverse sezioni delle *Ordinacions* di Pietro IV. La seconda sezione, infatti, inizia con il preambolo «*Ací comença* la segona part del libre *e primerament* de l'offici dels camarlenchs» (Gimeno, Gozalbo, Trenchs 2009, 88), e la quarta in modo del tutto analogo: «*Ací comença* la quarta part del libre *e primerament* del mestre racional» (ib., 147). Se si considerano i documenti della cancelleria di corte, *primerament* interviene più e più volte, e in alcuni casi introduce un'enumerazione di più elementi successivi introdotti da *item*:

> [...] *Primerament*, que els damunt dits en Ferrer e misser Jacme dejen pregar e requerir de paraula de part del senyor rey lo dit archabisbe que ell consenta e don loch e favor que [...]. *Ítem*, que si lo dit archabisbe denegava que·l senyor rey no puxa o no déjà fer cullir e levar lo dit bovatge per menut en la dita ciutat [...]. (Rodrigo Lizondo 2013, 422)

Un'altra struttura frequente in Kc è *per què* a inizio di frase, nel significato di 'per la tal cosa'. Si veda l'esempio (9), corrispondente a F LXIV 13, dove Marco riporta un discorso diretto rivolto dal Prete Gianni a un messo di Gengis Khan. Dopo aver criticato l'arroganza del sovrano mongolo nell'aver osato chiedere sua figlia in sposa, il Prete Gianni si rivolge all'ambasciatore e lo invita, *per queste ragioni* («Per què»), a tornare dal suo signore e a riferirgli il suo sdegnoso rifiuto:

(9)

Kc 8, 9

E con és tan ardit vostre seyor que·m deman ma fila per muller, e que él sia mon sclau e mon hom? Verament que yo·n faria peses abans que ma filla li enviàs! *Per què*, anatz-vos-en a vostre seyor, e digatz-li que jamés no·m venga negun davant, e si o fa, yo los faré gran honta!

Il connettore manca in F, che non esplicita il legame logico tra le due proposizioni e introduce la seconda con *Or*:

F LXIV, 13

Conmant ne a grant vergoigne Cinchis Can de demander ma file a feme: or ne set il qe il est mes homes et mon sers? Or retornés a lui et li dites que je firoie ardoir ma file que je le la donast a feme. Et li dites por ma part que je li mant qu'il convient qe je le met a mort, si com traïtor et desliaus qu'il estoit contre son seingnor.

Anche l'aragonese Ka non presenta una formula analoga, ma semplifica la sintassi e utilizza semplicemente *et*:

Ka 7, 9

Et cómo es tan ardido vuestro senyor que me demanda mi filla por muller, seyendo él mi sclao et mi hombre? Certas, yo me faría antes pieças, que le enviás mi filla! *Et* anát-vosne et dezítle que jamás no m'en venga nenguno davant, et si lo faze, yo le faré grant onta et desplazer!

Tuttavia, la presenza di *per què* a livello dell'archetipo Kx è garantita dal testo di Kf, che traduce il *per què* catalano con il calco letterale *por quoy*:[11]

> Kf 7, 9
> Et comment est vostre seigneur si hardy ne s‹i› osé qu'i demande ma fille pour femme, quar il est mon serf et mon homme? Vrayement, je feroye avant pieces de ma fille, que je ly donnasse a femme! *Por quoy*, vous en retournerés a vostre seigneur, et ly dites que jamais nul messagier ne m'en vienne devant, quar s'il y vient je luy feray grant honte!

Anche la formula *per què* si presta a essere analizzata come tradizione discorsiva e rafforza il legame di K con i testi finora individuati. Duarte i Montserrat (1984, 4) ne rileva l'elevata ricorrenza nella documentazione amministrativa medievale, segnatamente per «introduir, a la fi de l'exposició de motius, la sollicitud concreta que es fa en les instàncies». Due esempi si leggono nelle seguenti lettere, la prima scritta da Pietro IV al notaio Jaume Conesa e datata 11 dicembre 1363:

> [...] bé sabets que alguna altra persona de nostra casa que sia nostre escrivà en los dits afers per los quals havets anar en Navarra sinó vós, de qui confiam molt més que d'algun altre escrivà nostre [...]. *Per què* volem, si jamés a nós desijats servir, que encontinent partiscats ensemps ab los damunt dits mossèn Ramon Alamany e mossèn Berenguer en Navarra [...] (Perujo Melgar 2015, 68)

La seconda, del 1398, inviata da Giovanni I al procuratore del Roussillon:

> Procurador. vista havem .i. letra que vos havets tramesa al feel secretari nostre en G. Ponç sobre ço que dehits que us es stat dit d'aquex gentil hom de la terra francesa [...], *per què* responents vos a a ço que menanats saber de nos sobre lo dit fet [...]. (Rubio i Lluch 1908-1921, II, 349, doc. CCCLXI).

Infine, un'altra struttura che avvicina il testo di K a documenti di area giuridica è *segons que*, generalmente seguita da soggetto e verbo *dire*. Kc ne reca otto occorrenze, di cui solo una è confermata da un «selon que» in F (Kc 77, 1 ; F CLXII, 2). In tutti i casi, si tratta di una formula che rimonta all'archetipo Kx, e che si conserva quasi sempre anche in Kf e Ka. L'aragonese traduce sempre in *segunt que*, mentre Kf sceglie soluzioni differenti, tra cui soprattutto il calco *selon ce que* (3 occ.):

(10)

> Kc 1, 17-18
> Encare fan altre cose: con los cors és mort, éls fan venir los encantadors que fasen sortz si és l'ora que·l deyen anar cremar [...] car a vegades no·ls cremen de VIII dies o de XV o de un mes depuys que són mortz, e a vegades de VI meses, *segons que* los encantadors disen.

> Kf 1, 17-18
> Et encores font il autre chose: ainsi comme le corps est mors, il font venir leur enchanteurs qui facent sors s'il est heure qu'i le doient porter ardoir [...] car aucune fois n'en art le corps de six jours ou de quinze tout du moins, selon ce que les enchanteurs dient.

---

[11] Delle 7 occ. di *per què* in K, Kf traduce 3 vv. con *pour quoy*, 1 v. con *pour ce* (44, 8), mentre altrove riformula.

> Ka 1, 16-17
> Encara, quando el cuerpo es muerto, fazen venir los encantadores et echan suertes si es ora que lo devan levar a cremar [...] car a vegadas no los creman de un mes aprés que son muertos

Come per le strutture precedenti, anche per *segons que* si rileva un elevato numero di occorrenze in testi di tipo giuridico-amministrativo. Si vedano questi esempi tratti dalle *Ordinacions* di Pietro IV e da una missiva dello stesso sovrano ai suoi ambasciatori a Tarragona:

> Enaprés, per los dits majordòmens licències sien donades de trer pan e vin e carns e altres viandes de la nostra cort *segons que* a ells serà vist rahonable [...]. (Gimeno, Gozalbo, Trenchs, 56)

> Primerament, que els damunt dits en Ferrer e misser Jacme dejen pregar e requerir de paraula de part del senyor rey lo dit archabisbe que ell consenta e don loch e favor que·l dit senyor rey faça cullir per menut lo bovatge de la ciutat e Camp de Tarragona [...]. E, *segons que* moltes vegades n diverses lochs e em molts consells e determenacions, en les quals lo dit archabisbe és stat present e procuradors seus e dels hòmens de la sua Esgleya e molts doctors e altres savis, és stat disputat e determenat [...] (ACA, C, reg. 552, fols. 161r-162r; Rodrigo Lizondo 2013, 422)

La struttura ricorre anche nelle carte processuali già citate, entrambe recanti la *segons que(·s) deÿa*:

> [5v] Anthoni Urrach, habitador de (...), jurat e interrogat dir veritat sobre les dites coses demunt denunciades, dix sobre aquells saber e esser ver que la nit e hora dessús expressades aquest [...] anà ensemps ab lo dit Thomàs vers l'alberch d'en Bernat Daviu per manar-se'n sor Marió, filla del dit Thomàs, la qual, *segons que*·s deya, feya adulteri en lo dit alberch [...] (Pons Delacio 2013, 108)

> [26r] [...] Interrogatus per quina rahó la dita muller del dit A. hagera met[zi]/nat lo dit A. E dix que, segons comuna fama e segons/ tenor d'una letra, la qual la dita muller – segons que·s deÿa –/ havia feta fer [...] (Rabella i Ribas 1998, 53).

Nel *Manual de consells* ne troviamo un'occorrenza all'interno di una ricevuta d'acquisto, mentre altri esempi si trovano nel *Llibre del Consolat de Mar*:

> En Bernat Cardador e la dona Guillamona, muller sua, en Sanxo Cervera, notari [...] regonexen que yo, dit en Bernat Cardador, havia comprat dels honrats jurats del any present de la dita ciutat la imposició de la mòlta del any present per preu de ·XXXMCCC· sous [...], *segons que* en la carta de la dita compra se conté pus. (*Manual de consells* (1378-1379), 113 ; cit. in CICA)

> *Segons que* en lo capitol ia desus es contengut que mariners qui pledeiaran ab lo senyor de la nau o leny que lo senyor de aquella nau o daquell leny los es tengut quels do a menjar mentre que ab ell pledeiaran [...] (Moliné Brases 1914, 71).

L'impressione è che si tratti ancora una volta del risultato di una possibile deformazione professionale da giurista/notaio del redattore di K. A conferma di ciò, si veda un altro esempio, nel quale *segons que* è seguito da un verbo 'tecnico' che ha dato filo da torcere al traduttore francese di Kf e a quello aragonese di Ka. Descrivendo le usanze matrimoniali mongole, Marco Polo racconta le pratiche poligamiche e precisa che la prima moglie gode di maggior considerazione:

(11)

F LXI, 10-11
Il prenent jusque en trente femes, et plus et moin selonc qu'il est riche et qu'il en puent tenoir. Et les homes donent a lor femes por lor doaire bestiaus et esclaif et monoie, et selont son poir; mes si sachiés que la primere tent il por la meior.

K rielabora il passo inserendo un dettaglio aggiuntivo secondo il quale i Tartari scambierebbero le mogli l'uno con l'altro:

Kc 5, 8-9
E cascun pot pendre tantes mulers con se voll, mas la primera an per pus melor e és més presada. E exoar fan de bèsties e de moneda cascun segons son poder, e cambien lurs mulers *segons que* se·n *poden avenir*.

L'espressione che qui interessa è «segons que se·n poden *avenir*», nella quale il verbo *avenir-se* assume il significato di 'accordarsi': i Tartari scambiano le loro mogli 'secondo reciproci accordi'. L'aragonese Ka comprende il senso generale della pericope, ma ne dà una versione ridotta:

Ka 5, 6-7
Et cadaúno puede tomar tantas mulleres como se querrá, mas la primera han por millor et es más preciada. Et dan axuuar de moneda et de bestias cadaúno segunt que puede, et algunas vegadas canbian las mulleres unos con otros.

Al contrario, il testo francese amplia il dettato e dimostra di aver sì inteso la situazione, ma di non conoscere quest'uso particolare di *avenir*:

Kf 5, 8-9
Et chascun puet pranre tant de femmes comme ilz vuellent, mais la premiere est la plus prisee. Et chascun fait pourvision a son pouoir d'avoir bestes et monnoye pour changier leur femmes, *ainsi comme y se puet avenir du marché*.

La lezione «ainsi comme y se puet avenir du marché» recupera, introducendo la comparazione con *le marché*, l'idea di un accordo e di uno scambio, ma costituisce un'espansione personale del traduttore, che cerca di dare un senso a un testo che non comprende appieno. In ogni caso, è evidente che la lezione di Kc doveva trovarsi a livello dell'archetipo, e che questo doveva necessariamente essere scritto in catalano. Inoltre, ed è quanto interessa maggiormente, *avenir* con quest'accezione è registrato in testi quasi esclusivamente appartenenti alle medesime tipologie testuali finora evocate, fornendo una conferma lessicale al ragionamento fin qui condotto. Un esempio interessante riguarda il reclamo portato da R. Muntaner al comune di Venezia, al quale chiese la restituzione di quanto perso durante l'assalto, a Negroponte, della galea nella quale si era imbarcato (cf. Borsari 1997):

[…] ara, senyer, es veritat que .i. mercader de Mallorca per nom en R. Paya vench a mi en Valencia l altre jorn e dix me […] que l prega que vengues a mi que s metes migancer entre l comu de Venecia e ab ell esemps, e que si trobava que yo m volgues *avenir* ab lo comu que com ell seria tornat ab les galees de Flandres a Mallorca […]. (Rubio i Lluch 1908-1921, I, 74-76 doc. LXVI)

Infine, limitandoci ai soli testi già citati, *avenir-se* ricorre nella missiva di Giovanni I al procuratore del Roussillon, nel verbale del processo ai danni di Antonia Marquès e nel *Llibre del Consolat de Mar*:

> [...] si atrobats que axi sie com vos es estat dit, [...] ell vos liure totes les dites scriptures, registres, e cartes, *avenits* vos ab ell e hi finats de tot an aquella quantitat a que mils vos sera semblant [...]. (Rubio i Lluch 1908-1921, II, 349, doc. CCCLXI).

> [19r] E [l]o dit A. Marquès/ respòs en la forma següent o per semblants paraules:/ «Senyer, ma muller me ha fet granultratge e m·a/ dades metzines ab blets ; e, si no fos triaga que jo/ reebí, fóre mort, perquè, sènyer, mon sogre e jo »/ – dicendo hoc del dit P. Verger – «nos som avenguts/ que d'ui a digmenja primer vinent ell eli darà mort». (Rabella i Ribas 1998, 47)

> [...] si lo senyor de la nau o leny e aquells proismes, o aquells qui les comandes hauran fetes a aquell mercader qui mort sera no sen poran *auenir*, deu esser mes aquell contrast que entre ells sera en vista e en conneguda de dos bons homens qui sien dignes de fe [...]. (Moliné Brases 1914, 142)

Avenir-se non è l'unico caso di difficoltà lessicale di Kf nel passaggio considerato. Subito prima, infatti, Marco riferisce che presso i mongoli la *dote* («doaire») è offerta dall'uomo alla donna:

(12)

F LXI, 10-11
Il prenent jusque en trente femes, et plus et moin selonc qu'il est riche et qu'il en puent tenoir. Et les homes donent a lor femes por lor *doaire* bestiaus et esclaif et monoie, et selont son poir; mes si sachiés que la primere tent il por la meior.

Il passaggio è puntualmente tradotto da Kc:

Kc 5, 8-9
E cascun pot pendre tantes mulers con se voll, mas la primera an per pus melor e és més presada. E *exoar* fan de bèsties e de moneda cascun segons son poder, e cambien lurs mulers segons que se·n poden avenir.

Exoar è una delle tante varianti grafiche (*eixogar, eixoal, aixoar...*) del termine *aixovar/eixovar*, e indica tecnicamente la dote degli sposi. Deformazione iberica dell'arabo classico *ax-xuwár* attraverso la consueta agglutinazione dell'articolo, *aixovar* corrisponde al castigliano *ajuar* e all'antico aragonese *axovar* (cf. il *Diccionario etimológico castellano* di Coromines, DEC). Perfettamente comprensibile per un traduttore aragonese, il termine è quindi presente in Ka, mentre deve aver dato problemi al traduttore francese di Kf, che pasticcia anche qui:

Ka 5, 6-7
Et cadaúno puede tomar tantas mulleres como se querrá, mas la primera han por millor et es más preciada. Et dan *axuuar* de moneda et de bestias cadaúno segunt que puede, et algunas vegadas canbian las mulleres unos con otros.

Kf 5, 8-9
Et chascun puet pranre tant de femmes comme ilz vuellent, mais la premiere est la plus prisee. Et chascun fait *pourvision* a son pouoir d'avoir bestes et monnoye pour changier leur femmes, ainsi comme y se puet avenir du marché.

La difficoltà di Kf può ancora una volta essere spiegata con la relativa rarità del termine in catalano, impressione confermata dal fatto che esso pone problemi anche più avanti nel testo (all'altezza di Kc 14,3; Kf 13, 3-4; Ka 9, 21; F LXIX, 31-35). Quanto ai tipi di testo nel quale il termine è maggiormente attestato, il corpus CICA rileva soltanto un'occorrenza, nei *Costums de Tortosa* (seconda metà del XIII sec.):

> So és, aytant con pren en exoar, és custuma que li·n fa més la meytat de la quantitat que y pren, so és que si pren ·C· sous li fa ·L· sous de crex, e assò fa segons la quantitat tota via que pren. (cit in CICA)

Più completo il DCVB che, oltre alla *Doctrina pueril* di Llull, cita una serie di documenti di natura giuridica, tra i quali un *Manual Notarial* e i *Privilegis i Ordinacions de les Valls Pirenenques*.

Infine, è possibile rilevare un altro termine che crea imbarazzo al traduttore francese, e che appartiene sempre – sebbene non in modo esclusivo – al lessico *basic* di un notaio. Si tratta dell'aggettivo *(e)scàpol*, che Kc presenta al capitolo 15, il capitolo dedicato proprio all'esercizio della giustizia presso i Tartari. Kc racconta che, in caso di furto, il ladro subisce varie pene corporali, che aumentano in caso di recidiva. Se, però, il colpevole è in grado di risarcire la vittima di una somma pari a dieci volte il valore del bene sottratto, allora evita la pena e «és scàpol», ovvero 'libero':

(13)

Kc 15,1-2
Lur justicia és tant fort que, con alcú ha amblada alcuna cosa as altre, li donen VII bastonades; e si o fa altre vegada, donen-li·n XVII; e [...] per aquesta manera multipliquen entro a CVII. [...] però, si él pot dar a X vegades aytant con val la cosa que aurà emblade, és *scàpol*.

Deverbale di *excapar*, *(e)scàpol* è glossato dal DCVB come «Escapat, deslliurat diun dany o perill; que ha conseguit de fugir». L'etimologia – il latino *EXCAP-PARE – è ben evidente nel testo di F (LIX, 27), che legge « se celui qe anble puet paier et vuelt doner .VIIII. tant que cel que il a enblé, il *escanpe*». Sceglie la variante verbale anche l'aragonese Ka, mentre il francese Kf traduce *ad sensum*:

Ka 9, 20
[...] peró, si él puede dar X vegadas a tanto como valerá la ropa que ‹á› robado, *scapa*.

Kf 14, 2
[...] mais, s'il se puet rachater de x fois ou tant comme ce qu'il ara emblé vault, *il ne mourra point*.

La difficoltà del traduttore francese è comprensibile se si considera la relativa infrequenza di *(e)scàpol* in catalano, attestato solo due volte nel corpus CICA e nel dizionario DCVB, e sempre in testi contenenti disposizioni giuridiche. Si tratta in primo luogo dei *Costums de Tortosa*, e in secondo luogo, del più volte citato *Llibre del Consolat de Mar*:

E con desús sia dit que·l pot pendre e tenir pres tro aja restitutió de la dobla, és entés si al torn de son viàgie lo troba, car si a l'entrar del viàgie lo troba e·l pren, e·l mena ab sí, e segex lo viàgie, al torn, és *escàpol* lo mariner fuit, que no és tengut de restituir sinó tant solament del don [...]. (cit. in CICA)

Si senyor de nau vendra la nau o altre qui la pusca vendre, a hom strany qui noy hagues part, tot lo loguer deu pagar als mariners, e son *scapols*. (Moliné Brases 1914, 73)

4 Un catalano da notaio: il *milieu* di produzione di K

Lo studio della dimensione discorsiva delle formule della *Versione K* ha portato alla luce strutture peculiari di determinate tipologie testuali, cioè di testi giuridico-amministrativi e soprattutto giuridiziari e notarili. È allora lecito chiedersi se il dato linguistico – lingua catalana dell'archetipo – e il dato discorsivo – strutture formulari sovralinguistiche di tipo giuridico-notarile – possano essere incrociati per avanzare un'ipotesi circa l'ambiente produttore di K. Di fatto, è possibile che tradizioni discorsive potenzialmente universali ricevano connotazioni diacroniche, diatopiche e diastratiche, intrecciando legami con periodi storici, realtà geografiche e gruppi sociali. Quest'accezione delle tradizioni discorsive è rilevata dallo stesso Kabatek (2005, 154-155), che precisa che esse possono essere legate a finalità complesse ed esclusive di una determinata cultura, in particolare se relative alla lingua scritta e di registro colto.[12] Nel nostro caso, sulla base della catalanità dell'archetipo e della tipologia dei testi raccolti nell'analisi discorsiva, l'ipotesi che si vuole avanzare è che anche K possa essere stato prodotto – così come molti dei testi con i quali condivide il repertorio formulare – in seno al *milieu* burocratico-culturale della cancelleria reale di Catalogna-Aragona sotto il regno di Pietro IV.

Prima di proseguire il ragionamento, appare tuttavia d'obbligo prendere in considerazione un'obiezione legittima. La massiccia presenza di testi giuridici entro la produzione catalana medievale autorizza il dubbio che la diffusione delle tradizioni discorsive rilevate in questa tipologia testuale dipenda dalla maggior rappresentatività di questo genere nei corpora utilizzati. Seconda solamente alla produzione di cronache storiografiche, la prosa giuridica è effettivamente molto presente nel Trecento catalano. Tuttavia, questo dato non intacca – così ci sembra – la sostanza dell'argomentazione, tesa anzitutto a dimostrare, per via testuale e discorsiva, la catalanità dell'archetipo della *Versione K*, così come risulta già dall'analisi linguistica e filologica dei tre testimoni. In primo luogo, si è visto come K presenti alcune risorse formulari e lessicali tipiche del catalano ma non, per esempio, del francese. In secondo luogo, questo repertorio sintattico e lessicale ha trovato corrispondenza soprattutto in testi catalani di tipologia giuridica. Ora, l'alta rappresentatività di testi giuridici nella produzione medievale catalana non inficia ma, anzi, sostiene l'impressione di un radicamento di K entro questo *milieu* culturale, proprio per la presenza, in essa, di strutture formulari frequenti

---

[12] Kabatek (2005, 155) fa l'esempio del congiuntivo imperfetto in francese moderno.

in questa tipologia di testi. Come si vedrà in questo paragrafo, infine, quest'ipotesi può essere sostenuta anche da argomenti esterni, relativi alla storia della circolazione di questa peculiare redazione dell'opera poliana.

Lettere e inventari informano infatti che, oltre ai tre esemplari conservati, sono esistite altre copie, oggi perdute, della *Versione K*. Queste copie sono tutte attestate in ambito catalano, e catalana è pure la lingua che le identifica, laddove se ne conservino dei frammenti. Anzitutto, si hanno notizie della circolazione di K tra i mercanti barcellonesi, in particolare il ricco Guillém de Cabanelles, tra i cui beni – registrati in un inventario del marzo 1424 – si menziona un libro «appellat Micer Marcho pollo lo qual comença en la primera carta *Ací comença lo Libre de les províncies e de les encontrades*» (Moliné Brases 1914, LI). Come si vede, titolo e incipit coincidono con quelli di Kc, e lo stesso si può dire per un'altra voce d'inventario, relativa ai beni di Martino I d'Aragona (1356-1410), che registra un «libre appellat *Marcho Polo* en romanç [...] lo qual començà en la primera carta *Açi comença lo libre de les prouincias*» (Massó Torrents 1905, 451, n° 269). Infine, l'interesse dei sovrani di Catalogna-Aragona per il *DdM* è testimoniato da alcuni indizi documentari. In primo luogo, due menzioni di una versione del *DdM* il cui titolo può ricordare la *Versione K* sono registrate a proposito di Bernat de Cabrera (1350-1423), personaggio molto vicino, almeno in un primo momento, a Pietro IV. La prima è una lettera risalente al marzo 1361, nella quale il copista Joan Anglès, «escrivà de lletra rodona», dichiara di esser stato pagato da Cabrera per la copia di un testo «vocatur [...] de Marco Polo Veneciano» e chiamato «Liber [...]-toriarum terre Orientis». La seconda è un'altra ricevuta, dell'ottobre dello stesso anno, nella quale il miniatore Arnau de la Pena dichiara di aver decorato per lo stesso Cabrera un «Liber provinciarum magni imperadoris del Catay, quem composuit Marco Polo» (Hernando 1995, I, doc. 218 et 222, 343, 346-347). In secondo luogo, acquisti e scambi di manoscritti del *DdM* sono documentati sia per Pietro IV – che tra il 1372 e il 1374 comprò prima uno e poi due «[llibres] de Marcho Polo» (Rubió i Lluch 1908-1921, II, doc. CLXXIII, 165-166), sia per Giovanni I, che nel 1384 regalò «el libro de Marco Polo» al conte d Foix e nel 1393 ne offrì un'altra copia al duca di Berry (*Ibid.*, II, 165, n.1). Infine, alle dirette dipendenze della corte lavorava anche Abraham Cresques, autore del celebre atlante catalano le cui didascalie poliane sull'Oriente presentano legami testuali con K (cf. Reginato 2015).

Le circostanze qui riassunte rafforzano l'impressione che K sia stata elaborata nel *milieu* culturale della cancelleria reale di Pietro IV. Sede dell'amministrazione e della burocrazia, luogo di redazione di atti giuridici, documenti notarili, ma anche di missive diplomatiche, la cancelleria era allo stesso tempo fucina di ricezione, elaborazione e creazione di prodotti culturali. Una coincidenza di vocazione pratica e intellettuale che è dimostrata dal fatto che i membri che la componevano potevano vantare allo stesso tempo una formazione tecnica in campo giuridico e una notevole preparazione culturale. Segretari, notai e protonotai erano allo stesso tempo consiglieri del sovrano e suoi fidati collaboratori, sia per le questioni burocratico-amministrative, sia per i *desiderata* culturali. Oltre a curare la forma dei documenti di corte – redatti in latino o in un catalano abbellito con artifici retorici latineggianti – i membri della cancelleria erano spesso scrittori di talento e eccellenti traduttori, strumenti attivi della ricezione e della diffusione in Catalogna di testi classici e romanzi. Come sottolineato da Sevillano Colom (1950, 182) e da D'Arienzo (1974, 138), gli uomini di cultura che vissero alla corte di Pietro IV e che si dedicarono alla compilazione di opere storiche e letterarie, alle traduzioni di testi stranieri, alla stesura dei discorsi solenni o alla composizione di pregiati codici, furono gli stessi che esplicarono la loro attività nell'ambito della cancelleria. I funzionari Tomas Canyelles e Bernat Descoll furono redattori della *Crònica d'en rei Pere*, il protonotaio Mateu Adrià fu allo stesso tempo il traduttore delle *Partidas* di Alfonso il Saggio e delle *Leyes palatinas* di Maiorca (il testo fonte delle *Ordinacions*). Il notaio Jacme Conesa fu il traduttore della *Historia destructionis Troiae* di Guido delle Colonne (*Històries troyanes*, 1367 circa), mentre al notaio Ferrer Sayol si deve la versione catalana del *De re rustica* di Palladio Rutilio. Altri traduttori-cancellieri furono Juan de Barbastro, redattore della *Suma de història del món* e del *Llibre de la Fortuna i prudencia* e Guillem Nicolau, che nel 1375 passò al catalano le *Gestas y Cròniques*. Infine, illustre membro della cancelleria fu Bernat Metge, segretario di Giovanni I e traduttore del *De Vetula* pseudo-ovidiano e della *Griselda* nella versione latina di Petrarca.

Il ruolo della cancelleria nella storia linguistica del catalano è stato ampiamente sottolineato dalla critica, che ne ha rilevato soprattutto l'azione livellatrice, dovuta alla diffusione capillare di una prosa sovradialettale modellata sul catalano di Barcellona, una *koiné* universalmente accettata e imitata in quanto varietà di prestigio (Ferrando Francés 2013, 26). Definita felicemente da De Riquer (1964, 336) come *King's catalan*, questa lingua sovraregionale e, in certa misura, artificiale (Izquierdo 1990, 70), diffuse uno stile di corte che influenzò anche i copisti di opere letterarie non direttamente impiegati nella cancelleria. Come scrive Ferrando Francés (2013, 32), soprattutto a partire dalla creazione – nel 1350 – della figura del protonotaio, incaricato alla revisione stilistico-formale dei documenti di cancelleria, «s'introdueixen i s'apliquen sistemàticament els formulismes i unes orientacions lingüístiques explícites de la Cancelleria reial, que afecten fins i tot als productes literaris o paraliteraris generats al voltant de la cort». Quest'uniformità potrebbe costituire un argomento a sfavore della possibilità di radicare – attraverso lo studio delle formule – il testo di K entro un particolare *milieu*. Di fatto, ammette anche De Roberto (2013, 165), «determinare se una formula sia tipica di una certa tradizione discorsiva o se invece costituisca un uso esteso all'intera comunità dei parlanti non è operazione di poco conto: determinate formule possono migrare da una tradizione discorsiva all'altra». Eppure, la stessa possibilità di *migrazione* delle formule è all'origine della presenza, in K, di strutture appartenenti a un genere testuale – quello giuridico – estraneo al testo, ed è allo stesso tempo un indizio della cultura e della formazione intellettuale del suo anonimo redattore. Si tratterebbe, in buona sostanza, di un fenomeno non dissimile a quello che si produce nelle *Històries troyanes* di Jaume Conesa: traduzione di un prodotto letterario da parte di un notaio, le *Històries* condividono anch'esse alcune strutture formulari rilevate in K e nei documenti giuridici citati. Si vedano questi esempi tratti dall'edizione di Perujo Melgar 2015, dove si riconoscono le strutture *la dita*, *axí que*, *per què*:

> E açò digueren que ere vengut a Àxax per virtut de la deessa Minerve, per çò com avien maltractada Cassandra en lo temple de *la dita* deessa, e per çò volch-la venyar en ells e en los altres grechs, *axí que* la pena fou dada [...]. (Perujo Melgar 2015, 278)

> Lo rey Laumedonta, senyor d'aquest regne, se meravela molt de la vostra venguda [...]; *per què* instantment vos mana que encontinent dejats exir de tota sa terra, *axí que* vinent lo següent dia ell sàpia vosaltres ésser exits de totes les confínies de sa terra. (ib., 30-31)

Lo stesso ragionamento vale per le cronache storiografiche che, pur avendo scopi e natura diversi dai testi giuridici, ne assorbono molti tratti caratteristici, sia per la formazione dei loro autori e la loro familiarità con l'ambiente della cancelleria, sia per la fortuna di cui godettero: «els cronicons es copien repetidament, s'hibriden amb textos jurídics i es continuen durant segles en estrats successius» (Badia 2013, 92). Non solo. Se il carattere universale delle tradizioni discorsive individuate non consente di ricollegarle esclusivamente al lessico giuridico catalano, poiché parte di un formulario sovralinguistico, è anche vero che la migrazione di queste forme entro vasti settori della prosa catalana, tale per cui esse diventano comuni anche in testi non giuridici, può fornire un argomento ulteriore a sostegno della tesi che un testo ricco di un simile formulario sia stato prodotto proprio in Catalogna. Così, come afferma Ferrando Francés (2013, 24), «responen al model cancelleresc tant les *Ordinacios de la casa real* (1344) del rei pere el Cerimoniós, com la traducció de les *Històries troianes* (1374) de Guido delle Colonne» e, si potrebbe aggiungere, la *Versione K* del *DdM*.

5 Conclusioni: tradizioni discorsive e traduzione orizzontale in *K*

Nel particolare caso di K, il concetto di tradizione discorsiva s'intreccia con i processi successivi di traduzione orizzontale che ne caratterizzano la storia testuale. Versione tratta da un modello franco-italiano non troppo diverso da F, l'archetipo di K si rivela una trasposizione linguistica e allo stesso tempo una trasposizione *discorsiva*. Applicando il diagramma della comunicazione linguistica tracciato da Koch (1997) e ripreso da Kabatek (2005, 155), il testo fonte attraversa due filtri concomitanti, la lingua e la tradizione discorsiva:

> Testo fonte – *lingua (sistema, norma) / tradizione discorsiva* → Testo di arrivo

Attraverso il primo filtro, il modello franco-italiano viene trasposto in catalano; attraverso il secondo, esso viene modellato secondo le tradizioni discorsive familiari al suo traduttore. Come scrive Albesano (2006, 19), quindi, «la traduzione diventa la sede dell'assimilazione o della rielaborazione di tradizioni discorsive».

Calato nell'ambiente storico-sociale della Catalogna del secondo Trecento, e nell'universo verbale dei documenti giuridici, notarili e amministrativi (molti dei quali elaborati entro la corte reale) il modello franco-italiano del *DdM* è stato assimilato entro tradizioni discorsive peculiari, subendo una certa manipolazione delle modalità espositive. La *Versione K*, però, presenta livelli ulteriori di traduzione orizzontale, che conducono dall'archetipo ai testimoni Kf e Ka. Ciascun livello consiste a sua volta in una trasposizione linguistica ma anche discorsiva, con effetti d'interferenza su entrambi i piani.

Sfruttando la produttività del concetto di tradizione discorsiva in un caso complesso e stratificato di traduzione orizzontale, si è ritrovata una certa 'aria di famiglia' tra K e testi di genere soprattutto amministrativo, giuridico e notarile. Incrociando questo dato con le informazioni di cui si dispone sulla storia della circolazione di K, si è suggerito che l'ambiente di produzione dell'archetipo catalano Kx possa essere la cancelleria reale. L'uniformità della prosa catalana del Trecento impone prudenza, giacché solo un riscontro storico potrebbe dirci se l'anonimo estensore di K era anch'egli uno dei tanti notai-traduttori al servizio di Pietro IV. Restando sul piano dell'evidenza testuale, tuttavia, resta che le strutture discorsive confermano il dato storico-culturale e, soprattutto, i risultati ottenuti dallo studio filologico-linguistico, rinviando a un ambiente di produzione culturale che – legato o meno alla cancelleria di corte – si presenta comunque pienamente catalano.

Indicazioni bibliografiche

1 Testi

Benedetto, Luigi Foscolo (ed.), *M. Polo, Il Milione*, prima edizione integrale, Firenze, Olschki, 1928.
Eusebi, Mario/Burgio, Eugenio (eds.), *Il manoscritto della Bibliothèque nationale de France fr. 1116*, 2 voll., Venezia, Ed. Ca' Foscari, 2018 <http://edizionicafoscari.unive.it/it/edizioni/libri/978-88-6969-224-6>.
Gallina, Anna Maria (ed.), *Viatges de Marco Polo*, Barcelona, Barcino, 1958.
Gimeno, Francisco M./Gozalbo, Daniel/Trenchs, Josep (eds.), *Ordinacions de la Casa i Cort de Pere el Cerimoniós*, Valencia, Publ. de la Univ. de València, 2009.
Massó Torrents, Jaume (ed.), *Inventari dels bens mobles del rey Martí d'Aragó* (Rey. 2326 del Arxiu de la corona d'Aragó), transcrit per Manuel de Bofarull y Sartorio i publicat per J. Massó Torrents, 1905.
Ménard, Philippe (ed.), *Marco Polo, Le devisement du monde*, Genève, Droz, 6 voll., 2001-2009.
Moliné i Brasés, Ernest (ed.), *Les costums maritimes de Barcelona, universalment conegudes per Llibre del Consolar de Mar*, Barcelona, Estampa D'Henrich, 1914.
Nitti, John (ed.), *Juan Fernàndez de Heredia's Aragonese Version of the Libro de Marco Polo*, Madison, The Hispanic Seminary of Medieval Studies, 1980.
Perujo Melgar, Joan M (ed.), *Les Històries troianes de Jaume Conesa, traducció catalana de la Historia destructionis Troiae de Guido delle Colonne: estudi i edició*, Tesi di

Dottorato, Universidad de Alicante, Departamento de Filología Catalana, 2015 <http://rua.ua.es/dspace/handle/10045/65127>.

Pons Delacio, Maria Agnès (ed.), *Anàlisi lingüística d'un procés judicial de Mallorca del començament del segle XV*, Treball per a l'obtenció del Màster Oficial Interuniversitari Estudis Avançats de Llengua i Literatura Catalanes, Universitat Autònoma de Barcelona i Universitat de Barcelona, 2013.

Rabella i Ribas, Joan Antoni (ed.), *Un matrimoni desavingut i un gat metzinat, Procés criminal barceloní del segle XIV*, Barcelona, Institut d'Estudis Catalans i Publicacions de l'Abadia de Montserrat, 1998.

Reginato, Irene (ed.), *La version K (catalane) du Devisement du monde/Milione de Marco Polo: Recherches et éditions*, Tesi di Dottorato, Un. Ca' Foscari Venezia/Paris, École Pratique des Hautes Études, 2015 <dspace.unive.it/bitstream/ handle/10579/8311/810495-1175685.pdf?sequence=2>.

Rodrigo Lizondo, Mateu (ed.), *Col·lecció documental de la Cancelleria de la Corona d'Aragó*, Valencia, Publicacions De La Universitat De València, 2009.

Rubió y Lluch, Antoni (ed.), *Documents per l'Història de la Cultura Catalana Mig-Eval*, Barcelona, Institut d'Estudis Catalans, 1908-1921.

Sangorrín Guallar, Francisco (ed.), *El libro de Marco Polo, versión aragonesa del siglo XIV – Edición y estudio*, Zaragoza, Institución Fernando el Católico, 2016.

2 Studi

Albesano, Silvia, *Consolatio philosophiae volgare: volgarizzamenti e tradizioni discorsive nel Trecento italiano*, Heidelberg, Winter, 2006.

Badia, Lola, *Les cròniques i els cronistes*, in: *Història de la literatura catalana, vol. 1*, Barcelona, Editorial Barcino, 2013, 85-217.

Borsari, Silvano, *La formazione dello stato patrizio - le sfide esterne: i veneziani delle colonie*, in: *Storia di Venezia*, 1997 <http://www.treccani.it/enciclopedia/ la-formazione-dello-stato-patrizio-le-sfide-esterne-i-veneziani-delle-colonie_%28Storia-di-Venezia%29/>.

D'Arienzo, Luisa, *Gli scrivani della Cancelleria aragonese all'epoca di Pietro il Cerimonioso (1336-1387)*, in: Francesco Cesare Casula/Luisa D'Arienzo (eds.), *Studi di paleografia e diplomatica*, Padova, CEDAM, 1974, 137-198.

De Riquer, Martí, *Prosa parlamentària i cancelleresca*, in: id., *Historia de la literatura catalana*, vol. 2, Barcellona, Ariel, 1964, 335-355.

De Roberto, Elisa, *Usi formulari delle costruzioni assolute in italiano antico: dal discorso alla grammatica*, in: Claudio Giovanardi/Elisa De Roberto (eds.), *Il linguaggio formulare in italiano tra sintassi, testualità e discorso*, Napoli, Loffredo, 2013, 153-212.

Duarte i Montserrat, Carles/Ferrer, Josep/Torrents, Ramon, *L'aprofitament de la documentació medieval en l'establiment del llenguatge administratiu català actual*, Revista de Llengua i Dret 4 (1984), 3-9.

Ferrando Francés, Antoni, *La llengua cancelleresca a la Corona d'Aragó*, in: Mateu Rodrigo Lizondo (ed.), *Col·lecció documental de la Cancelleria de la Corona d'Aragó*, Valencia, Publ. de la Univ. de València, 2009, 13-45.

Gadrat-Ouerfelli, Christine, *Lire Marco Polo au Moyen Age, Traduction, diffusion et réception du* Devisement du Monde, Turnhout, Brepols, 2015.

Hernando, Josep, *Llibres i lectors a la Barcelona del segle XIV*, Barcelona, Fundaciò Noguera, 1995.

Izquierdo, Josep, *El concepte "prosa de la cancelleria": importància i contingut a través de la historiografia lingüística*, Estudis de llengua i literatura catalanes 20 (1990), 57-76.
Kabatek, Johannes, *Tradiciones discursivas y cambio linguistico*, Lexis 29, 2 (2005), 151-177.
Koch, Peter, *Fachsprache, Liste und Schriftlichkeit in einem Kaufmannsbrief aus dem Duecento*, in: Hartwig Kalverkämper (ed.), *Fachsprachen in der Romania*, Tübingen, Narr, 1988, 15-60.
Meneghetti, Maria Luisa, *Sulla ricezione di Marco Polo fra Catalogna e Aragona*, in: Maria de las Nieves Muñiz Muñiz (ed.), *La traduzione della letteratura italiana in Spagna (1300-1939). Traduzione e tradizione del testo. Dalla filologia all'informatica* (Atti del Primo Congresso Internazionale Universitat de Barcelona, 13-16 aprile 2005), Barcelona/Firenze, Universitat de Barcelona-Franco Cesati Editore, 2007, 37-46.
Meneghetti, Maria Luisa, *Marco Polo ad Avignone*, in: Silvia Conte (ed.), *Itinerari testuali, vettori di trasmissione e metamorfosi del* Devisement du monde *di Marco Polo e Rustichello da Pisa nella pluralità delle attestazioni*, Roma, Tiellemedia, 2008, p. 77-88.
Sevillano Colom, Francisco, *Apuntes para el estudio de la Cancillería de Pedro IV el Ceremonioso*, Anuario de historia del derecho Español 20 (1950), 137-241.
Wilhelm, Raymund, *Le formule come tradizioni discorsive. La dinamica degli elementi formulari nella Vita di santa Maria egiziaca (XII-XIV secolo)*, in: Claudio Giovanardi/Elisa De Roberto (eds.), *Il linguaggio formulare in italiano tra sintassi, testualità e discorso*, Napoli, Loffredo Editore, 2013, 213-268.

La *Danse Macabré* dal francese al catalano e all'italiano
Traduzione *stricto sensu* e traduzione transmediale

ALINA ZVONAREVA
Mosca

1 La tradizione testuale della *Danse Macabré* mediofrancese

1.1 Generalità

La *Danse Macabré*[1] (d'ora in avanti *DM*) è un'opera anonima, molto probabilmente coeva al suo primo testimone documentato, ossia al dipinto murale corredato da testi che fu eseguito al Cimitero degli Innocenti (Cimetière des Saints-Innocents) di Parigi negli anni 1424-1425.[2] Tale dipinto monumentale fu purtroppo distrutto nel XVII secolo insieme al cimitero che lo ospitava, ma sia il testo sia l'iconografia della *DM* si sono conservati in una serie di testimoni testuali e figurativi, diretti e indiretti. La tradizione testuale della *DM* è plurilingue, e il presente contributo propone uno studio contrastivo di due testimoni indiretti dell'area romanza, nello specifico delle versioni catalana e italiana redatte a pochi decenni di distanza dall'originale francese.

1.2 Testimoni della *DM* di Parigi: redazioni francesi

1.2.1 Manoscritti

Il testo della *DM* è tràdito da sedici manoscritti francesi, di cui quindici tramandano copie della versione originale caratterizzate da diversa distanza

---

[1] Una piccola chiosa sulla scelta della forma *Macabré* anziché *macabre*. Una serie di dati filologici, linguistici e metrici confermano e giustificano questo uso minoritario, sebbene da molto tempo registrato negli studi sull'argomento. Nel quindicesimo e nel sedicesimo secolo *Macabré* era una parola ossitona e veniva percepita come un nome proprio: *Macabré* sarebbe un personaggio dotto (un predicatore? un poeta?) che diede il suo nome prima a una singola opera e poi a un'intera tradizione. Il sintagma *la danse Macabré* era dunque in origine un genitivo apreposizionale (come *l'hôtel Dieu*) – struttura frequente in francese antico e presente, ormai come fossile, nel francese medio. L'etimologia più plausibile di *Macabré* sembra *Maccabeus* (cf. *chorea Machabaeorum*), e anche linguisticamente la posizione pretonica è quella che favorisce di più il rotacismo spontaneo. Tratto l'argomento più in dettaglio nell'introduzione a Zvonareva/Wijsman (2021, 12-13).

[2] Sul Cimitero degli Innocenti e sulle fonti storiche che documentano l'esecuzione della danza macabra si veda, per esempio, Oosterwijk (2008), 131-137. Sulle danze macabre in generale esiste una bibliografia cospicua, ma purtroppo molti studi sono obsoleti o basati su metodologie scientificamente poco affidabili. Sul versante romanzo segnalo Massip/Kovács (2004) e il volume collettaneo Zvonareva/Wijsman (2021); per una prospettiva più generale, si veda la raccolta di saggi Oosterwijk/Knöll (2011).

dall'archetipo. Il codice **O**, conservato a Madrid, trasmette una versione fortemente rimaneggiata. Riporto la lista dei testimoni manoscritti e delle rispettive sigle che ho usato per comodità anche nei miei studi precedenti sulla tradizione testuale della *DM*:

- MS BnF lat. 14904 = **A**.
- MS BnF fr. 25550 = **B**.
- MS BnF fr. 25434 = **C**.
- MS BnF fr. 14989 = **D**.
- MS BnF fr. 1055 = **E**.
- MS BnF fr. 1181 = **F**.
- MS BnF fr. 1186 = **G**.
- MS BnF fr. 995 (*descriptus* di **Ma 1485**) = **H**.
- MS BnF, nouvelles acquisitions françaises (NAF) 10032 = **I**.
- MS ADD 38858, British Library, London = **J**.
- MS 907, Bibliothèque municipale, Tours = **K**.
- MS 139 (364), Bibliothèque municipale, Lille = **L**.
- MS 127, Bibliothèque municipale, Saint-Omer = **M**.
- MS 502, Musée Condé (Bibliothèque et les archives du château), Chantilly (*descriptus* di una stampa posteriore a **Ma 1486**) = **N**.
- MS Madrid, Biblioteca Nacional, Vitrina 24/3 = **O**.
- MS Écouen, ECL 1251 = **P**.

1.2.2 Incunaboli

La *DM* passò dai manoscritti e dalle scritture esposte alla stampa nel 1485 ed ebbe subito molto successo, che determinò numerose ristampe nell'ultimo quarto del XV secolo e in tutto il XVI secolo. Essendo le edizioni a stampa molto numerose, mi limito a riportare l'elenco degli incunaboli francesi:

- 1485 (28 sett.), Parigi, Guyot Marchant = **Ma1485**.
- 1485-1486 (tra sett. 1485 e 7 giugno 1486), Parigi, Guyot Marchant.
- 1486, Parigi, Guyot Marchant = **Ma1486**.
- 1490/1491, Parigi, Guyot Marchant.
- 1491, Parigi, Guyot Marchant.
- 1491, Troyes, Guillaume le Rouge.
- 1491/1492, Parigi, Guyot Marchant.
- 1491/1492, Parigi, Pierre le Rouge per Antoine Vérard.
- 1492, Lione, Michel Topié e Jacques Herembeck.
- 1492 (26 giugno), Parigi, Gillet Couteau (Coustiau) e Jean (Jehan) Menart.
- Dopo il 26 giugno 1492, Parigi, Gillet Couteau per Antoine Vérard.
- [Dopo 1494, intorno a 1495], Parigi, Le Petit Laurens, s.d.
- 1499 (18 febbraio) [/1500?], Lione, Matthaeus Huss.
- 1500, Ginevra, [Jean Belot].

- 1500 (23 luglio), Parigi, Nicole de la Barre, per Jean Trepperel.
- [Intorno a 1500], Ginevra, [Jean Belot], s.d.

2 Due versioni romanze in altre lingue: *La Dança de la Mort* catalana e *El Ballo della Morte* italiano

2.1 *La Dança de la Mort*

Il testo catalano che qui ci interessa è una danza macabra anonima quattrocentesca, tràdita dal ms. Miscel·lània 26, Arxiu de la Corona d'Aragó, Barcelona (fine '400), cc. 140r-153r. La *Dança de la Mort* è stata edita da Manuel de Bofarull (1864-1865, vol. 2, 267-296) e da chi scrive (cfr. Zvonareva 2015). Si tratta di una traduzione per molti aspetti fedele all'originale francese, come dimostreremo più avanti.

2.2 *El Ballo della Morte*

Il secondo testo su cui ci concentreremo in questa sede è una danza macabra italiana di fine '400 - inizio '500, trasmessa dal ms. 1510, Biblioteca Riccardiana di Firenze (prima metà del '500), cc. 1r-34r. L'unica edizione disponibile, a cura di Alessandro D'Ancona, è in Vigo 1878, 147-160. Una nuova edizione critica è in preparazione; le nostre prime ricerche hanno dimostrato che il testo si allontana notevolmente dal modello francese, la derivazione dal quale è tuttavia indubbia,[3] mentre il codice fu copiato a Firenze in un convento femminile da una certa "suor Raffaella", come si evince da un colophon attribuibile alla stessa mano che trascrisse tutto il manoscritto.[4]

3 Archetipo comune?

3.1 Macrostruttura: ordine dei personaggi

Cominciamo il nostro studio dei rapporti tra le due versioni romanze e l'archetipo francese esaminando l'ordine di apparizione dei personaggi.

Danse Macabré[5]	*Dança de la Mort*	*Ballo della Morte*
le Pape	el Papa	Su(m)mus po(n)tifice
l'Empereur	l'Emperador	I(m)perator
le Cardinal	el Cardenal	Chardinales
le Roi	el Rey	Rex
le Patriarche	el Patriarcha	Patriarcha

[3] Si veda Zvonareva (2016).
[4] Ringrazio Enrico Scaccabarozzi per l'expertise paleografica.
[5] I nomi dei personaggi della *DM* si citano dal ms. BnF fr. 1186. È stato scelto questo testimone in quanto non presenta lacune di intere strofe, è completo di rubriche che introducono i personaggi e contiene, nei titoli, poche *lectiones singulares*.

le Connetable	el Capità o Conestable	Chonestab(i)le
l'Archeveque	l'Archabisbe	Archiepischopo
le Chevalier	el Cavaller	Militem (sic!)
l'Eveque	el Bisbe	Epischopus
		* Pauper
l'Ecuier	le Gentilhome	Scuter
l'Abbé	l'Abbat	Abas
le Bailli	el Governador	Potestas
le Maistre (l'Astrologien)	l'Estròlec	Astrologho
le Bourgois	lo Burgés	Cives respondit
le Chanoine	lo Canonge	Chanonice
le Marchant	lo Mercader	Merchantes
le Chartreus	lo Cartuxà	** Monachus
le Sergant	lo Porter	Ufitiale
le Moyne	lo Monjo	** Magister i(n) teologia
l'Usurier	lo Usurer	Usurario
le Povre	** Parla la Mort més ava(n)t co(n)tra lo Usurer	Recipie[n]s ad usuram
le Medecin	lo Metge	Medicus
		* Abbatissa
		* Amorosa
l'Amoureux	lo Enamorat	Amorosus
l'Advocat	lo Advocat	Avochatus
le Menestrel	lo Ministrer	Sonator
le Curé	lo Curat	Prepostus
le Laboureur	lo Cavador	
		*Scholare
le Cordellier	lo Frare Menor	Frater minor
l'Enfant	l'Infant	Infans
le Clerc	lo Scholà	Clericus (*dopo* Abbatissa)
l'Hermite	l'Ermità	Heremita
	* la Donzella	
	* la Monge	
	* la Viuda	
	* la Maridada	
	* lo Notari	

In questa tabella, l'asterisco indica i personaggi che non si riscontrano nell'archetipo della *DM* francese. Nella versione catalana, sono quattro donne – la Donzella, la Monaca (*Monge*), la Vedova (*Viuda*) e la Sposata (*Maridada*) – e il Notaio (*Notari*), tutti aggiunti come un blocco unico alla fine. Nel poemetto italiano, si tratta dello Scolaro (*Scholare*), del Povero (*Pauper*) e di due donne – la Badessa (*Abbatissa*) e l'Innamorata (*Amorosa*). Il Povero forse potrebbe essere accostato al Contadino (*Laboureur*) della fonte, ma è collocato in una posizione totalmente diversa rispetto a quella del suo simile francese.

Il doppio asterisco indica personaggi modificati, o reinterpretati, rispetto alla fonte francese. Nella versione catalana, il cliente dell'Usuraio (*Povre* in questa redazione: della peculiarità di questo personaggio si dirà più avanti) si trasforma nella Morte. Nella versione italiana, il Certosino (*Chartreux*) diventa semplicemente un Monaco (*Monachus*), mentre il Monaco (*Moisne*) si trasforma in un Maestro di teologia (*Magister in teologia*); è verosimile che per *Monachus* e *Le moisne* si intendesse un monaco benedettino.

Un'altra discrepanza nell'ordine dei personaggi consiste nello spostamento della coppia *Clericus-Heremita* dalla sua posizione originaria: nella *DM* questi due personaggi chiudono la teoria delle vittime della Morte, mentre ne *El Ballo della Morte* essi sono inseriti tra il Medico e l'Innamorato e attorniati da due personaggi femminili. Va notato, tuttavia, che l'ordine Chierico-Eremita è mantenuto.

Fatte queste osservazioni sulle divergenze, possiamo concludere che entrambe le versioni romanze meridionali riproducono l'ordine dei personaggi della *DM* con un grado di fedeltà sufficiente per affermare la derivazione di tutti e due i testi dall'opera francese. Allo stesso tempo, l'opera catalana risulta essere più vicina da questo punto di vista alla fonte francese, rispetto alla rielaborazione italiana.

3.2 La presenza del cliente dell'Usuraio e del Re morto

Il povero uomo che presta all'usura e il re morto che ammonisce dalla tomba sono due personaggi anomali nella struttura della danza macabra. La loro anomalia è dovuta al semplice fatto che non si iscrivono nello schema generale delle vittime.

Il povero uomo non viene invitato dalla Morte a ballare (cioè a morire), ma compare per testimoniare contro l'usuraio – di conseguenza, l'ordine che prevede un'alternanza regolare di scheletri / cadaveri e persone vive, tipico delle danze macabre francesi, viene interrotto. Al posto della sequenza Monaco (vivo) – Morte/morto – Usuraio (vivo) – Morte/morto – Medico (vivo) si ha: Monaco (vivo) – Morte/morto – Usuraio (vivo) – Povero (vivo) – Morte/morto – Medico (vivo). Quanto al Re morto, nei testi presi in esame questa figura appare dopo tutti gli altri personaggi, compresa la Morte: nelle versioni francese e italiana il Re morto si colloca dopo l'Eremita, mentre nella traduzione catalana tra l'Eremita e il Re morto si interpongono cinque personaggi aggiuntivi di cui sopra (quattro donne e il Notaio). L'unico a parlare dopo il Re morto è l'autore-predicatore, personaggio della cornice.

Questa atipicità rende i due personaggi utili per lo studio della trasmissione del testo, in particolare dei rapporti tra diversi testimoni della *DM*[6]: in questa sede il povero uomo e il re morto sono importanti in quanto la loro presenza non può essere un elemento poligenetico, ma indubbiamente una caratteristica risalente all'archetipo francese.

---

[6] Si veda, per esempio, il mio studio delle rubriche nei manoscritti della *DM* in Zvonareva (2018).

3.3 Livello testuale

Spostando l'attenzione al livello testuale, occorre prendere in esame le seguenti caratteristiche: struttura metrica, organizzazione della strofa (uso di appellativi e locuzioni proverbiali), affinità lessicale e sintattica.

Esaminiamo in questa prospettiva la *Dança de la Mort* catalana. Essa presenta la stessa struttura metrica della *DM* francese, ovvero novenari con lo schema rimico ABABBCBC. Inoltre, si riscontra una notevole sensibilità all'organizzazione della strofa nell'originale. Primo, ogni strofa si conclude con una locuzione proverbiale, come illustrato da alcuni esempi:

Danse Macabré (BnF lat. 14904)	**Dança de la Mort**
La Mort	A l'Usurer
Usurier de sens desreuglé,	Usurer, home viciós,
venes tost *et* me regardes!	veniu ab mi (crec que no us plau)!
D'usure estes tant aveuglé	D'usurar sou tan cobejós,
que d'argent gaignier tout ardes;	per guanyar diners tot cremau.
mais vous en seres bien lardés,	Sereu punit, açò cregau;
car se Dieu, qui est merveilleux,	a Déu, qui és omnipotent,
n'a pitié de vous, tout perdes:	qu·ell vos perdó tots jorns pregau:
à tout perdre est cop perilleux.	***qui mal no fa no sent torment.***
(41.1-8)	(41.1-8)

Secondo, il testo catalano conserva un'importante caratteristica della fonte francese, che consiste nell'obbligatoria presenza di appellativi nelle strofe della Morte:

Danse Macabré (BnF lat. 14904)	**Dança de la Mort**
Vous qui vives, certainement,	Vós qui viviu al món present,
quoyqu'il tarde, ainsi danceres.	prest o tart aquí dançareu.
Mais q*uan*t? Dieu le scet seulement –	Mas quant? Sab-ho Déu solament –
advises co*m*ment vous feres.	preneu esment com ho fareu.
Dam, **pappe**, vous commenceres,	Don **Papa**, vós començareu,
co*m*me le plus digne seigneur;	axí com pus digne senyor;
en ce point honnorés seres:	en tal forma honrat sereu:
aulx grans maistres est dieü l'onneur.	als grans Mestres pertany honor.
(3.1-8)	(3.1-8)

Diversa è la situazione della versione italiana. *El Ballo della Morte* ha un'altra struttura metrica – endecasillabi con lo schema rimico ABABABCC (ovvero l'ottava rima, il metro più diffuso nell'Italia quattro-cinquecentesca). Nel testo italiano sono assenti le caratteristiche testuali tipiche della *DM* francese quali i 'proverbi' conclusivi e gli appellativi obbligatori nelle strofe della Morte. Nel *Ballo* gli appellativi sono sporadici, e le poche affinità microtestuali con la fonte francese che abbiamo individuato sono di carattere formulaico:

Danse Macabré (BnF lat. 14904)
- Dieu en terre 4.1
  (*le Pape*)
- urine – medicine 44.1/3
  (*la Mort au Médecin*)

Ballo della Morte
- Iddio in terra 3.8
  (*la Morte al Papa*)
- medicine – orine 47.2/4
  (*la Morte al Medico*)

In alcuni casi si registrano delle affinità contenutistiche al livello di intere strofe:

Danse Macabré (BnF lat. 14904)

Rien ne vault chiere espontable
ne forte armeure en cest assault;
d'un cop j'abas le plus estable:
rien n'est d'armes, quant mort assault.
(13.5-8, *la Mort au Connétable*)

Vous qui en ceste pourtraiture
vees danser estas divers,
penses qu'est humaine nature:
ce n'est fors viande à vers.
Je le monstre, qui gis envers:
si ay-je esté roy couronnés –
telz serez vous, bons *et* pervers:
tous estas sont aux vers donnés.
(65.1-8, *le Roy Mort*)

Ballo della Morte

Da ora innanzi io vo' che noi proviano,
acciò che meglio il vero nel cuor si schriva,
quale habi miglior taglio, o qual più rada:
questa mie chava falce o la tuo spada.
(14.5-8, la *Morte al Connestabile*)

Pigliate exemplo, miseri mortali,
da me, che portai già regal corona,
e hor son dato alle pene infernali
per sempre cruciar la mie persona!
Chi va cerchando e piacer sensuali,
dispregiando la vita sancta e buona,
quando verrà che suo vita termini
l'anima andrà all'inferno e 'l chorpo a'
vermini.
(72.1-8, *il Re Morto*)

La genesi di queste convergenze è tuttavia assai peculiare. In un contributo precedente ho formulato l'ipotesi che l'autore del *Ballo della Morte* non avesse sotto mano nessun testo e che si fosse ispirato all'iconografia della *DM* francese.[7] Le affinità contenutistiche sembrano dunque generate partendo dall'iconografia anziché dal testo.

Basta un confronto veloce per accorgersi che non si tratta di frammenti testuali in comune, ma della compresenza di alcuni micromotivi: la Morte che sfida il Connestabile a duello e un conseguente riferimento alle armi, con la loro messa in discussione; la corona regale, il corpo mangiato dai vermi e un conseguente ammonimento a non sopravvalutare la vita terrestre (*ubi sunt?* e *memento mori*). Tale convergenza di motivi è spiegabile con l'ipotesi della loro derivazione da immagini, non da testi. Difatti, il supporto iconografico in questo caso è molto forte: in quasi tutti i testimoni pittorici della *DM* che rappresentano i due personaggi in questione troviamo la raffigurazione sia del combattimento tra il

---

[7] Nel presente contributo uso l'espressione «traduzione transmediale» in riferimento a questo passaggio dell'opera da un 'medium' a un altro, ovvero dall'immagine al testo. La terminologia si ricollega alla teoria della «narrazione transmediale» (*transmedia storytelling*, *multitransform storytelling*) di Henry Jenkins (2006).

Connestabile e la Morte, sia di un cadavere in decomposizione ricoperto di vermi e con la corona regale (Zvonareva 2016, 207).

In questa prospettiva è interessante mettere a confronto alcune rubriche delle due versioni romanze che sono oggetto di questo studio. In Zvonareva (2018) sono arrivata alla conclusione che le rubriche nei testimoni della *DM* non fanno parte del testo originale, ma lasciano trasparire dei rapporti genealogici complessi ed eterogenei e, cosa molto importante, non vanno considerate testimoni dell'archetipo testuale, ma di quello iconografico. In particolare, le rubriche abbastanza lunghe di carattere descrittivo nei testimoni che presentano testo senza immagine non sono altro che riferimenti all'iconografia. Ecco alcuni esempi:

Danse Macabré	*Dança de la Mort*	*Ballo della Morte*
Ung maistre q(ui) est au bout de la danse **mss. AB**		Auctor in palcho
Ung roy mort tout nu couchié envers **mss. AB**	Aquestes paraules diu un Rey que jau dins una tomba o moniment	Rex iacens in sepolclo

Torniamo al povero uomo, cliente dell'Usuraio. Come abbiamo detto prima, si tratta di un personaggio anomalo che irrompe nella teoria dei personaggi della *DM*, infrangendone la struttura gerarchica regolare, ovvero la sequenza morto-vivo-morto-vivo, con l'obbligatoria alternanza di laici ed ecclesiastici. Confrontiamo le due relative strofe:

Danse Macabré	*Dança de la Mort*	*Ballo della Morte*
Usure est tant mauvais pechié, comme chascuns dit et raconte; et cest homme qui approchié se sent de la mort n'en tient compte. ………………………… Encor à usure me preste. Il devra de retour au compte: n'est pas quitte qui doit de reste. (43.1-8)	Usura és molt gran peccat, segons lo dret diu e recompte. Aquest hom és axí torbat que de morir ja no té compte. Ell mateix l'argent ab mà compte e tots jorns a usura presta; comptant, comptant, ell se bescompte no·s prou quiti qui deu de resta. (43.1-8)	E io ch'o ricevuto el fuocho in seno, *che* penso fare in questa vita al mondo? Morto me, pochi ci sara*n*no meno, *et* no*n* sarò el primo né el secondo, *et* so *che* quanto più a morir peno, acrescho de' peccati el mio gran pondo. La morte afretta, el mo*n*do mi ghastigha, e pe*r*ò no*n* c'è meglio *che* uscir di brigha. (46.1-8)

Il testo catalano è una traduzione quasi letterale della strofa francese, che rafforza il messaggio negativo nei confronti dell'Usuraio. L'innovazione è nella rubrica *parla la Mort més avant contra lo Usurer*, che attribuisce la strofa al personaggio della Morte anziché a un cliente dell'Usuraio. Viceversa, nella versione italiana l'attribuzione nella rubrica è corretta – nel senso che si tratta della stessa figura che troviamo nella fonte francese – mentre il testo della strofa dà un'interpretazione del tutto diversa della situazione: il cliente dell'Usuraio parla dei propri peccati e delle pene d'inferno di cui ha paura.

L'eziologia di entrambi gli 'errori' va cercata nell'iconografia, più precisamente nei rapporti tra testo e immagine nel corso della trasmissione testuale. La sostituzione del povero con la Morte nella traduzione catalana è una banalizzazione dovuta alla trasmissione libresca il cui legame con la tradizione iconografica è sempre più debole (e non si può escludere che tale innovazione sia da attribuire, piuttosto che all'anonimo traduttore catalano, a un copista francese che non aveva mai visto il dipinto parigino o non si ricordava più di che personaggio si trattasse). Diversamente, l'anonimo poeta italiano aveva ben presente il personaggio grazie all'orientamento all'elemento figurativo, ma non sapeva che ruolo gli fosse stato assegnato nella 'danza'. Il risultato è un'altra banalizzazione, questa volta a livello del contenuto. In altri termini, l'innovazione riscontrata nella versione catalana è dovuta alla circolazione del testo senza immagine, mentre quella che presenta il testo italiano è stata prodotta dalla circolazione dell'immagine senza testo.

4 Organizzazione del dialogo

4.1 Le rubriche

Abbiamo appena visto come la tradizione testuale della *DM* separi il testo dall'immagine e perda progressivamente il ricordo del plesso iconografico. Abbiamo anche scoperto che la versione italiana è un'eccezione in questo senso, dal momento che conserva il legame con la tradizione figurativa, perdendolo con quella testuale. Questa peculiarità caratterizza anche le rubriche che introducono i personaggi: il codice che tramanda *El Ballo della Morte* innova più di tutti gli altri testimoni pervenuti fino a noi. Ho raccolto i casi più lampanti in questa tabella:

	Ballo della Morte	**Il resto della tradizione**
Autorità dotta (cornice, I strofa introduttiva)	*Filosofia*	*L'acteur* C, Ma 1486 *Auctor* Lat *Verba auctoris* En1-2 *Doctor loquitur* D + E due righe più in alto *Doctor* E *Le docteur* J *Parle lo Mestre* Cat Ø nel resto della tradizione
Autorità dotta (cornice, III strofa introduttiva)	*Mors a omnes*	La strofa manca nell'archetipo
Strofa conclusiva della Morte	*Mors a se stessa*	*Conclusió* Cat

Autorità dotta (cornice, strofa conclusiva)	Poeta	*La / le mort luy respond* DI *Mors* Lat *La mort / le mort /* Ø nel resto della tradizione *L'acteur* CG, Ma1485-86 *Auctor* Lat *Ung maistre q(ui) est au bout de la dance* AB *Le docteur* J *Macrabre* M *Machabre Docteur* D *Machabre le Docteur* I *Idem* E

Filosofia, *Mors a omnes*, *Mors a se stessa*, *Poeta* – sono tutte *lectiones singulares* di cui una parte conferisce nuove identità al personaggio della cornice, consuetamente chiamato 'Autore', 'Dottore' o 'Maestro'. Invece le precisazioni *a omnes* e *a se stessa* (che mescolano il latino e il toscano, tratto tipico della redazione riccardiana) hanno a che fare con l'organizzazione del dialogo, aumentando la teatralità dell'opera.

Le indicazioni *a omnes* e *a se stessa* contengono un *verbum dicendi* implicito, es. *parla a se stessa*. Esaminiamo tutti gli elementi che descrivono, nelle due versioni romanze, i rapporti tra i locutori. Si tratta di *verba dicendi* e della preposizione *a* che introduce il destinatario dell'azione linguistica:

Dança de la Mort

parla 3 vv.:
- *Parle lo Mestre*
- *Parla la Mort al Papa*
- *Parla la mort més avant contra lo Usurer*

respon regolarmente:
- *Respon lo Papa*
- *Respon lo Emperador*
   ecc.

diu 1 v.:
- *Aquestes paraules diu un Rey* que *jau dins una tomba o moniment*

preposizione *a* regolarmente:
- *Parla la Mort al Papa*
- *A l'Emperador*
   ecc.

Ballo della Morte

respondit 2 vv.
- *Cives respondit*
- *Magister respo[n]dit*

preposizione *a* regolarmente:
- *Mors a omnes*
- *Mors a summum Pontifice*
- *Mors ad Imperator*
- *Mors a se stessa*
   ecc.

Ogni tanto l'uso dei *verba dicendi* e/o della preposizione *a* oppure del dativo latino in questi contesti si registra anche nei testimoni francesi: *papa loquitur* **E**, *Mors loquitur pape* **E**, *Angelus et doctor locuntur* **DI**, *La mort luy respond* **DI**, *le* *mort parle au pappe* **M**, *le mort au pape* **D**. Tuttavia la presenza di questi elementi nei manoscritti e nelle stampe francesi è sempre sporadica, a differenza delle versioni catalana e italiana, dove questi indicatori sono regolari. A mio avviso, questa differenza andrebbe interpretata come una delle spie che fanno trasparire un legame sempre più debole con il 'fumetto' originario, in una tradizione che, sopprimendo le immagini e cambiando lingua, crea opere che si avvicinano di più a dei copioni teatrali. Ricordiamo a questo proposito che nel codice riccardiano – manoscritto omogeneo (cioè non composto) e trascritto da un'unica mano – *El Ballo della Morte* è seguito da una rappresentazione teatrale (*Commedia di dieci vergini*).[8]

4.2 Rapporti tra strofe, battute e (inter)locutori

La seconda particolarità relativa all'organizzazione del dialogo consiste nella struttura pragmatico-testuale di singole strofe. Normalmente la *Danse Macabré* francese ha delle battute perfettamente simmetriche e coincidenti con le strofe, cosicché si ha una struttura a botta e risposta metricamente regolare: la Morte si rivolge a una singola vittima (strofa di otto versi), dopo di che la vittima in questione risponde alla Morte (strofa di otto versi). Ma ci sono tre casi in cui questa 'regola' non viene osservata, di modo che la strofa della Morte risulta spezzata tra due destinatari: si dà una breve risposta alla vittima precedente, dopo di che inizia un discorso indirizzato alla vittima successiva. Interessante è il caso del ms. **B**, il cui copista demarca graficamente il passaggio da un interlocutore all'altro:

> Ha, maistre, *par* là passeres,
> N'ayes ja soing de vo*us* deffendr[e],
> Plus ho(m)me n'espoventeres.
> // Ap*rès*, moyne, sans plus attendre,
> Où pe*n*ses vo*us*? cy fault entendre,
> Tantost aures la bouche close,
> Ho*m*me n'est fors q*ue* vent *et* cendre,
> Vie d'o*m*me est moult peu de chose.
> (39.1-8)

> Faictes voye, vo*us* aves tort,
> Laboureur. // Apres cordellier,
> Souvent aves preschié de mort,
> Si vo*us* deves moins m*er*veillier,
> Ja ne s'en fault esmay baillier,
> Il n'est si fort q*ue* mort n'arreste,
> Si fait bon à mourir veillier,
> A toute heure la mort est preste.
> (54.1-8)

> Clerc, point ne fault fe*ir* refus
> De dancer, faictes-vo*us* valoir,
> Vous n'estes pas seul, leves sus,

---

[8] Su quest'opera si veda Weaver (2008, 131s.).

Po*ur* tant moins v*ous* en doit moins chaloir,
// Venes ap*res*, c'est mon vouloir,
Ho*mm*e nourry en hermitage,
Ja ne vous en convient douloir,
Vie nest pas seur heritage.
(62.1-8)

A differenza della fonte francese, le versioni catalana e italiana non spezzano mai la strofa in questo modo, e tutti i dialoghi sono perfettamente simmetrici. Questa caratteristica sembra logicamente collegata alla 'regola' di esplicitare il destinatario nelle rubriche: se si è appena dichiarato nella rubrica che la Morte si rivolge, ad esempio, *Al frare menor* (*Dança de la Mort*, strofa 56), difficilmente la strofa può contenere un discorso indirizzato al contadino o a qualche altro personaggio.

5 Conclusioni

La *Dança de la Mort* catalana e *El Ballo della Morte* italiano derivano entrambi dall'archetipo della *Danse Macabré* francese, ma attraverso vie diverse. La versione catalana deriva dal testo della *DM* di Parigi tramite una copia intermedia persa e può essere considerata una traduzione *stricto sensu*. Il testo italiano, invece, deriva dall'iconografia della *DM* di Parigi attraverso un testimone pittorico finora non individuato ed è da definirsi una traduzione transmediale. Di conseguenza, *El Ballo della Morte* non è una vera traduzione e nemmeno un rimaneggiamento, e la sua genesi è coerente con il fatto di allontanarsi testualmente dalla *DM* francese in misura molto maggiore rispetto alla versione catalana. Tuttavia in alcuni casi l'appoggio sull'iconografia permette di conservare degli elementi dell'archetipo suscettibili a perdersi nel corso della trasmissione puramente testuale (ad esempio, è il caso del cliente dell'usuraio la cui strofa nella *Dança de la Mort* e in alcuni testimoni francesi è stata erroneamente attribuita alla Morte, cosa che non avviene nella versione italiana).

Nonostante l'origine molto diversa, le due 'traduzioni' hanno dei tratti comuni a livello pragmatico-testuale, tra cui rientrano: l'importanza delle rubriche nell'organizzazione del dialogo; l'uso dei *verba dicendi* e della preposizione *a*, attraverso il quale si effettua la trasformazione del 'fumetto' (la *DM* originaria) in un 'copione teatrale'; una maggiore simmetria e semplicità, rispetto alla fonte francese, nell'organizzazione del discorso all'interno di una strofa.

Indicazioni bibliografiche

Bofarull, Manuel de, 1864-65, *Opúsculos inéditos del cronista catalán P.M. Carbonell*, Barcelona,, 1864-1865, 2 voll.

Jenkins, Henry, *Convergence Culture: where old and new media collide*, New York, New York University Press, 2006.

Massip, Francesc/Kovács, Lenke, *El baile: conjuro ante la muerte: presencia de lo macabro en la danza y la fiesta popular*, Ciudad Real, CIOFF-INAEM, 2004.

Oosterwijk, Sophie, *Of dead kings, dukes and constables: the historical context of the "Danse Macabre" in late medieval Paris*, The Journal of the British Archaeological Association 161 (2007), 131-162.

Oosterwijk, Sophie/Knöll, Stefanie (edd.), *Mixed metaphors: the "Danse Macabre" in medieval and early modern Europe*, Newcastle-upon-Tyne, Cambridge Scholars Publishing, 2011.

Vigo, Pietro, *Le Danze Macabre in Italia*, Livorno, Vigo, 1878.

Warren, Florence, *The Dance of Death edited from mss. Ellesmere 26/A.13 and B. M. Lansdowne 699, collated with the other extant mss*, London, Oxford University Press, 1931.

Weaver, Elissa B., *The wise and foolish virgins in Tuscan convent theatre,* in: Wyhe, Cordula van (ed.), *Female monasticism in Early Modern Europe: an interdisciplinary view*, Aldershot, UK / Burlington, VT, Ashgate Publishing, 2008, 125-140.

Zvonareva, Alina, *The fifteenth-century Catalan translation of the French "Danse Macabre": a critical edition and English translation, from manuscript Miscel·lània 26, Arxiu de la Corona d'Aragó, Barcelona*, Magnificat Cultura i Literatura medievals 2 (2015), 1-53.

Zvonareva, Alina, *"El Ballo della Morte": una rielaborazione della "Danse macabre" di Parigi nella Toscana del Quattro-Cinquecento*, in: Alessandro Benucci/Marie-Dominique Leclerc/Alain Robert (edd.), *"Mort suit l'homme pas à pas": représentations iconographiques, variations littéraires, diffusion des thèmes. Actes du XVIIe congrès international Danses macabres d'Europe (Troyes 25-28 mai 2016)*, Reims, ÉPURE, 2016, 201-213.

Zvonareva, Alina, *Rubriche dei manoscritti e dei primi incunaboli della Danse Macabre di Parigi: dall'immagine al testo*, in: Roberto Antonelli/Martin Glessgen/Paul Videsott (edd.), *Atti del XXVIII Congresso Internazionale di Linguistica e Filologia Romanza (Roma, 18-23 luglio 2016)*, vol. 1, Strasbourg, SLR / ÉLiPhi, 2018, 1233-1245.

Zvonareva, Alina/Wijsman Hanno (edd.), *Les danses macabres, la "Danse Macabré": textes et contextes*, Le Moyen Âge 127, 1 (2021).